Economia Industrial
TEORIA E PRÁTICA

Economia Industrial
TEORIA E PRÁTICA

2018

António Marques
Daniela Macedo
Diogo Pereira
Patrícia Leal
Sónia Neves

ECONOMIA INDUSTRIAL
TEORIA E PRÁTICA

AUTORES
António Marques
Daniela Macedo
Diogo Pereira
Patrícia Leal
Sónia Neves

EDITOR
EDIÇÕES ALMEDINA, S.A.
Rua Fernandes Tomás, nºs 76-80
3000-167 Coimbra
Tel.: 239 851 904 · Fax: 239 851 901
www.almedina.net · editora@almedina.net

DESIGN DE CAPA
FBA.

PRÉ-IMPRESSÃO
EDIÇÕES ALMEDINA, SA

IMPRESSÃO E ACABAMENTO
ARTIPOL - ARTES TIPOGRÁFICAS, LDA.
Maio, 2018

DEPÓSITO LEGAL
441042/18

Os dados e as opiniões inseridos na presente publicação são da exclusiva responsabilidade do(s) seu(s) autor(es).
Toda a reprodução desta obra, por fotocópia ou outro qualquer processo, sem prévia autorização escrita do Editor, é ilícita e passível de procedimento judicial contra o infrator.

 | GRUPOALMEDINA

BIBLIOTECA NACIONAL DE PORTUGAL – CATALOGAÇÃO NA PUBLICAÇÃO
ECONOMIA INDUSTRIAL

Economia industrial : teoria e prática / António Marques... [et al.]. – (Contabilidade e Economia)
ISBN 978-972-40-7483-2

I - MARQUES, António

CDU   338

PREFÁCIO

Este livro nasce da experiência acumulada de lecionação nas áreas de Microeconomia, Teoria dos Jogos e Economia Industrial. A unidade curricular de Economia Industrial está geralmente localizada na parte final do curso de primeiro ciclo (licenciatura) em Economia e Gestão. É notória a escassez de manuais de apoio nesta área da Economia Industrial, em língua portuguesa. Atentos às dificuldades manifestadas pelos alunos no domínio da unidade curricular de Economia Industrial, mas também no interesse dos alunos, na sua preocupação de entender o sentido, o significado e o alcance das matérias, e não apenas a sua mecânica, os autores decidiram dar este seu contributo para o seu sucesso e estímulo.

Tanto quanto é do conhecimento dos autores, nenhum outro manual nesta área foi produzido, simultaneamente com tão forte componente teórica e com tão ampla aplicação de exercícios resolvidos e propostos. Considera-se ser único o esforço que aqui se desenvolve, em apresentar não apenas conceitos chave, mas fundamentalmente ensinar, em linguagem simples e pedagógica, a teoria de base subjacente às questões mais relevantes estudadas em Economia Industrial.

Este livro tem como público-alvo os estudantes de primeiro ciclo, pelo que, o mesmo passará a constituir-se como um elemento principal na bibliografia de suporte à unidade curricular de Economia Industrial. Pese embora tratar--se de uma ferramenta ao nível da formação inicial nesta área, procura-se desde já aguçar o interesse dos estudantes pela análise da dinâmica de competição de empresas no mercado. Este livro tem como objetivo não apenas auxiliar o estudo de Economia/Organização Industrial, mas também tornar o processo de aprendizagem divertido, através da síntese de conceitos-chave, da sua concretização na forma de exercícios resolvidos e no elevado volume de exercícios propostos. Adicionalmente, a aplicabilidade dos conceitos de Economia Industrial em mercados reais é igualmente transmitida, pelo que, em cada um dos capítulos são apresentados casos práticos.

Globalmente este manual distingue-se pela:
i) Apresentação da teoria com algum grau de desenvolvimento das matérias de compreensão essencial em cada capítulo, não dispensando o espírito de síntese;
ii) Complementaridade com a área de Microeconomia e com ferramentas de Teoria dos Jogos, demonstrando ser um instrumento precioso no entendimento do processo de interação entre empresas;
iii) Extensa coletânea de exercícios (mais de 130), quer resolvidos quer propostos; e
iv) Abordagem não apenas expositiva, mas fundamentalmente interpretativa e com caráter iminentemente pedagógico.

No final deste manual, o estudante deverá ter adquirido autonomia na abordagem económica do funcionamento dos mercados e respetivos intervenientes. O processo de aprendizagem deve conferir competências ou resultados de modo a que, no final o estudante:
a. Pondere o alcance das implicações da Teoria da Contestabilidade na definição das estruturas de mercado;
b. Identifique e examine as fontes de imperfeição do funcionamento dos mercados, com realce para as barreiras à concorrência, em particular barreiras à entrada, definindo estratégias para as ultrapassar;
c. Compreenda os diversos quadros de interação entre empresas e aplique técnicas de análise de Teoria dos Jogos;
d. Analise interações de empresas em mercados reais com informação completa e incompleta e calcule os seus equilíbrios;
e. Compare e avalie estratégias alternativas de comportamento estratégico das empresas em ambiente concorrencial;
f. Afira os efeitos no bem-estar dos agentes económicos, como resultado das diferentes estruturas de mercado e formas de concorrência;
g. Calcule as condições de sinergias de custo que são críticas no sucesso de uma operação de concentração horizontal;
h. Compreenda as motivações para integração vertical e determine as condições de *markup* evitadas;

i. Resolva e interprete, com eficiência, os diferentes exercícios propostos em cada um dos capítulos;
j. Pense a pertinência da intervenção pública, distinguindo a política de concorrência e a de regulação; e
k. Revele proficiência na comunicação e argumentação perante casos de interação entre jogadores nos mercados reais.

Este livro, que conta com a coordenação pedagógica de António Cardoso Marques, é composto por quatro partes e oito capítulos, a saber: Evolução da Economia Industrial, Concentração de mercado e multiprodução; Jogos estáticos e dinâmicos com informação completa; Jogos estáticos e dinâmicos com informação incompleta; Concorrência imperfeita, jogos estáticos e dinâmicos; Barreiras à concorrência, negociação e leilões; Oligopólio e interação estratégica; Fusões e Aquisições; Políticas de concorrência e de regulação.

Sempre que se considera adequado, opta-se por manter a terminologia anglo-saxónica em alguns conceitos, por entender-se não só que essa é a prática académica generalizada, mas também porque a sua tradução fiel para português, ou não está disponível ou estando, implica perda de conteúdo. Esta opção permite também que o estudante complemente facilmente os seus elementos de estudo com bibliografia em língua inglesa.

Aos estudantes agradecemos o *feedback*, o estímulo e o incentivo permanente para que todos, em conjunto, cresçamos a pensar Economia Industrial. Este livro é para vocês! Os autores desejam que o considerem de grande utilidade e que o recordem como um marco importante na vossa formação inicial em Economia. Já agora e sempre, não se esqueçam. Sejam felizes!

Os autores,

ANTÓNIO CARDOSO MARQUES
DANIELA PEREIRA MACEDO
DIOGO SANTOS PEREIRA
PATRÍCIA HIPÓLITO LEAL
SÓNIA ALMEIDA NEVES

ÍNDICE

**PARTE I. ESTRUTURA DE MERCADO
E CONCENTRAÇÃO**   13

1. Evolução da Economia Industrial, concentração de mercado e multiprodução   15
    1.1. Paradigma Estrutura-Comportamento-Resultados   16
       1.1.1. A Nova Economia Industrial   17
       1.1.2. A Teoria da Contestabilidade   17
       1.1.3. A Teoria dos Jogos   18
    1.2. Definição de mercado   19
    1.3. Medidas de concentração de mercado e de volatilidade   20
    1.4. Multiprodução – economias de escala e de variedade   24
    1.5. Exercícios resolvidos   26
    1.6. Aplicações   36
    1.7. Exercícios propostos   39
    1.8. Soluções dos exercícios propostos   44

**PARTE II. JOGOS ESTÁTICOS, DINÂMICOS
E CONCORRÊNCIA IMPERFEITA**   47

2. Jogos estáticos e dinâmicos com informação completa   49
    2.1. Jogos estáticos com informação completa   49
       2.1.1. Propriedades da forma estratégica   50
       2.1.2. Estratégia dominante e dominada   50
       2.1.3. Jogos de soma constante e nula   51
       2.1.4. Estratégias puras e mistas   52

   2.1.5. Equilíbrio de Nash: motivação e definição   53
   2.1.6. Dilema dos Prisioneiros   54
 2.2. Jogos dinâmicos com informação completa   55
   2.2.1. Propriedades de árvores de jogo   55
   2.2.2. Definição de subjogos   56
   2.2.3. *Backward Induction* e Equilíbrio Perfeito de Subjogo   57
 2.3. Exercícios resolvidos   61
 2.4. Aplicações   80
 2.5. Exercícios propostos   83
 2.6. Soluções dos exercícios propostos   89

3. Jogos estáticos e dinâmicos com informação incompleta   97
 3.1. Jogos estáticos   97
   3.1.1. Equilíbrio de Nash Bayesiano e expectativas prévias   97
 3.2. Jogos dinâmicos   101
   3.2.1. Equilíbrio Bayesiano Perfeito e expectativas posteriores   101
 3.3. Exercícios Resolvidos   104
 3.4. Aplicações   118
 3.5. Exercícios propostos   120
 3.6. Soluções dos exercícios propostos   137

4. Concorrência imperfeita, jogos estáticos e dinâmicos   153
 4.1. Concorrência simultânea e sequencial pela quantidade e preços   154
   4.1.1. O jogo de duopólio de Cournot   154
   4.1.2. O jogo de duopólio de Stackelberg   161
   4.1.3. O jogo de duopólio de Bertrand   164
 4.2. Concorrência monopolística   167
 4.3. Empresa dominante   168
 4.4. Jogos repetidos em tempo infinito: jogos cooperativos, cartel e concorrência   169
 4.5. Exercícios resolvidos   174
 4.6. Aplicações   190
 4.7. Exercícios propostos   192
 4.8. Soluções dos exercícios propostos   200

PARTE III. COMPORTAMENTO ESTRATÉGICO — 207
5. Barreiras à concorrência, negociação e leilões — 209
5.1. Barreiras à entrada, à mobilidade e à saída — 209
5.2. Mercados contestáveis e estrutura industrial — 213
5.3. Monopólio natural — 214
    5.3.1. Escala de produção e repartição de benefícios — 215
    5.3.2. Regulação de monopólio natural — 216
5.4. Poder de mercado recíproco e negociação com e sem impaciência — 217
5.5. Leilões: Inglês, Holandês, Americano e de Vickrey — 220
5.6. Exercícios resolvidos — 223
5.7. Aplicações — 244
5.8. Exercícios propostos — 247
5.9. Soluções dos exercícios propostos — 253

6. Oligopólio e interação estratégica — 257
6.1. Dissuasão à entrada — 258
    6.1.1. A reputação — 259
    6.1.2. Diferenciação de produto — 261
    6.1.3. Criação de excesso de capacidade — 262
    6.1.4. Estratégia de preço-limite — 264
6.2. Publicidade — 266
6.3. Guerra de preços e preços predatórios — 268
6.4. Entrada em pequena escala — 270
6.5. Investigação & Desenvolvimento — 272
6.6. Exercícios resolvidos — 274
6.7. Aplicações — 299
6.8. Exercícios propostos — 301
6.9. Soluções dos exercícios propostos — 306

PARTE IV. INTERAÇÕES ENTRE EMPRESAS E REGULADORES — 309
7. Fusões & Aquisições — 311
7.1. As Fusões & Aquisições horizontais, verticais e em conglomerado — 312
7.2. Motivações das Fusões & Aquisições — 313
7.3. Fusões horizontais — 314

7.3.1.	Paradoxo das Fusões & Aquisições horizontais	314
7.3.2.	Fusões & Aquisições e sinergias de custos	318
7.3.3.	Comportamento estratégico e liderança	321
7.4. Fusões verticais		322
7.4.1.	Internalização de atividades *vs* recurso a mercado	322
7.4.2.	Integração-vertical	322
7.4.3.	A dupla-marginalização, os reguladores e o bem-estar	325
7.4.4.	Quase integração vertical	326
7.5. Exercícios resolvidos		327
7.6. Aplicações		350
7.7. Exercícios propostos		352
7.8. Soluções dos exercícios propostos		358

8. Políticas de concorrência e regulação — 363
   8.1. Falhas de mercado e falhas de Estado — 363
   8.2. Concentração e abuso de posição dominante — 367
   8.3. Regulação e partilha de infraestruturas — 370
   8.4. Aplicações — 374
   8.5. Exercícios resolvidos — 377

Bibliografia — 383

PARTE I
ESTRUTURA DE MERCADO E CONCENTRAÇÃO

1.
Evolução da Economia Industrial, concentração de mercado e multiprodução

Este primeiro capítulo inicia-se com o enquadramento da autonomização da disciplina de Economia Industrial. Aqui são sintetizados os marcos essenciais na evolução da disciplina. Expõe-se a tricotomia metodológica do paradigma Estrutura-Comportamento-Resultados (E-C-R), a sua evolução e os contributos de distintas teorias. Discutem-se os seus limites, como grande enquadramento para o surgimento da Nova Economia Industrial. Debatem-se as novas abordagens que marcam o início dos anos 80 do séc. XX, com particular destaque na Teoria da Contestabilidade e na Teoria dos Jogos. A Teoria da Contestabilidade, pela sua relevância na evolução conceptual do paradigma E-C-R para a Nova Economia Industrial, acrescenta realismo à utopia. E, a Teoria dos Jogos, por ser um precioso instrumento de análise de situações de interação estratégica entre empresas (a que merecerá dedicar os capítulos 2 e 3).

Analisa-se ainda a concentração de mercado e o respetivo poder de mercado. Para isso, define-se mercado e utilizam-se os indicadores fundamentais de concentração, como o Índice Discreto de Concentração, o Índice de Herfindahl-Hirschman e o Índice de Entropia. Analisa-se ainda a volatilidade, recorrendo ao Índice de Instabilidade. Todos eles são interpretados, enfatizando a necessidade de efetuar leitura conjunta dos seus resultados, sob pena de resultar conclusões erróneas acerca do quadro real de concentração num dado mercado. Neste capítulo, confere-se também, particular importância à análise do aproveitamento de economias de variedade e de economias de escala, quer de cada produto individualmente, quer em contexto de multiprodução.

1.1 | PARADIGMA ESTRUTURA-COMPORTAMENTO-RESULTADOS

A Economia Industrial nasceu como consequência de um conjunto de fenómenos históricos e de interação de empresas. Assim foi com a revolução industrial, o processo de industrialização subsequente de vários países, o ganho de dimensão de determinadas empresas e/ou as práticas de abuso de poder de mercado de empresas de grande dimensão. Desde o seu início, a Economia Industrial foca-se na unidade de análise da empresa, que atua num contexto designado mercado. Analisa o processo concorrencial e incorpora conhecimentos de teoria microeconómica, de história económica e de análise quantitativa, recorrendo à estatística e à econometria. A Economia Industrial sempre esteve, no essencial, muito focada quer na análise empírica quer na componente pragmática de sugerir, informar e orientar o processo de decisão.

Edward Mason, foi o primeiro responsável pela autonomização da área, tendo implementado a disciplina de Organização Industrial em Harvard nos anos 30 do séc. XX. O paradigma **Estrutura-Comportamento-Resultados** (E-C-R) constituiu-se como o grande quadro de referência da Economia Industrial. Foi apresentado por Mason à *American Economic Association*, em 1938. De forma geral, este paradigma avalia como a **estrutura de mercado** influencia o **comportamento** das empresas, e de que forma esses comportamentos se refletem nos **resultados**. Os comportamentos das empresas tendem a adaptar-se ao tipo de estrutura de mercado em que operam. Note-se que, as empresas têm à sua disposição diversos comportamentos estratégicos, tais como a formação de carteis, investimentos em publicidade e/ou em Investigação & Desenvolvimento. Portanto, segundo a lógica determinística do paradigma E-C-R, os resultados emergem da adaptação dos comportamentos à estrutura de mercado, revelando diferentes combinações possíveis. Uma síntese extraordinária do conhecimento em Economia Industrial, ao abrigo do paradigma E-C-R, foi feita em 1970 por Frederic Scherer e David Ross na obra *Industrial Market Structure and Economic*. Este paradigma foi sendo enriquecido ao longo do tempo. Várias correntes de pensamento foram emprestando o seu contributo para a evolução do E-C-R, culminando no que se designa de Nova Economia Industrial, essencialmente a partir de meados dos anos 80 do século XX.

1.1.1 A NOVA ECONOMIA INDUSTRIAL

No início dos anos 80 do século XX, o paradigma E-C-R passou a ter um novo entendimento. Ele começou a ser encarado numa perspetiva de complementaridade com outras disciplinas, tais como as ciências comportamentais. Ao mesmo tempo, o paradigma E-C-R, foi sendo criticado no determinismo que encerrava, castrando o reconhecimento das características de inovação das empresas, das consequências da sua eficiência e do seu dinamismo e apetência competitiva. A constatação de que o poder de mercado não se perpetuava, numa lógica determinística, contribuiu para colocar em causa esse referencial teórico da Economia Industrial. A **Nova Economia Industrial** resulta assim de várias inspirações e contributos, constituindo-se uma nova forma de encarar a interação das empresas em mercado. Entre esses contributos, estão o desenvolvimento notável da capacidade de computação, bem como, o aprofundamento das técnicas estatísticas e econométricas. Estas ferramentas permitiram analisar a complexidade das interações entre as empresas, o seu comportamento estratégico, o poder de mercado e as respetivas estruturas de mercado e equilíbrios. Para além destes, entendem-se como contributos essenciais para a Nova Economia Industrial, a **Teoria da Contestabilidade** e a **Teoria dos Jogos**.

1.1.2 A TEORIA DA CONTESTABILIDADE

A **Teoria dos Mercados Contestáveis**, da autoria de Baumol, Panzar & Willig (1982), constitui-se como uma verdadeira rutura no referencial teórico da concorrência perfeita até aí dominante em Economia Industrial. Esta teoria, admite as hipóteses de atomicidade, rendimentos constantes à escala e informação completa nas estruturas de mercado. A Teoria dos Mercados Contestáveis veio trazer realismo e atualizar essas hipóteses. As condições que determinam a estrutura natural de uma indústria passaram a ser a preferência da clientela e a tecnologia disponível. Significa isto que, para além das características do mercado, os custos e a escala de produção passaram a ser condições essenciais para determinar quantas empresas devem operar num mercado.

São vários os contributos da Teoria dos Mercados Contestáveis para a Nova Economia Industrial. Muitos deles prendem-se com a abordagem das barreiras à entrada, pelo que será dedicada uma secção a esse assunto, nomeadamente no capítulo 5 deste manual. Para já importa resumir dois contributos. O primeiro é que, de acordo com a Teoria dos Mercados Contestáveis, o número ótimo de empresas no mercado, avaliado pela maximização do bem-estar total, pode ser um número reduzido. Poder-se-á inclusive presenciar um duopólio como uma estrutura natural, desde que seja esse o número de empresas máximo que cabem nesse mercado. Esta nova forma de encarar as estruturas de mercado, alicerça novas exigências para a regulação económica moderna (este assunto será estudado no capítulo 8 deste manual). O segundo grande contributo prende-se com o papel de disciplina que a Teoria dos Mercados Contestáveis atribui, não apenas à concorrência efetiva, mas também à concorrência potencial. Para isso, é necessário que sejam criadas condições de contestabilidade no mercado, que este manual retoma então no capítulo 5.

1.1.3 | A TEORIA DOS JOGOS

A **Teoria dos Jogos** não é, *per si*, uma nova teoria de Economia Industrial. Ela é, no entanto, uma ferramenta fundamental que, pese embora não seja de utilização exclusiva em Economia Industrial, muito tem permitido a modelização de situações de competição das empresas no mercado. No essencial, a Teoria dos Jogos é a disciplina que estuda o comportamento racional dos jogadores (entendendo-se como empresas, instituições, pessoas, ...,) em contexto de interação estratégica. A noção fundamental, em posse de cada um dos jogadores é a de que qualquer decisão individual, de cada empresa, afeta não apenas os seus resultados, mas também os dos outros. Naturalmente que o inverso é também verdade, isto é, o resultado dessa empresa (seja ele o lucro, o excedente ou o resultado de uma disputa), dependerá da forma como as outras empresas, com quem ela interage, se comportem. Esta característica de interdependência de resultados, doravante denominado por *payoff* (que significa, lucro e/ou ganhos da empresa), constitui a essência da Teoria dos Jogos.

A aplicação da Teoria dos Jogos em Economia Industrial tem um enorme potencial. Desde logo, é uma ferramenta importante para a explicação de determinadas formas de comportamento e de ações tomadas pelas empresas no seu processo competitivo. Esta explicação, ajuda a providenciar repostas para a pergunta, porque é que aconteceu? Para além da explicação, a Teoria dos Jogos permite ajudar na previsão de comportamento das empresas no futuro. Permite ainda auxiliar as empresas e os seus decisores, naturalmente, aconselhando-as ou indicando-lhes quais as ações e estratégias que permitirão obter melhores *payoffs* no futuro (Bierman & Fernandez, 1998).

De uma forma resumida, a **decisão** dos jogadores pode ser **simultânea** ou **sequencial**. Sendo simultânea, as empresas decidem ao mesmo tempo, não havendo, portanto, uma ordem de decisão. Assim é, por exemplo, no modelo de Cournot. Pelo contrário, quando existe uma ordem de jogo, com um jogador a decidir após o outro (isto é, as decisões são sequenciais), então trata-se de um jogo dinâmico. Em **jogos estáticos** as opções disponíveis para cada jogador, a cada momento, designam-se de **ações**. Em **jogos dinâmicos**, a combinação de ações é designada de **estratégia**. Os jogos podem ainda ter um contexto de **informação completa** ou **incompleta**. Serão jogos de informação completa, se todos os jogadores conhecem o momento da decisão, as ações disponíveis e os *payoffs* dos outros jogadores. Serão jogos de informação incompleta, quando algum destes pressupostos não se verificar. Pela importância da Teoria dos Jogos na Nova Economia Industrial, este manual tem dois capítulos exclusivamente dedicados à sua apresentação e compreensão (capítulos 2 e 3).

1.2 | DEFINIÇÃO DE MERCADO

A **definição de mercado** é um assunto de grande relevância em Economia Industrial, pelas implicações que essa definição pode ter, tal como acontece ao nível da política de concorrência. Por exemplo, numa operação de concentração de empresas, a definição exata de mercado pode determinar a oposição (ou não) a uma operação de fusão, por parte da autoridade da concorrência, ou mesmo determinar o tipo de condições a cumprir para que essa operação possa prosseguir. Dir-se-á que um **mercado** é um conjunto de empresas que produzem um mesmo produto ou, um produto com elevado grau de substituibilidade.

Tradicionalmente consideram-se vários fatores para definir e delimitar, com a maior exatidão possível um mercado. Um deles trata-se das **fronteiras geográficas** onde as empresas operam. Neste fator há que ter em conta variáveis como os custos de transporte, a validade dos produtos, o local de consumo, entre outros. Aqui o debate acerca dos bens transacionáveis e não transacionáveis é de particular interesse. No caso dos bens não transacionáveis, a delimitação geográfica de mercado fica facilitada. Outro fator a ter em consideração é a **elasticidade cruzada** ($\eta_{i,j}$) da procura, calculada de acordo com a expressão (1.1).

$$\eta_{i,j} = \frac{\partial q_i}{\partial p_j} * \frac{p_j}{q_i}, \qquad (1.1)$$

onde q_i representa a quantidade do bem *i* e p_j indica o preço do bem *j*. A elasticidade cruzada calcula o impacto que uma variação no preço do bem *j* tem na quantidade procurada do bem *i*. Ou seja, é a preferência pelo bem *i* mediante a alteração do preço do bem *j*, transmitindo a substituibilidade do bem *i* pelo bem *j*. O nível de substituição do bem *i* e *j* deve ser classificado de acordo com:

- Se $\eta_{i,j} \approx 0$, conclui-se que os bens *i* e *j* são produtos independentes e, portanto, pertencem a mercados diferentes;
- Se $\eta_{i,j} > 0$, conclui-se que os bens *i* e *j* são produtos substitutos e, como tal, os dois bens pertencem ao mesmo mercado; e
- Se $\eta_{i,j} < 0$, conclui-se que o os bens *i* e *j* são produtos complementares e, portanto, pertencem a mercados distintos.

Importa salientar que a aplicação da regra das elasticidades não é imune a críticas. Por um lado, essa regra fica inconsistente quando se pensa na substituibilidade em cadeia dos produtos. Por outro, também as classificações das atividades económicas das empresas poderão enviesar esta regra. Feito este alerta, e dado o carácter pedagógico deste manual, importa esclarecer que se irá considerar a elasticidade cruzada como um critério de definição de empresas num mesmo mercado, na resolução de exercícios.

1.3 | MEDIDAS DE CONCENTRAÇÃO DE MERCADO E DE VOLATILIDADE

As medidas de concentração visam analisar a proximidade do mercado em análise em relação a estruturas de monopólio e de concorrência perfeita. Parte-se da premissa de que, quanto maior a concentração, tanto maior será o poder de mercado. As medidas de concentração informam pois, sobre o nível de competitividade num mercado, ainda que com algumas reservas, que se apresentarão nos exemplos analisados. Vejam-se as características de cada uma das medidas de concentração, bem como as suas possíveis interpretações.

A unidade de medida utilizada para calcular o grau de concentração é a **quota de mercado** (ou *market-share*). A quota de mercado é a percentagem de participação de cada empresa em determinado mercado. As medidas de concentração mais utilizadas são: o **Índice Discreto de Concentração** (CR_k), o **Índice de Herfindahl-Hirschman** (HHI), e o **Índice de Entropia** (E).

O **Índice Discreto de Concentração** também denominado por **Rácio de Concentração** (CR_k), quantifica a concentração de mercado, de acordo com a percentagem de participação das empresas nesse mercado (cf. expressão 1.2). Admita um mercado com seis empresas. Inicialmente, procede-se a uma análise preliminar do mercado, ordenando as empresas (por ordem decrescente) consoante as quotas que cada uma possui (exemplo 1.1). Posteriormente, as k maiores empresas, isto é, as que apresentam maiores quotas de mercado, são as consideradas para calcular o CR_k.

$$CR_k = \sum_{i=1}^{k} s_i, com\ s_i = \frac{q_i}{Q}, \qquad (1.2)$$

onde, q_i representa a quantidade produzida pela empresa i, Q é a quantidade total de bens no mercado, s_i é a quota de mercado da empresa i e k é o número de empresas com maior quota de mercado. O CR_k pode variar entre $\frac{k}{N}$ e 1, em que N denota o número total de empresas. Salienta-se que este indicador requer informação apenas para as k maiores empresas. No intervalo de variação, o limite inferior e superior, indica concentração mínima e máxima, respetivamente, como segue $\frac{k}{N} \leq CR_k \leq 1$. O índice será 1 quando apenas uma empresa opera no mercado, e logo com uma quota de 100%. Será k/N em situação de concorrência máxima, isto é, quando as k maiores empresas têm a mesma quota de mercado, designando-se por situação de **equidimensionalidade**.

Exemplo 1.1

Empresa	Quota de mercado (%)
A	23.1%
B	20.2%
C	17.5%
D	16.7%
E	12.3%
F	10.2%

$$CR_4 = \sum_{i=1}^{4} s_i \Leftrightarrow CR_4 = 0.231 + 0.202 + 0.175 + 0.167 \Leftrightarrow CR_4 = 0.775$$

$$CR_5 = \sum_{i=1}^{5} s_i \Leftrightarrow CR_5 = 0.231 + 0.202 + 0.175 + 0.167 + 0.123 \Leftrightarrow CR_5 = 0.898$$

Uma desvantagem de usar o CR_k, pelo menos isoladamente, é que o mesmo poderá transmitir informações imprecisas sobre o grau de concentração efetivo nesse mercado. Atente-se ao exemplo 1.1. Verifica-se pois que este índice é muito sensível ao número de empresas que estejam a ser consideradas.

Uma outra medida de concentração é o **Índice de Herfindahl-Hirschman** (HHI), calculado de acordo com a expressão (1.3). O HHI requer informação para todas as empresas que constituem o mercado, valorizando mais as maiores empresas, dado que opera com o quadrado das quotas de mercado,

$$HHI = \sum_{i=1}^{N} s_i^2 . \tag{1.3}$$

A expressão (1.3) traduz o somatório das quotas de cada empresa (s_i) ao quadrado, em determinado mercado. O HHI pode variar entre $\frac{1}{N}$ e 1, em que o limite superior e inferior, indica concentração mínima e máxima, respetivamente, ou seja $\frac{1}{N} \leq HHI \leq 1$.

As medidas de concentração analisadas previamente referem-se ao cálculo direto do grau de concentração no mercado. Por sua vez, o **Índice de**

Entropia (E) é considerado uma medida inversa de concentração, e é calculado de acordo com a expressão (1.4):

$$E = \sum_{i=1}^{N} s_i * \log\left(\frac{1}{s_i}\right). \tag{1.4}$$

O intervalo de variação deste índice é $0 \leq E \leq \log N$, onde 0 denota concentração máxima (uma única empresa, ou seja, monopólio) e $\log N$ indica concentração mínima.

Num mercado competitivo, o grau de concentração das empresas pode ser volátil. Significa isto que as empresas estão suscetíveis a perder a sua quota de mercado para outras. O **Índice de Instabilidade** (I), é a medida de concentração que calcula a alteração das quotas de mercado, entre dois períodos (ver expressão 1.5).

$$I \equiv \frac{1}{2} * \sum_{i=1}^{N} |s_{i2} - s_{i1}|, \tag{1.5}$$

onde, s_{i2} representa a quota de mercado da empresa i no período 2 e s_{i1} representa a do período 1. O Índice de Instabilidade pode variar entre 0 e 1. Com instabilidade no mercado mínima, o índice assume o valor 0, indiciando que nenhuma passagem de quotas de mercado entre as empresas se processou nesse período, e, portanto, concentração máxima. Por sua vez, 1 denota a instabilidade máxima, o que significa que a empresa i perde toda a quota de mercado para a empresa j. Formalmente, o intervalo de variação deste índice é então $0 \leq I \leq 1$.

1.4 | MULTIPRODUÇÃO – ECONOMIAS DE ESCALA E DE VARIEDADE

Existe **multiprodução** numa empresa, quando a mesma produz vários bens. A multiprodução pode ser de dois tipos: com **proporções constantes** e com **mudança de proporções**. O primeiro refere-se à produção de um bem compósito, isto é, um bem constituído por vários bens produzidos sempre na mesma proporção. Veja-se, por exemplo, uma produção agrícola, que no seu único campo de cultivo produz batatas durante seis meses e centeio durante os outros seis meses. Não existe, pois, aqui um problema de decisão de proporções, dado que são fixas. Mais interessante é a multiprodução com mudança de proporções, sendo necessário tomar decisões, não apenas acerca de quanto produzir de cada bem (economias de escala), como também se a produção dos bens se deve manter conjunta (economias de variedade).

O custo adicional de produzir mais um bem define-se por **custo total incremental** e é calculado da seguinte forma:

$$CTI_i(q) = CT(q) - CT(q_{N-i}), \quad (1.6)$$

onde, $CTI_i(q)$ é o custo total incremental do bem i, $CT(q)$ é o custo de produzir todos os bens e $CT(q_{N-i})$ é o custo de produzir todos os bens exceto o bem i. A equação que permite determinar o custo médio incremental para um dado bem, é então apresentada por:

$$CMeI_i(q) = \frac{CTI_i(q)}{q_i}, \quad (1.7)$$

onde, $CMeI_i(q)$ é o custo médio incremental do bem i, e q_i é a quantidade produzida do bem i. Quando se verificam **economias de escala** (ou rendimentos crescentes à escala), quanto maior for a produção menores serão os custos médios. Contudo, produzir unidades adicionais (infinitamente) não significa que se obterá sempre rendimentos crescentes. Assim, o ponto ótimo de produção é atingido, quando o custo de produzir mais uma unidade é igual ao custo médio de produzir todos os bens.

Avalie-se agora, para cada bem a existência do potencial aproveitamento de economias de escala. Designa-se de **economias de escala próprias do bem i** ($S_i(q)$), e são avaliadas de acordo com a expressão (1.8).

$$S_i(q) = \frac{CMeI_i(q)}{CmgI_i(q)}, \quad (1.8)$$

onde, $CmgI_i(q)$ representa o custo marginal incremental do bem i. Se $S_i(q) > 1$, então existem economias de escalas próprias do bem i.

No cálculo das **economias de escala globais** (S_N), pondera-se as economias de escala próprias S_i pelo peso relativo do bem i (α_i) entre os diferentes bens j que a empresa produz, como se segue.

$$S_N = \sum \alpha_i * S_i, \text{ com } \alpha_i = \frac{q_i * CmgI_i(q)}{\sum q_j * CmgI_j(q)}. \quad (1.9)$$

Se $S_N > 1$, então verificam-se economias de escala globais.

As **economias de variedade** (V_N) fundamentam a propriedade da subaditividade. Esta propriedade salienta que a produção conjunta de dois bens diferentes, *i* e *j*, partilha os custos de produção e permite aproveitar sinergias. Significa isto que o custo da produção conjunta será menor, do que o custo de produzir cada um dos bens individualmente, de acordo com a equação (1.10).

$$V_N = \frac{CTI_i + CTI_j}{CT_q}. \qquad (1.10)$$

Se $V_N < 1$, existem economias de variedade. No caso de se verificar $V_N > 1$, existem deseconomias de escala, isto é, os bens *i* e *j*, não devem ser produzidos em conjunto. Por norma, este tipo de resultados revela que os bens analisados são de natureza tecnológica diferente, uma vez que não partilham os mesmos custos de produção.

Exercícios Resolvidos

1.1. As autoridades responsáveis pela política da concorrência do país Atlântida receberam um pedido de autorização de concentração horizontal por parte da empresa Lenoyo.

Tabela 1.1 – Quotas de mercado

Empresa	Quota (%)	Elasticidade ($\eta_{i,j}$)
Appte	32.56	($\eta_{Appte,j}$) = 0.4
Vindows	11.07	($\eta_{Vindows,j}$) = 0.5
Atus	8.61	($\eta_{Atus,j}$) = 0.52
Acir	8.59	($\eta_{Acir,j}$) = 1.5
Lenoyo	8.1	($\eta_{Lenoyo,j}$) = 1.3
Dall	4.87	($\eta_{Dall,j}$) = 0
HQ	4.79	($\eta_{HQ,j}$) = 1.0
Coshiba	4.28	($\eta_{Coshiba,j}$) = 1.3
Soty	3.02	($\eta_{Soty,j}$) = 0.6
SETAWAY	2.02	($\eta_{SETAWAY,j}$) = 0.7
Pec	1.86	($\eta_{Pec,j}$) = - 0.5
Tujitsu	1.68	($\eta_{Tujitsu,j}$) = 0

i) Calcule o Índice de Herfindahl–Hirschman (HHI) nesse mercado.

ii) Calculando o seu intervalo de variação possível, o que pode concluir sobre a concentração nesse mercado?

iii) Tendo presente as limitações das medidas de concentração, diga como as suas conclusões poderão ser questionadas.

1 · EVOLUÇÃO DA ECONOMIA INDUSTRIAL, CONCENTRAÇÃO DE MERCADO E MULTIPRODUÇÃO

Resolução

i) Em primeiro lugar, é necessário excluir as empresas com elasticidade cruzada ($\eta_{i,j}$) nula ou negativa pelo facto de não pertencerem ao mesmo mercado. Como descrito previamente, perante elasticidades cruzadas nulas ou negativas, está-se perante mercados diferentes, isto é, as empresas que as verificam pertencem a um mercado diferente das restantes empresas. As empresas nessa situação são então a Dall, Pec e Tujitsu. De seguida, somam-se as quotas das empresas do mercado:

$$\sum s_i = 0.3256 + 0.1107 + 0.0861 + 0.0859 + 0.081 + 0.0479 + 0.0428 + 0.0302 + 0.0202 = 0.8304.$$

Posteriormente, determina-se o número de empresas (N) existentes no mercado, dado que as quotas das empresas conhecidas/apresentadas no enunciado não preenchem a totalidade do mercado (100%).

Utilizando a quota de mercado mais baixa (2.02%), das empresas que são apresentadas, calcula-se $\widetilde{N}$. Assim sendo, considerando o pior cenário em termos de concentração no resto do mercado que é desconhecido, a quota de referência utilizada para essas empresas é de 2%. Desta forma determinam-se quantas empresas existem no mercado, adicionalmente às já apresentadas. Assim:

$$\widetilde{N} = \frac{1 - 0.8304}{0.02} \simeq 8.48.$$

O resultado obtido revela que o mercado acomoda mais 8 empresas com uma quota de mercado de 2%, mais uma com a quota de mercado remanescente, para além das 9 empresas conhecidas. Calcule-se então a quota remanescente: $1 - 0.8304 - 0.02 * 8 = 0.0096$. Por fim, verifica-se que no mercado existem 9 empresas (apresentadas no enunciado), mais 8 empresas com uma quota de 0.02 e mais 1 empresa com uma quota de 0.0096. Importa clarificar que este é o pior cenário em termos de concentração porque se admite que se uma empresa tiver quota superior a 2%, ela estaria informada no exercício. Se se admitir quota inferior, por exemplo de 1%, então a concentração no mercado será menor.

Nestas situações em que não se tem informação sobre o mercado todo, impõe-se calcular o HHI mínimo e máximo. O mínimo corresponde ao HHI obtido apenas com a informação conhecida. O HHI máximo resulta da soma do HHI mínimo com a suposição do pior cenário, em termos de concentração, para as quotas de mercado que não são conhecidas. Como visto, considera-se que a parte do mercado desconhecido está concentrada no menor número possível de empresas. Se se conhecem todas elas até cerca de 2% do mercado, então o pior cenário é considerar que, as que não são conhecidas têm essa quota. Assim:

$$HHI_{min} = 0.3256^2 + 0.1107^2 + 0.0861^2 + 0.0859^2 + 0.081^2 + 0.0479^2 + 0.0428^2 + 0.0302^2 + 0.0202^2 \simeq 0.1451$$

e,

$$HHI_{max} = 0.1451 + 8 * 0.02^2 + 0.0096^2 \simeq 0.1484.$$

O verdadeiro valor do HHI neste mercado situa-se seguramente no intervalo $0.1451 < HHI < 0.1484$.

ii) Para se calcular o intervalo de variação possível do HHI, tem de calcular-se o seu limite inferior, $\frac{1}{9+8+1} = \frac{1}{18}$.

O intervalo de HHI é então:

$$\frac{1}{18} \leq HHI \leq 1 \Leftrightarrow 0.0555 \leq HHI \leq 1.$$

Note-se que o valor calculado situa-se dentro do intervalo possível, sendo sempre este um sinal a observar na resolução dos exercícios. Considerando que o HHI é inferior a uma *"rule of thumb"* de 0.15, pode-se afirmar que o mercado em estudo não levanta preocupações acerca do seu nível de concentração.

iii) As medidas de concentração não têm, em si, uma interpretação absoluta e por isso devem ser interpretadas em complementaridade com outras, tais como, as medidas de instabilidade. Deve-se ter em conta duas precauções fundamentais. A primeira reporta à passagem de quotas de mercado entre empresas. Por exemplo, o CR_4 no ano t poderá ser de 0.8, significando que as 4 maiores empresas, detêm 80% do mercado. Não se sabe, no entanto, se esse rácio no ano *t-1* foi

1 · EVOLUÇÃO DA ECONOMIA INDUSTRIAL, CONCENTRAÇÃO DE MERCADO E MULTIPRODUÇÃO

igual e, sendo igual, se foram as mesmas quatro maiores empresas. Não sendo as mesmas, então isso indicia grande competitividade entre elas. O segundo cuidado prende-se com os centros de controlo das empresas. Frequentemente elas apresentam participações cruzadas, que lhes garantem controlo sobre a gestão. Nestes casos, os indicadores de concentração falham por defeito o retrato fiel da concentração real verificada nesse mercado.

1.2. A informação apresentada na tabela seguinte é respeitante ao mercado automóvel no país Lusitânia, no ano t:

Tabela 1.2 – Mercado automóvel

Empresa i	Quota (%)	Elasticidade ($\eta_{i,j}$)
Alfa Romeo	5.2	0.5
Audi	1.68	-1.4
Citroën	3.02	0.6
Fiat	32.56	0.4
Ford	11.07	0.3
Maserati	2.01	0
Mazda	6.08	0.3
Mercedes	1.86	0
Peugeot	4.79	1.0
Renault	8.1	1.3
Seat	3	0.7
Skoda	2.02	0.9
Volkswagen	8.61	0.52

i) Os índices CR_k e HHI não são invariantes à escala, na medida em que dependem da unidade de medida do volume de vendas. Concorda com esta afirmação? Justifique.

ii) Sabendo que a Audi, Seat, Skoda e Volkswagen pertencem a um grupo automóvel, e a Fiat e Alfa Romeo pertencem a outro grupo automóvel, calcule os rácios de concentração CR_5 e HHI.

ECONOMIA INDUSTRIAL

iii) Tendo por base os resultados obtidos na alínea anterior, o que pode concluir acerca do nível de concentração neste mercado?

> Resolução

i) A afirmação é falsa. Os índices CR_k e HHI são invariantes à escala, na medida em que não dependem da unidade de medida usada. Ou seja, o valor dos índices não varia com a mudança de escala. Eles dependem apenas das quotas de mercado.

ii) Como explicado previamente, é necessário excluir as empresas com elasticidade cruzada ($\eta_{i,j}$) nula ou negativa por não pertencerem ao mesmo mercado. Assim, as empresas não integrantes do mercado em estudo são: Audi, Maserati e Mercedes.

Considerando que a Seat, a Skoda e a Volkswagen integram um mesmo grupo e a Fiat e a Alfa Romeo integram outro grupo, as (novas) quotas de mercado serão as seguintes:

Tabela 1.3 – Quotas de mercado

Empresa i	Quota (%)
Alfa Romeo + Fiat	37.76
Seat + Skoda + Volkswagen	13.63
Ford	11.07
Renault	8.1
Mazda	6.08
Peugeot	4.79
Citroën	3.02

O segundo passo é calcular o somatório das quotas das empresas:
$\sum s_i = 0.3776 + 0.1363 + 0.1107 + 0.081 + 0.0608 + 0.0479 + 0.0302 = 0.8445$.

Em seguida é necessário calcular o número de empresas associado à quota de mercado que sobra relativamente à quota preenchida pelas empresas apresentadas (1 − 0.8445). Como a quota mais pequena apresentada é de 3.02%, deve considerar-se uma quota de 3% para calcular o número das empresas que se desconhece para preencher a totalidade do mercado, ou seja:

$$\widetilde{N} = \frac{1 - 0.8445}{0.03} \simeq 5.18.$$

Considerando então $\widetilde{N} = 5$, existem 5 empresas com uma quota de 3%. Ainda assim existe quota de mercado por preencher. O passo seguinte é determinar essa mesma quota: $1 - 0.8445 - 0.03 * 5 = 0.0055$. Em síntese, verifica-se que o mercado acomoda, para além das empresas apresentadas no enunciado, mais 5 empresas com uma quota de mercado individual de 3%, e uma empresa com a quota remanescente de 0.55%.

Uma vez calculado o número total de empresas que o mercado engloba, procede-se ao cálculo do HHI mínimo e do HHI máximo. Recorde-se que, o HHI mínimo é calculado apenas com as empresas que são conhecidas, e o HHI máximo com todas as empresas do mercado:

$$HHI_{min} = 0.3776^2 + 0.1363^2 + 0.1107^2 + 0.081^2 + 0.0608^2 + 0.0479^2 + 0.0302^2 \simeq 0.1869$$

e,

$$HHI_{max} = 0.1869 + 5 * 0.03^2 + 0.0055^2 \simeq 0.1914.$$

Para o cálculo do CR_5, apenas as cinco empresas que apresentam as maiores quotas de mercado são consideradas:

$$CR_5 = 0.3776 + 0.1363 + 0.1107 + 0.081 + 0.0608 = 0.7664.$$

iii) Considerando que os rácios revelam uma elevada concentração no mercado, conclui-se que as 5 maiores empresas detêm cerca de 80% do mercado. O HHI sugere que a concentração é alta, devido ao seu valor ser superior a 0.15. No entanto, para se retirar uma conclusão mais sustentada relativamente à concentração, é necessário analisar a instabilidade do mercado, uma vez que nenhum dos índices calculados disponibiliza essa informação.

ECONOMIA INDUSTRIAL

1.3. Considere dois mercados, A e B, cada um com duas empresas, com quotas de mercado representadas na tabela seguinte:

Tabela 1.4 – Quotas de mercado

Mercado A			Mercado B	
Emp. 1-A	Emp. 2-A		Emp. 1-B	Emp. 2-B
80	20	2015	60	40
40	60	2016	62	38
73	27	2017	58	42

Nota: Valores em %

Qual dos dois mercados se configura mais competitivo? Justifique.

Resolução

Para saber qual o mercado mais competitivo é necessário calcular o Índice de Instabilidade, para cada mercado e para cada intervalo de 1 ano. Assim:

Mercado A, 2015-2016:

$$I_{A;15-16} = \frac{1}{2}(|0.40 - 0.80| + |0.60 - 0.20|) = \frac{1}{2} * 0.80 = 0.4\ .$$

Mercado A, 2016-2017:

$$I_{A;16-17} = \frac{1}{2}(|0.73 - 0.40| + |0.27 - 0.60|) = \frac{1}{2} * 0.66 = 0.33\ .$$

Mercado B, 2015-2016:

$$I_{B;15-16} = \frac{1}{2}(|0.62 - 0.60| + |0.38 - 0.40|) = \frac{1}{2} * 0.04 = 0.02\ .$$

Mercado B, 2016-2017:

$$I_{B;16-17} = \frac{1}{2}(|0.58 - 0.62| + |0.42 - 0.38|) = \frac{1}{2} * 0.08 = 0.04\ .$$

1 · EVOLUÇÃO DA ECONOMIA INDUSTRIAL, CONCENTRAÇÃO DE MERCADO E MULTIPRODUÇÃO

Recorde-se que o mercado mais instável será também, *ceteris paribus*, o mercado mais competitivo. Através do cálculo do Índice de Instabilidade é possível então verificar que o mercado A é o mais competitivo. De facto, pode observar-se que a empresa A perde metade da quota de 2015 para 2016, no mercado A, facto que sinaliza a existência de grande competitividade nesse mercado.

1.4. A empresa Ricodia produz painéis solares fotovoltaicos (F) e caldeiras de biomassa (B). Essa empresa multiproduto apresenta as seguintes funções custo:
$CT(F,B) = 200 + 2F + 3B$, $CT(F,0) = 90 + F$ e $CT(0,B) = 100 + 2B$. A nova administração da empresa contrata os seus serviços como consultor(a). No seu relatório deverá informar a Ricodia se:

i) Existem economias de escala próprias associadas a cada um dos produtos. Justifique.

ii) Deve manter a produção conjunta dos painéis fotovoltaicos e das caldeiras de biomassa? Discuta as razões da sua conclusão.

Resolução

i) Para a verificação da existência ou não de economias de escala próprias associadas a um produto é necessário primeiramente determinar os custos totais incrementais do produto (CTI_i), o custo médio incremental ($CMeI_i$) e os custos marginais incrementais ($CmgI_i$). Assim, para os painéis solares fotovoltaicos:

$$CTI_F = CT(F,B) - CT(0,B) = 200 + 2F + 3B - (100 + 2B)$$
$$= 200 + 2F + 3B - 100 - 2B = 100 + 2F + B,$$

donde o custo médio incremental vem,

$$CMeI_F = \frac{CTI_F}{F} = \frac{100 + 2F + B}{F},$$

e finalmente o custo marginal incremental

$$CmgI_F = \frac{\partial CTI_F}{\partial F} = 2.$$

Com os custos anteriormente calculados, estão reunidos os dados necessários para confirmar a existência ou não de economias de escalas próprias, que se determina da seguinte forma:

$$S_F = \frac{CMeI_F}{CmgI_F} = \frac{\frac{100 + 2F + B}{F}}{2} = \frac{100 + 2F + B}{2F} > 1.$$

Considerando que o numerador é superior ao denominador, então $S_F > 1$, logo existem economias de escala próprias. O processo de cálculo anterior deverá ser repetido para todos os produtos. Assim, para as caldeiras de biomassa:

$$CTI_B = CT(F, B) - CT(F, 0) = 200 + 2F + 3B - (90 + F) = 200 + 2F + 3B - 90 - F = 110 + F + 3B.$$

Os custos médios incrementais são:

$$CMeI_B = \frac{CTI_B}{B} = \frac{110 + F + 3B}{B},$$

e os respetivos custos marginais incrementais,

$$CmgI_B = \frac{\partial CTI_B}{\partial B} = 3.$$

Então, S_B é dado por:

$$S_B = \frac{CMeI_B}{CmgI_B} = \frac{\frac{110 + F + 3B}{B}}{3} = \frac{110 + F + 3B}{3B} > 1.$$

Verifica-se pois que $CmgI < CMeI$, sugerindo a existência de rendimentos crescentes à escala. Dado que $S_B > 1$, então também para a produção de caldeiras de biomassa se verifica a existência de economias de escala próprias. A existência de economias de escala próprias sugere que a empresa deve aumentar a escala de produção desse bem.

ii) O cálculo das economias de variedade, determina se a empresa deve ou não manter a produção conjunta dos dois produtos. Assim,

$$V_N = \frac{CTI_F + CTI_B}{CT(F,B)} = \frac{100 + 2F + B + 110 + F + 3B}{200 + 2F + 3B} > 1.$$

Observando-se que $V_N > 1$, então conclui-se que não existem economias de variedade. Significa isto que os painéis e as caldeiras devem ser produzidos em separado. As possíveis razões para este *outcome* passam pela ausência de complementaridade tecnológica ou pela não partilha de custos na produção dos dois produtos.

Aplicações

O mercado de eletricidade Português encontra-se em mudança, transitando de um mercado regulado para um mercado liberalizado. No mercado liberalizado os clientes usufruem do poder de escolher livremente o seu fornecedor de eletricidade. Essa liberdade visa aumentar a competitividade entre os distribuidores, uma vez que as empresas concorrem entre si para angariar o maior número de clientes. Portanto, a liberalização poderá refletir-se numa redução de preço e melhoria do serviço prestado. A abolição das restrições governamentais, impostas no mercado regulado, fomenta um ajuste natural da oferta e da procura. Aí o preço e a quantidade convergem para o ponto de equilíbrio, e é expectável que, no longo prazo o preço possa ter uma trajetória de aproximação ao custo marginal de produção, ainda que este custo seja um assunto complexo dada a diversidade de tecnologias de produção usadas no *mix* de eletricidade.

Tabela 1.5 – Quotas de mercado (% do consumo) em fevereiro de 2016 e 2017

Empresa	2016	2017
EDP Comercial	44	44.9
Endesa	18	18
Iberdrola	17	16
Galp	8.1	7.9
Fortia	3.4	3.1
GN Fenosa	5.4	2.8
Audax	1.6	1.5
Outros	2.5	5.8

A tabela 1.5 apresenta as quotas de mercado das empresas a operar no mercado liberalizado de eletricidade português, em fevereiro de 2016 e em fevereiro de 2017. Os valores apresentados constam do "Resumo Informativo do Mercado Liberalizado de Eletricidade" (ERSE 2016, 2017).

1 · EVOLUÇÃO DA ECONOMIA INDUSTRIAL, CONCENTRAÇÃO DE MERCADO E MULTIPRODUÇÃO

Tabela 1.6 – Índices de Concentração e Instabilidade

Índices	2016	2017
HHI	0.266	0.2711
$1/HHI$	3.75	3.69
CR_3	0.790	0.789
CR_4	0.871	0.861
I	--	0.042

Analisando a tabela 1.5, verifica-se que a EDP Comercial (empresa do grupo EDP – Energias de Portugal que opera no mercado liberalizado) possui uma quota significativamente superior à das restantes empresas. Esta diferença pode indiciar a existência de poder de mercado pela EDP Comercial. Segundo o descrito na tabela 1.6, em 2016, o HHI era de 0.266 e, em 2017 era de 0.271. Os valores do HHI indicam um elevado nível de concentração neste mercado. Para que existisse equidimensionalidade, isto é, quotas idênticas, mantendo os valores de HHI para os anos de 2016 e 2017, deveriam existir apenas três empresas. Contudo, em 2017, o CR_3 demonstra que 78,9% deste mercado é dominado pelas três maiores empresas. Tendo em conta o número de empresas existentes neste mercado (oito empresas principais e uma rúbrica incorporando as "outras"), de facto um CR_3 dessa magnitude reforça a ideia de que este mercado é altamente concentrado. As restantes empresas detêm quotas inferiores comparativamente às grandes empresas. Num mercado concentrado, o nível de competitividade pode ser baixo, em virtude da possível existência de poder de mercado. O Índice de Instabilidade vem confirmar que este mercado é pouco competitivo. O valor de 0.042 prova que este mercado está próximo da instabilidade mínima (zero). Assim sendo, num mercado estável como este, não se verificam significativas passagens de quotas de mercado entre as empresas.

Se este mercado fosse constituído por muitas empresas com equidimensionalidade de quotas, o poder de mercado seria minimizado e a competitividade entre as empresas aumentaria, beneficiando os consumidores e o bem-estar social. Os elevados níveis de concentração, e a estabilidade verificada, indicam que este mercado é concentrado e não é portanto competitivo. Este baixo nível de competitividade pode ser atribuído ao elevado poder de mercado que a

EDP possui. É sabido que, um elevado poder de mercado confere à empresa em questão, a possibilidade de fixar preços acima dos custos marginais e até de criar entraves à participação de empresas de pequena dimensão no mercado. Na verdade, a EDP Comercial possui vantagens competitivas comparativamente às restantes empresas, comportando-se como empresa dominante. As suas decisões continuam pois a ser referência no mercado.

Exercícios Propostos

1.5. O mercado autómovel em Portucalia, em 2017, era constituído por 20 empresas.

Tabela 1.7 – Mercado automóvel em Portucalia, 2017

Empresa	Vendas	Quota
Toyota	1 300 963	0.352383
Nissan	769 368	0.208393
Honda	384 830	0.104236
Mazda	272 173	0.073722
Mitsubishi	254 633	0.068971
Daihatsu	214 027	0.057972
Suzuki	208 199	0.056393
Subaru-Fuji	116 875	0.031657
Isuzu	22 758	0.006164
Outras	148 076	0.040108
Total	3 691 902	1

Com base no quadro seguinte calcule:

i) Os Rácios de Concentração CR_4 e CR_{20} nesse mercado.

ii) O intervalo de variação do Índice de Entropia. Porque constitui este índice uma medida inversa de concentração?

iii) O Índice de Herfindahl – Hirshman, admitindo que a rúbrica "Outras" é constituida por 6 empresas, cada uma com volume de vendas de 22758, e uma empresa que vende 11528 automóveis.

iv) O mesmo HHI admitindo agora que o mercado é constituido por 9 empresas (excluindo portanto as "Outras").

1.6. Considere a distribuição de vendas por empresa numa dada indústria (cf. Tabela 1.8).

Tabela 1.8 – Vendas totais da indústria

Empresa	2010	2012	2014
A	200	625	1000
B	125	750	1550
C	125	500	500
D	125	250	250
E	125	375	---
F	---	---	2000

Nota: Vendas, em milhares de euros

i) Calcule os rácios de concentração, e o Índice de Herfindahl-Hirschman para o ano de 2014.

ii) Calcule o Índice de Instabilidade. O que pode concluir sobre a instabilidade nesta indústria?

iii) Medidas de concentração altas indicam necessariamente poder de mercado nesta indústria? Justifique.

1.7. A tabela seguinte revela, para o mercado de Lavadoras de Alta Pressão em 2017, as vendas das maiores empresas, em milhares de Euros.

Tabela 1.9 – Volume de vendas – 2017

Empresa	Volume de vendas – 2017 (em milhares de euros)
A	1220
B	980
C	870
D	780
E	580
F	680
G	510
H	460
I	570

É sabido que o volume de vendas global nesse mercado, em 2017, foi de 7500 milhares de euros. Além disso, é conhecido que a empresa F detém 56.4% do capital da empresa I, garantindo assim a gestão conjunta. Nestas condições:

i) Calcule os rácios de concentração e o Índice de Herfindahl--Hirschman (HHI).

ii) Se a empresa F for obrigada a alienar o capital que detém na empresa I, o que acontece ao HHI? Justifique.

iii) Entretanto, foram anunciados os volumes de vendas desse sector registadas no ano 2018 (cf. Tabela 1.10). As empresas F e I mantiveram a gestão conjunta. O volume de vendas global nesse mercado, em 2018, desceu para 7200 milhares de euros. Neste cenário, calcule o Índice de Instabilidade neste mercado.

Tabela 1.10 – Volume de vendas – 2018

Empresa	Volume de vendas – 2018 (em milhares de euros)
A	570
B	870
C	1020
D	800
E	410
F	690
G	1150
H	450
I	540

iv) Tendo como suporte os indicadores calculados nas alíneas anteriores, comente sucintamente a concentração/competitividade verificadas neste mercado.

1.8. Considere um determinado mercado, onde operam atualmente sete empresas: A(26.73%); B(19.3%); C(14.23%); D(13.43%); E(12.78%); F(9.98%) e G(3.55%). As quotas de mercado, em percentagem, são apresentadas entre parêntesis.

i) Calcule o Índice de Entropia e o seu intervalo de variação.

ii) A empresa F encerra e a sua quota de mercado é distribuída pelas restantes empresas, de acordo com as quotas que atualmente já detêm. Calcule o HHI e o seu intervalo de variação.

1.9. Uma empresa produz atualmente dois bens, A e B, respetivamente 25 e 30 unidades. É sabido que $CT(Q) = 20$; $CT(q_A) = 11$; $CT(q_B) = 8$, com $Q = q_A + q_B$. Sabe-se ainda que $CmgI_A = 0.7$ e $CmgI_B = 0.5$. Nestas condições:
   i) Existem economias de escala próprias associadas a cada produto?
   ii) Deverá a empresa repensar a sua estratégia de produção conjunta dos dois bens? Justifique.

1.10. Uma empresa decide contratar um consultor para avaliar a sua estratégia de produção para os próximos anos. A empresa produz atualmente apenas um produto A e pondera produzir um novo produto B que se situa a jusante do seu *core business*. A empresa sabe que V_N (economias de variedade) =1. O rácio $\frac{CmgI}{CMeI} = 1.25$ para o produto A e 0.71 para o B.

Com base nesta informação, qual seria o seu parecer para a estratégia de produção da empresa nos próximos períodos económicos? Fundamente.

1.11. A empresa Renováveis produz atualmente dois produtos, Aerogeradores (A) e Painéis Solares (P). Essa empresa multiproduto apresenta as seguintes funções custo: $CT(A,P) = 100 + A + 2P$, $CT(A,0) = 100 + A$ e $CT(0,P) = 100 + 2P$. A nova administração da empresa pretende saber se:
   i) Existem economias de escala próprias associadas a cada um dos produtos? Justifique.
   ii) Deve manter a produção conjunta dos aerogeradores e dos painéis? Justifique.

1.12. A empresa MaisBolos produz os produtos M (massa folhada) e P (pasta americana). Essa empresa multiproduto apresenta as seguintes funções custo: $CT(M,P) = q_M^2 + q_P^2 + q_M + 5$, e $CT(0,P) = q_P^2 + 3$. A nova administração da empresa contrata os seus serviços como consultor(a) para responder às seguintes questões:

i) Deve produzir uma tonelada ($q_M = 1$), três toneladas ($q_M = 3$) da massa folhada, ou nenhuma dessas quantidades? Justifique devidamente a sua resposta.

ii) Sabendo que $\frac{CT(q_M, q_P)}{\sum CTI_i(q_i)} > 1$, com $i = M, P$, deverá a MaisBolos manter a produção conjunta desses dois produtos? Justifique devidamente.

1.13. A empresa Selantes produz silicone de fixação (F) e silicone refratário (R). Essa empresa multiproduto apresenta as seguintes funções custo: $CT(F,R) = q_F^2 + q_R^2 + q_F + 6$, e $CT(0,R) = q_R^2 + 4$. A nova administração da empresa contrata os seus serviços como consultor(a) para responder às seguintes questões:

i) Deve produzir duas toneladas ($q_F = 2$), quatro toneladas ($q_F = 4$) de silicone de fixação ou nenhuma dessas quantidades? Justifique devidamente a sua resposta.

ii) Sabendo que $\frac{CT(q_F, q_R)}{\sum CTI_i(q_i)} < 1$, com $i = F, R$, deverá a Selantes manter a produção conjunta desses dois silicones? Justifique devidamente.

ECONOMIA INDUSTRIAL

> ✓ **Soluções**

1.5. i) $CR_4 = 0.7387$; $CR_{20} = 1$.

ii) $0 \leq E \leq 1.3010$.

Este índice constitui-se como uma medida inversa de concentração, porque quando o número de empresas tende para 1, o índice tende para zero. Assim, o limite inferior do Índice de Entropia é 0 e corresponde à concentração máxima.

iii) $HHI = 0.1965$.

iv) $HHI = 0.1962$.

1.6. i) $HHI = 0.2747$.

$CR_1 = 0.3774$; $CR_2 = 0.6698$; $CR_3 = 0.8585$; $CR_4 = 0.9528$; e $CR_5 = 1$.

ii) $I_{2010-2012} = 0.1429$ e $I_{2012-2014} = 0.3774$.

O mercado torna-se mais instável de 2012 para 2014 do que de 2010 para 2012, com a entrada da empresa F e a saída da empresa E.

iii) Não necessariamente. As medidas de concentração não têm uma leitura absoluta, na medida em que devem ser complementadas com outros indicadores, nomeadamente de instabilidade de quotas de mercado. No seu cálculo é também necessário verificar que as empresas consideradas têm centros de decisão próprios.

1.7. i) $CR_5 = 0.68$; $HHI_{max} = 0.1164$; $HHI_{min} = 0.1099$.

ii) O HHI diminui porque o número de empresas no mercado aumenta, logo a concentração diminui.

iii) $I_{2017-2018} = 0.1218$.

iv) Através do Índice de Instabilidade conclui-se que o mercado é pouco competitivo. Com o HHI é possível concluir que o mercado tem uma concentração baixa. Em suma, pese embora a manutenção do *status quo* em termos de quotas de mercado, os sinais observados são de que se está perante um mercado com concentração reduzida e portanto o mercado é competitivo.

1.8.   i) $0 \leq E \leq 0.8451$; $E = 0.7942$.

ii) $HHI = 0.2031$; $\frac{1}{6} \leq HHI \leq 1$.

1.9.   i)   Não existem economias de escola próprias para nenhum dos produtos.

ii)   Não existem economias de variedade. Isto significa que os bens devem ser produzidos em separado.

1.10.   Nos próximos períodos económicos, a empresa deve reduzir a produção do produto A e aumentar a produção do produto B.

Por um lado, o produto A verifica $CmgI > CMeI$, o que implica rendimentos decrescentes à escala. Por outro lado, o produto B possuí $CmgI < CMeI$, o que significa economias de escala ou de rendimentos crescentes à escala.

Quanto à produção conjunta ou separada, é indiferente produzir em conjunto ou separado, dado que $V_N = 1$. Não há sinergias na produção conjunta, mas também não existem custos associados.

1.11.   i)   Não existem economias de escala próprias por explorar associadas aos produtos A e P. A sua produção já se encontra no ponto ótimo de produção, isto é, $S_i = 1$.

ii) Sim, a empresa deve manter a produção conjunta dos produtos, porque existem economias de variedade, ou seja, existe partilha de sinergias e de custos, $V_N < 1$.

1.12. i) Não deve produzir as quantidades indicadas. Quando $q_M = 1$, existem economias de escala próprias e rendimentos crescentes à escala, o que significa que a quantidade produzida é reduzida e deve ser aumentada. Quando $q_M = 3$, não existem economias de escala e existem rendimentos decrescentes à escala, o que significa que a quantidade produzida é elevada e deve ser reduzida.

ii) Sim deve manter a produção conjunta, dado que existem economias de variedade. De facto, $V_N < 1$, e logo a produção deve ser conjunta porque existe partilha de custos.

1.13. i) Nenhuma das quantidades mencionada é a quantidade ótima de produção. Quando $q_F = 2$ e $q_F = 4$, não existem economias de escala e existem rendimentos decrescentes à escala, o que significa que a quantidade produzida é excessiva e deve ser reduzida.

ii) A empresa não deve manter a produção conjunta. Não existem economias de variedade, o que significa que a produção deve ser separada.

PARTE II
JOGOS ESTÁTICOS, DINÂMICOS E CONCORRÊNCIA IMPERFEITA

2.
Jogos estáticos e dinâmicos com informação completa

A Teoria dos Jogos, fazendo parte do processo evolutivo da Nova Economia Industrial, e sendo ferramenta de grande utilidade na análise de interações entre empresas, é o alvo deste capítulo. Introduzem-se conceitos chave, nomeadamente, ação, estratégia, informação, dominância e melhor resposta. Distinguem-se as decisões simultâneas das sequenciais, que originam jogos estáticos e dinâmicos, respetivamente. Apresentam-se formas de representação dos jogos e debate-se a categoria de jogos conhecida por Dilema dos Prisioneiros. Para além disso, explicam-se os conceitos de Equilíbrio de Nash e de Equilíbrio Perfeito de Subjogo, aplicando-se o processo de indução retroativa (*Backward Induction*). Este capítulo foca-se exclusivamente em jogos que se desenvolvem num ambiente com informação completa.

2.1 | JOGOS ESTÁTICOS COM INFORMAÇÃO COMPLETA

Tal como exposto previamente, a Teoria dos Jogos é um dos contributos mais relevantes para a Nova Economia Industrial. Analisam-se de seguida jogos estáticos, onde as decisões são tomadas em simultâneo, com informação completa.

2.1.1 | PROPRIEDADES DA FORMA ESTRATÉGICA

A forma estratégica é a mais simples forma de representação dos jogos. Pode ser utilizada nos jogos estáticos e dinâmicos. A representação em matriz apresenta os *payoffs* possíveis para cada combinação de ações. Usualmente a matriz dispõe de uma legenda, que informa a ordem de apresentação dos *payoffs* de cada jogador. Considere dois jogadores, A e B. No caso da legenda ser (Jog. A; Jog. B) significa que o primeiro *payoff* refere-se ao Jogador A e o segundo ao Jogador B.

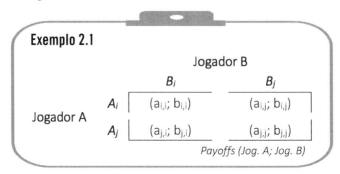

Cada coluna e linha corresponde a uma **ação**. As ações A_i e A_j do Jogador A estão apresentadas em **linha**, e as **ações** B_i e B_j do Jogador B estão apresentadas em **coluna**. O *payoff* do Jogador A quando os jogadores, A e B, jogam as suas ações A_i e B_i, é representado por $a_{i,i}$ (cf. exemplo 2.1).

2.1.2 | ESTRATÉGIA DOMINANTE E DOMINADA

Uma **estratégia dominante** é aquela que confere a um jogador *payoffs* superiores, ou iguais, aos obtidos com outra estratégia. Note que uma dominância só pode ser determinada comparando as estratégias do **mesmo jogador**. Esta estratégia pode ser fraca, forte ou estritamente dominante. Quando os *payoffs* de uma determinada estratégia são todos superiores relativamente aos *payoffs* de uma das outras estratégias, trata-se de uma **estratégia fortemente (ou estritamente) dominante**. No caso de ser **fracamente dominante**, pelo menos um dos *payoffs* deve ser igual e os restantes superiores, ou vice-versa. Note que, no caso de se tratarem de estratégias fraca ou fortemente dominantes, as mesmas só terão de dominar uma das estratégias do respetivo jogador (exemplo 2.2).

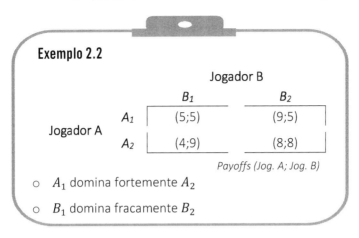

Exemplo 2.2

		B_1	B_2
Jogador A	A_1	(5;5)	(9;5)
	A_2	(4;9)	(8;8)

Payoffs (Jog. A; Jog. B)

- A_1 domina fortemente A_2
- B_1 domina fracamente B_2

2.1.3 JOGOS DE SOMA CONSTANTE E NULA

Considere o exemplo 2.1. Num jogo de soma constante, a soma dos *payoffs* de ambos os jogadores, em todas as estratégias é igual a uma constante k, de tal forma que $a_{i,i} + b_{i,i} = k$ (admita a título de exemplo o 2.3). No caso de a constante, k, ser igual a zero, denomina-se por jogo de soma nula.

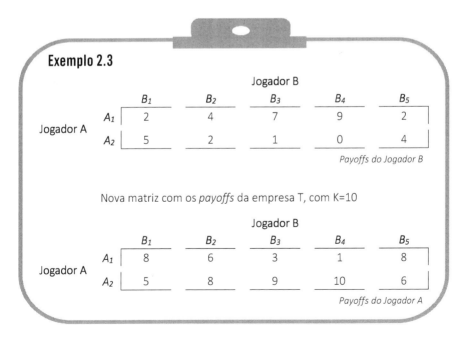

Exemplo 2.3

Jogador B

		B_1	B_2	B_3	B_4	B_5
Jogador A	A_1	2	4	7	9	2
	A_2	5	2	1	0	4

Payoffs do Jogador B

Nova matriz com os *payoffs* da empresa T, com K=10

Jogador B

		B_1	B_2	B_3	B_4	B_5
Jogador A	A_1	8	6	3	1	8
	A_2	5	8	9	10	6

Payoffs do Jogador A

ECONOMIA INDUSTRIAL

    Ainda em jogos de soma constante calcula-se o **ponto de sela** (exemplo 2.4), sendo apenas necessário conhecer os *payoffs* de um dos jogadores. Determina-se o máximo do mínimo quando o Jogador A joga as suas estratégias A_1 e A_2. E de seguida, o processo inverso é feito, no qual é determinado o mínimo do máximo do Jogador A na perspetiva de o Jogador B jogar as suas estratégias B_1 e B_2. Quando o máximo do mínimo é igual ao mínimo do máximo, existe ponto de sela e equilíbrio de estratégias puras (o exemplo 2.4 ilustra esse cálculo).

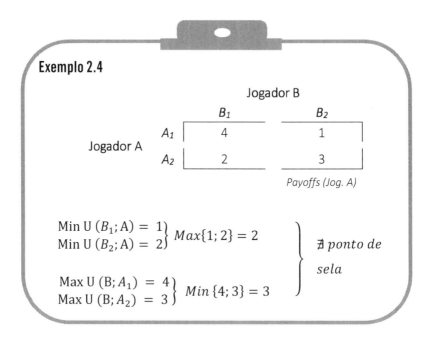

2.1.4 | ESTRATÉGIAS PURAS E MISTAS

Admita que o jogador tem duas ações, "ir ao teatro" ou "ir ao cinema". Uma estratégia pura restringe-se a um plano não estratégico, ou seja, o jogador escolhe apenas "ir ao teatro" ou "ir ao cinema". Se se admitir que o jogador joga, de modo combinado as suas duas opções, com probabilidade de "ir ao teatro" dada por p, e de "ir ao cinema" dada por $1 - p$, então trata-se de uma estratégia mista. Recorde-se que a probabilidade p varia entre 0 e 1 ($0 < p < 1$).

2.1.5 EQUILÍBRIO DE NASH: MOTIVAÇÃO E DEFINIÇÃO

Considere um jogo em que não existem estratégias dominantes. A estratégia de ambos os jogadores, A e B, dependerá da estratégia que admitem que o seu adversário irá jogar. Tome-se em consideração o exemplo 2.5. Admitindo que o Jogador B assume que a jogada do seu adversário será A_1, então a sua melhor resposta é B_2 (não é B_1 porque 8 > 3). No caso de o Jogador A assumir que a jogada do seu rival será B_2, a sua melhor resposta é A_1 (não é A_2 porque 2 > 1). Isto é, admitindo que se tratam de jogadores com comportamento racional, um par de ações é um **Equilíbrio de Nash**, quando o mesmo se constitui como a melhor resposta às ações tomadas pelo outro jogador. Formalmente, o par de ações $\{A_1^*; B_2^*\}$ constitui-se um perfil de Equilíbrio de Nash se A_1^* é a melhor resposta para o Jogador A perante a opção do Jogador B jogar B_2, tal como B_2^* é a melhor resposta do Jogador B perante a decisão de jogar A_1, ou seja, $U_1(A_1^*; A_2^*) \geq U_1(A_1; A_2^*)$, para $\forall\ A_1$ pertencente ao conjunto de ações disponíveis do Jogador A. Para o Jogador B, $U_2(A_1^*; A_2^*) \geq U_2(A_1^*; A_2)$, para $\forall\ A_2$ pertencente ao conjunto de ações disponíveis do Jogador B.

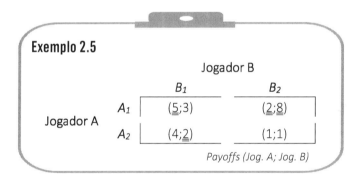

Exemplo 2.5

Como referido, o Equilíbrio de Nash constitui o par de estratégias que é a melhor resposta de ambos os jogadores. É por isso um equilíbrio estável ou auto-cumprido. Contudo, a melhor resposta a uma das estratégias dos jogadores, A e B, poderá não ser a que lhes concede *payoffs* superiores. O **Ótimo de Pareto** verifica-se quando um jogador melhora a sua situação (ou *payoff*) individual. A condição é que nenhum dos jogadores pode piorar o seu bem-estar. Isto é, ou ambos melhoram o seu *payoff* individual, ou no caso de apenas um dos jogadores o melhorar, o outro jogador terá de manter o *payoff* encontrado no Equilíbrio de Nash (note que, é possível existir situações em que um Equilíbrio de Nash é um Ótimo de Pareto). No exemplo 2.6, o Ótimo de Pareto é a combinação de estratégias {A_2; B_1}, que traduz um aumento do *payoff* do Jogador B (7 > 5), dado que o *payoff* do Jogador A se mantém.

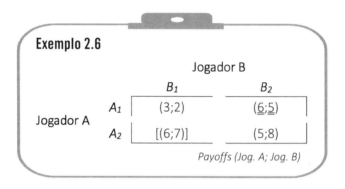

Exemplo 2.6

		Jogador B	
		B_1	B_2
Jogador A	A_1	(3;2)	(<u>6</u>;<u>5</u>)
	A_2	[(6;7)]	(5;8)

Payoffs (Jog. A; Jog. B)

2.1.6 | DILEMA DOS PRISIONEIROS

A explicação original do Dilema dos Prisioneiros, deriva literalmente do nome do conceito. Dois ladrões foram detidos pela polícia, mas as provas quando apanhados em flagrante não eram suficientes para determinar as suas punições. Os dois indivíduos foram interrogados individualmente, mas ao mesmo tempo, sem oportunidade de trocarem impressões previamente.

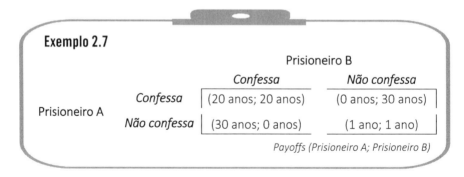

Exemplo 2.7

		Prisioneiro B	
		Confessa	*Não confessa*
Prisioneiro A	*Confessa*	(20 anos; 20 anos)	(0 anos; 30 anos)
	Não confessa	(30 anos; 0 anos)	(1 ano; 1 ano)

Payoffs (Prisioneiro A; Prisioneiro B)

Considere o exemplo 2.7. Os *payoffs* representam os anos de cadeia e por isso admite-se, neste caso, que mais é pior, isto é, um *payoff* maior é menos desejável. O Equilíbrio de Nash deste jogo é {*Confessa*; *Confessa*}, em que cada um dos prisioneiros será condenado a 20 anos de prisão. O problema do Dilema dos Prisioneiros é que o equilíbrio do jogo não traduz o ganho potencial mais benéfico para os jogadores. De facto, o par de estratégias mais atrativo para ambos os jogadores é {*Não Confessa*; *Não Confessa*}, em que cada um dos jogadores será condenado a apenas 1 ano de prisão. O facto de existir uma combinação de estratégias mais vantajosa para ambos os jogadores, pode ter influência nas suas decisões. Em suma, nesta categoria de jogos, designada por **Dilema dos Prisioneiros**, o Equilíbrio de Nash não é Ótimo de Pareto. Recorda-se que se está a analisar jogos não cooperativos. O jogo de Cournot (que será analisado com pormenor no capítulo 4) é um jogo do tipo Dilema dos Prisioneiros, ou seja, o Equilíbrio de Nash-Cournot não é Ótimo de Pareto.

2.2 | JOGOS DINÂMICOS COM INFORMAÇÃO COMPLETA

Nos **jogos dinâmicos**, existe uma ordem pela qual os jogadores jogam, uma vez que as decisões são sequenciais. Para além disso, a informação que os jogadores detêm (completa ou incompleta) deve ser tida em consideração, sendo que isso influencia a estratégia de jogo. Neste capítulo tratam-se apenas jogos com informação completa.

2.2.1 | PROPRIEDADES DE ÁRVORES DE JOGO

Os jogos dinâmicos podem ser representados na sua forma estratégica ou na sua forma extensiva, também conhecida por representação em "árvore de jogo". Uma árvore de jogo, constitui-se por **ramos**, **nós de decisão** e **nós terminais**. O **nó terminal** indica o final dos jogos, no qual são disponibilizados os *payoffs* associados a cada jogador e a cada combinação de ações. Os **nós de decisão** podem ser de três tipos: **básico**, **complexo** e **trivial**. Quando os seus ramos terminam num nó terminal, então esse nó de decisão é um **nó básico**. Um nó básico com apenas um ramo é um **nó trivial**. Um **nó complexo** é um nó que não é básico, isto é, os seus ramos não conduzem diretamente a um nó terminal.

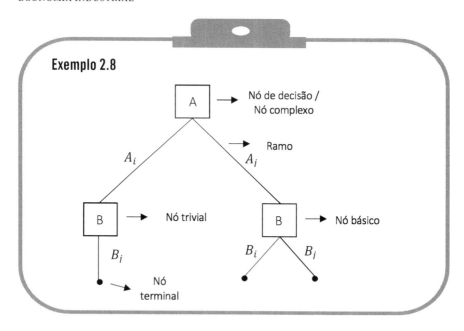

Exemplo 2.8

A uma ação corresponde um ramo e em todos os nós terminais da árvore de jogo é apresentado o *payoff* associado à estratégia dos jogadores. As ações A_i e A_j correspondem ao Jogador A, e as ações B_i e B_j correspondem ao Jogador B (exemplo 2.8).

2.2.2 | DEFINIÇÃO DE SUBJOGOS

Considere o jogo dinâmico, representado no exemplo 2.9. Aí, três subjogos são observados (note que um dos subjogos é considerado jogo global). A noção de **subjogo,** criada por Reinhard Selten, é uma forma engenhosa de lidar com estes jogos dinâmicos. Um subjogo consiste num subconjunto de nós e de ramos de um jogo global. Quando considerados em conjunto, eles próprios constituem um jogo. Cada subjogo tem de ter um único nó inicial, os respetivos nós subsequentes e correspondentes ramos que conduzem aos nós terminais. Deve ser analisado de forma independente, apresentando, inevitavelmente, os *payoffs* associados. Para além disso, é de salientar que em qualquer um dos subjogos, os jogadores e a ordem de jogo, são os estipulados no jogo global.

2 · JOGOS ESTÁTICOS E DINÂMICOS COM INFORMAÇÃO COMPLETA

Exemplo 2.9

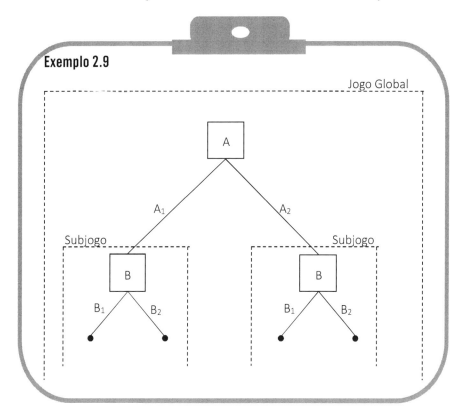

Por simplificação, daqui em diante, as representações na forma extensiva em que são apresentados os *payoffs*, os '•' nos nós terminais não são apresentados.

2.2.3 | BACKWARD INDUCTION E EQUILÍBRIO PERFEITO DE SUBJOGO

Num jogo dinâmico com informação completa podem existir múltiplos Equilíbrios de Nash. Aqui, as melhores respostas dos jogadores têm de ser determinadas para cada subjogo analisado. Neste processo, a *Backward Induction* (ou indução retroativa) é uma ferramenta preciosa para selecionar entre esses equilíbrios. De uma forma simples, no nó de decisão mais próximo do nó terminal de cada subjogo, analisa-se qual a melhor ação pela qual cada jogador deve optar nesse nó. Subsequentemente, elimina-se a ação dominada e sobe--se um nível de decisão, isto é, para o nó que o precede, sendo acompanhado com os *payoffs* das respetivas ações consideradas como a melhor resposta anteriormente. Quando se atinge a raiz do jogo original, então está encontrado o *payoff* de equilíbrio, a que está associado um perfil de estratégias de cada jogador, em cada subjogo. Esse perfil de equilíbrio, designa-se de **Equilíbrio Perfeito de Subjogo**. Um perfil de estratégias é um Equilíbrio Perfeito de Subjogo de um jogo global, se essa estratégia é também um Equilíbrio de Nash para cada subjogo desse jogo global. Além disso, um perfil de estratégias é um Equilíbrio Perfeito de Subjogo de um jogo dinâmico com informação completa, se e só se, ele é Equilíbrio de Nash selecionado através do processo de *Backward Induction*.

A aplicação da *Backward Induction* permite ainda eliminar as **ameaças não credíveis**, que basicamente são intenções anunciadas de comportamento por parte de um jogador. Contudo, se o jogador tiver oportunidade para realizar a ameaça, não a executa por não ser a melhor resposta. Mas veja-se a aplicação deste processo de *Backward Induction*, para isso recorrendo ao exemplo 2.10.1. O último jogador a decidir é o B. Assim, a seleção é feita a partir da comparação dos *payoffs* das estratégias B_1 e B_2 para ambas as opções do Jogador A.

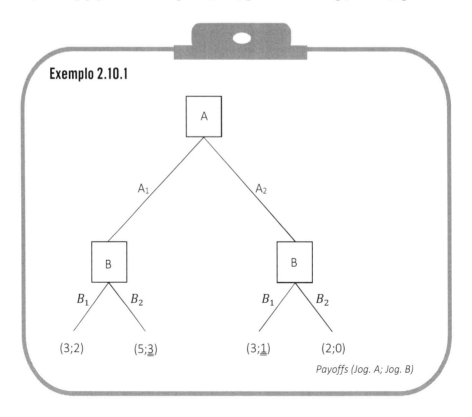

Exemplo 2.10.1

Payoffs (Jog. A; Jog. B)

A melhor resposta do Jogador B face à opção A_1 do Jogador A é a sua ação B_2, uma vez que obtém um *payoff* de 3 (em B_2) que é superior ao *payoff* de 2 (em B_1). Admitindo o mesmo raciocínio no ramo A_2, a melhor resposta do Jogador B é a opção B_1. Note que devem ser analisados todos os nós terminais da árvore de jogo, ou seja, todos os subjogos. Após esta etapa, o conceito de *Backward Induction* deve ser aplicado nas ações do Jogador A, ao que se chamou de nível de decisão precedente, desta vez para o Jogador A. Os ramos que detêm a resposta ótima do Jogador B, para cada uma das estratégias do Jogador A, são selecionados. Por conseguinte, a árvore de jogo, na sua forma reduzida, fica com a seguinte representação:

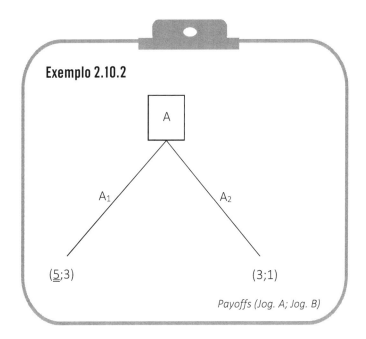

Nesta etapa da *Backward Induction*, a seleção dos *payoffs* é feita com base nas estratégias do Jogador A, tal como está indicado nos ramos da árvore de jogo (exemplo 2.10.2). O ramo selecionado é o associado à estratégia A_1 (pois 5 > 3), onde o Jogador A beneficia de um *payoff* superior.

Concentre-se agora na forma estratégica. Com o pragmatismo do economista que sabe que os recursos são escassos, incluindo o tempo, o Equilíbrio Perfeito de Subjogo poderá ser calculado diretamente a partir dessa forma estratégica. Para isso é necessário que não se verifiquem múltiplos potenciais perfis de equilíbrio. Quando há mais do que um perfil possível, então eles deverão ser selecionados usando o processo de *Backward Induction*, tal como descrito previamente. Mantendo o mesmo exemplo, veja-se então a forma estratégica.

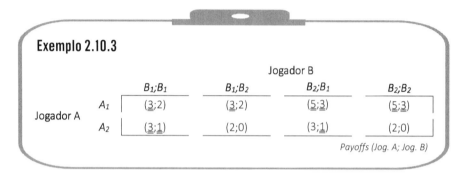

Exemplo 2.10.3

		Jogador B			
		$B_1;B_1$	$B_1;B_2$	$B_2;B_1$	$B_2;B_2$
Jogador A	A_1	($\underline{3}$;2)	($\underline{3}$;2)	($\underline{5}$;$\underline{3}$)	($\underline{5}$;$\underline{3}$)
	A_2	($\underline{3}$;$\underline{1}$)	(2;0)	(3;$\underline{1}$)	(2;0)

Payoffs (Jog. A; Jog. B)

A forma estratégica evidencia que existem vários perfis possíveis de Equilíbrio Perfeito de Subjogo, a saber:

- $\{A_1, (B_2; B_1)\}$
- $\{A_1, (B_2; B_2)\}$
- $\{A_2, (B_1; B_1)\}$

Ora, recorrendo à *Backward Induction* aplicada previamente, conclui-se que o perfil de Equilíbrio Perfeito de Subjogo é $\{A_1, (B_2; B_1)\}$. Ele pode ser interpretado da seguinte forma. O Jogador A, que decide em primeiro lugar, joga a sua ação A_1. Para o Jogador B, quando o Jogador A joga A_1 a sua melhor reposta é B_2. No entanto, quando o Jogador A joga a sua estratégia A_2 a melhor resposta do Jogador B é a estratégia B_1.

Exercícios Resolvidos

2.1. Considere dois jogadores, A e B, que se encontram no mercado uma única vez, num concurso para a atribuição da licença de construção de uma linha ferroviária na Lezíria Ribatejana. Apresente uma possível matriz de *payoffs* onde:
  i) Cada uma das empresas tenha quatro ações disponíveis;
  ii) Uma das empresas tem uma estratégia estritamente dominante enquanto que a outra não tem estratégias dominantes;
  iii) O Equilíbrio de Nash não é Ótimo de Pareto.

Resolução

i) Sejam as ações do Jogador A: A_1, A_2, A_3 e A_4, e as do Jogador B: B_1, B_2, B_3 e B_4.

ii) Uma estratégia estritamente dominante verifica-se quando os *payoffs* de uma estratégia de determinado jogador, são todos superiores aos *payoffs* de qualquer uma das outras estratégias do mesmo jogador. No entanto, considerando as condições expressas no enunciado do exercício, as restantes estratégias do jogador com uma estratégia estritamente dominante, não podem ter dominância entre elas (uma vez que é solicitado que exista apenas uma estratégia estritamente dominante). Na tabela de *payoffs* exemplificada, considera-se que a estratégia A_4, do Jogador A, é uma estratégia estritamente dominante em absoluto, ou seja, domina todas as outras.

Tabela 2.1 – *Payoffs*

	B_1	B_2	B_3	B_4
A_1	1	1	1	1
A_2	-1	0	-1	2
A_3	0	-1	1	2
A_4	2	2	2	3

Payoffs (Jog. A)

Pelas condições do exercício, o Jogador B não pode ter dominâncias entre as suas estratégias, logo nenhuma estratégia pode conter apenas *payoffs* iguais ou superiores a qualquer outra. Recorda-se que em jogos estáticos com informação completa, como é o caso, usa-se indistintamente ação ou estratégia pela correspondência existente. Considere-se então os seguintes *payoffs* propostos para o Jogador B:

Tabela 2.2 – *Payoffs*

	B_1	B_2	B_3	B_4
A_1	-1	1	0	2
A_2	1	-1	1	-1
A_3	1	2	-1	2
A_4	1	0	1	-1

Payoffs (Jog. B)

iii) O Equilíbrio de Nash reflete as melhores respostas dos jogadores às ações do outro jogador. Na tabela dos *payoffs* seguinte, as melhores respostas estão realçadas com um sublinhado duplo.

Tabela 2.3 – *Payoffs*

		Jog. B			
		B_1	B_2	B_3	B_4
	A_1	(1;-1)	(1;1)	(1;0)	(1;<u>2</u>)
Jog. A	A_2	(-1;<u>1</u>)	(0;-1)	(-1;<u>1</u>)	(2;-1)
	A_3	(0;1)	(-1;<u>2</u>)	(1;-1)	(2;<u>2</u>)
	A_4	(<u>2</u>;<u>1</u>)	(<u>2</u>;0)	(<u>2</u>;<u>1</u>)	(<u>3</u>;-1)

Payoffs (Jog. A; Jog. B)

As melhores respostas do Jogador A, às diversas estratégias do Jogador B são as seguintes:
- Quando o Jogador B joga a sua estratégia B_1, a melhor resposta do Jogador A é A_4;
- Se B joga B_2, a melhor resposta de A é A_4;
- Quando B joga B_3, a melhor resposta de A é A_4;
- Se B joga B_4, a melhor resposta de A é A_4.

No caso do Jogador B, as melhores respostas às diversas estratégias do Jogador A, são as seguintes:
- Quando A joga A_1, a melhor resposta de B é B_4.
- Se A joga A_2, as melhores respostas de B são B_1 e B_3.
- Quando A joga A_3, as melhores respostas de B são B_2 e B_4.
- Se A joga A_4, as melhores respostas de B são B_1 e B_3.

Foram assim obtidos dois Equilíbrios de Nash, nomeadamente $\{A_4; B_1\}$ e $\{A_4; B_3\}$. Contudo, existe uma combinação de ações, na qual se verifica que pelo menos um dos jogadores melhora o seu *payoff*, sendo que, o outro jogador mantém o *payoff* encontrado no Equilíbrio de Nash. Na combinação de estratégias $\{A_3; B_4\}$, o jogador, A e B, mantém e aumenta os seus *payoffs*, respetivamente. Esta análise deve ser feita comparando os *payoffs* que conferem uma melhor situação individual a cada jogador, aos encontrados no Equilíbrio de Nash. Assim, os perfis de Equilíbrio de Nash: $\{A_4; B_1\}$ e $\{A_4; B_3\}$; Ótimo de Pareto: $\{A_3; B_4\}$.

ECONOMIA INDUSTRIAL

2.2. As empresas de produção de conteúdos audiovisuais TRP e MCTV interagem entre si para a contratação de um comentador político. Estas empresas jogam um jogo de soma constante, com k = 6. Os *payoffs* da empresa MCTV são apresentados na matriz seguinte:

Tabela 2.4 – *Payoffs*

		MCTV				
		M_1	M_2	M_3	M_4	M_5
TRP	T_1	3	2	1	0	4
	T_2	1	4	5	6	3

Payoffs (Empresa MCTV)

i) Existe equilíbrio de estratégias puras neste jogo?
ii) Encontre as estratégias de segurança para a empresa TRP.
iii) Represente graficamente e calcule os valores esperados.

Resolução

i) Através do cálculo do ponto de sela, é possível verificar a existência do equilíbrio de estratégias puras, isto é, se o $\max \min U_{MCTV}(T; M_i) = \min \max U_{MCTV}(T_j; M)$, $i = 1, \ldots, 5$ e $j = 1, 2$.

$$\left. \begin{array}{l} \text{Min } U(T; M_1) = 1 \\ \text{Min } U(T; M_2) = 2 \\ \text{Min } U(T; M_3) = 1 \\ \text{Min } U(T; M_4) = 0 \\ \text{Min } U(T; M_5) = 3 \end{array} \right\} Max\{1; 2; 1; 0; 3\} = 3$$

$$\left. \begin{array}{l} \text{Max }(T_1; M) = 4 \\ \text{Max }(T_2; M) = 6 \end{array} \right\} Min\{4; 6\} = 4$$

∄ ponto de sela

Considerando que $\max \min U_{MCTV}(T; M_i) \neq \min \max U_{MCTV}(T_j; M)$, $i = 1, \ldots, 5$ e $j = 1, 2$ então não existe ponto sela, e consequentemente não existe equilíbrio de estratégias puras.

ii) Jogo de soma constante com k = 6.

2 · JOGOS ESTÁTICOS E DINÂMICOS COM INFORMAÇÃO COMPLETA

Na matriz fornecida no enunciado, apenas estão apresentados os *payoffs* da empresa MCTV. Desta forma, é necessário calcular os *payoffs* da empresa TRP para calcular a sua estratégia de segurança $(r; 1-r)$. Dado que se está perante um jogo de soma constante, em que $k = 6$, os *payoffs* da empresa TRP calculam-se através da subtração da constante por cada *payoff* da empresa MCTV. Ou seja, para a combinação $\{T_1; M_1\}$ o *payoff* da empresa TRP será, $\pi_{TRP}(T_1; M_1) = 6 - 3 = 3$.

$\pi_{TRP}(T_1; M_2) = 6 - 2 = 4$ $\pi_{TRP}(T_2; M_1) = 6 - 1 = 5$
$\pi_{TRP}(T_1; M_3) = 6 - 1 = 5$ $\pi_{TRP}(T_2; M_2) = 6 - 4 = 2$
$\pi_{TRP}(T_1; M_4) = 6 - 0 = 6$ $\pi_{TRP}(T_2; M_3) = 6 - 5 = 1$
$\pi_{TRP}(T_1; M_5) = 6 - 4 = 2$ $\pi_{TRP}(T_2; M_4) = 6 - 6 = 0$
                                    $\pi_{TRP}(T_2; M_5) = 6 - 3 = 3$

A matriz que se segue apresenta os *payoffs* da empresa TRP:

Tabela 2.5 – *Payoffs*

		\multicolumn{5}{c}{MCTV}			
		M_1	M_2	M_3	M_4	M_5
TRP	T_1	3	4	5	6	2
	T_2	5	2	1	0	3

Payoffs (Empresa TRP)

Para calcular a estratégia de segurança para a empresa TRP, é essencial calcular os valores esperados para a mesma, dadas as ações de MCTV:

$E[u_{TRP}|M_1] = [r \ \ 1-r] \begin{bmatrix} 3 \\ 5 \end{bmatrix} = 3r + 5 - 5r = 5 - 2r$

$E[u_{TRP}|M_2] = [r \ \ 1-r] \begin{bmatrix} 4 \\ 2 \end{bmatrix} = 4r + 2 - 2r = 2 + 2r$

$E[u_{TRP}|M_3] = [r \ \ 1-r] \begin{bmatrix} 5 \\ 1 \end{bmatrix} = 5r + 1 - r = 1 + 4r$

$E[u_{TRP}|M_4] = [r \ \ 1-r] \begin{bmatrix} 6 \\ 0 \end{bmatrix} = 6r$

$E[u_{TRP}|M_5] = [r \ \ 1-r] \begin{bmatrix} 2 \\ 3 \end{bmatrix} = 2r + 3 - 3r = 3 - r$

Para determinar a estratégia de segurança da empresa TRP, é de grande utilidade representar cada uma das expressões calculadas, que representam valores esperados, num gráfico. No cálculo desses valores esperados, os resultados obtidos exemplificam uma regressão linear. Na sua representação gráfica, são necessários pelo menos dois pontos. Um deles poderá ser a ordenada na origem. O outro poderá resultar da substituição de r por 1.

iii)

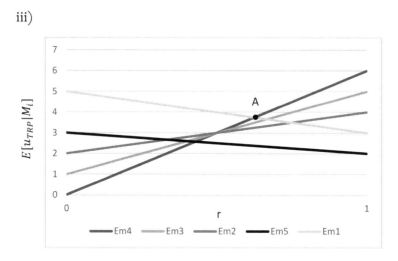

O ponto de interseção superior, entre duas das expressões dos valores esperados, revela a estratégia de segurança. Logo, neste caso, a estratégia de segurança será dada no ponto (A) em que $E[u_{TRP}|M_1] = E[u_{TRP}|M_4]$.

$$E[u_{TRP}|M_1] = E[u_{TRP}|M_4] \Leftrightarrow 5 - 2r = 6r \Leftrightarrow r = \frac{5}{8} \rightarrow 1 - r = \frac{3}{8};$$
$$E[u_{TRP}|M_1] = 5 - 2*\frac{5}{8} = \frac{15}{4} \; ; E[u_{TRP}|M_4] = 6*\frac{5}{8} = \frac{15}{4}$$

Em suma, a estratégia de segurança é dada por $\left(\frac{5}{8}; \frac{3}{8}\right)$, ao que está associado o valor esperado de $\frac{15}{4}$. Por palavras, o jogador TRP jogará $\frac{5}{8}$ das vezes a sua ação T_1 e a sua ação T_2 em $\frac{3}{8}$ das vezes. Com esta estratégia a empresa TRP conseguirá um *payoff* mínimo de $\frac{15}{4}$.

2.3. As empresas POYOTA (P) e DONDA (D) concorrem no mercado de automóveis híbridos com um produto homogéneo. Concorrem pelo preço, podendo optar por três níveis de preço: Baixo, Médio e Alto. As possíveis combinações de preços originam os seguintes *payoffs*:

Tabela 2.6 – *Payoffs*

		POYOTA		
		P_B	P_M	P_A
DONDA	D_B	(100;100)	(150;50)	(200;0)
	D_M	(50;100)	(200;200)	(350;250)
	D_A	(0;200)	(250;350)	(300;300)

Payoffs (D; P)

Nestas condições:
i) Existem estratégias dominantes neste jogo? Se sim, qual(is)?
ii) Qual(is) o(s) Equilíbrio(s) de Nash de estratégias puras quando as empresas decidem em simultâneo?
iii) A combinação $\{D_A; P_M\}$ é Pareto superior a $\{D_A; P_A\}$? Justifique.
iv) Apresente a forma extensiva deste jogo com duas etapas no qual a POYOTA anuncia o seu preço em primeiro lugar. Calcule e defina o perfil de estratégias que é Equilíbrio Perfeito de Subjogo.
v) Qual a variação do *payoff* que os acionistas da empresa DONDA irão verificar pelo facto da sua empresa não decidir em primeiro lugar?

Resolução

i) Nenhuma estratégia de cada uma das empresas contém apenas *payoffs* iguais ou superiores a qualquer outra estratégia. Logo, para ambas as empresas, D e P, não se verificam estratégias dominantes.

ii) Como é sabido, o Equilíbrio de Nash reflete as melhores respostas dos jogadores às ações do outro jogador. Por exemplo, quando P joga P_B a melhor resposta de D é D_B. Como habitual, na tabela de *payoffs* seguinte, as melhores respostas estão assinaladas com um sublinhado duplo.

Tabela 2.7 – *Payoffs*

		POYOTA P_B	P_M	P_A
	D_B	(<u>100</u>;<u>100</u>)	(150;50)	(200;0)
DONDA	D_M	(50;100)	(200;200)	(<u>350</u>;<u>250</u>)
	D_A	(0;200)	(<u>250</u>;<u>350</u>)	(300;300)

Payoffs (D; P)

Perfis de Equilíbrio de Nash: $\{D_B; P_B\}$, $\{D_M; P_A\}$ e $\{D_A; P_M\}$.

iii) $\{D_A; P_M\}$ não é Pareto superior em relação a $\{D_A; P_A\}$, porque embora a empresa P obtenha um ganho superior, a empresa D fica prejudicada.

iv) Dado que a empresa P anuncia o seu preço em primeiro lugar, então essa empresa decide a sua jogada no nó complexo da forma extensiva, e os ramos que advêm do nó complexo são as suas estratégias. Nos nós básicos, consta a empresa D. Os ramos que sucedem dos nós básicos revelam as estratégias da empresa D. Por fim, os nós terminais e os respetivos *payoffs* surgem no final dos ramos que sucedem aos nós básicos. O preenchimento da árvore de jogo, com os respetivos *payoffs*, é um processo simples. Por exemplo, nos ramos à esquerda, quando P joga P_B e D_B, o *payoff* será (100;100), de acordo com a matriz de *payoffs* do enunciado do exercício. A forma extensiva é:

2 · JOGOS ESTÁTICOS E DINÂMICOS COM INFORMAÇÃO COMPLETA

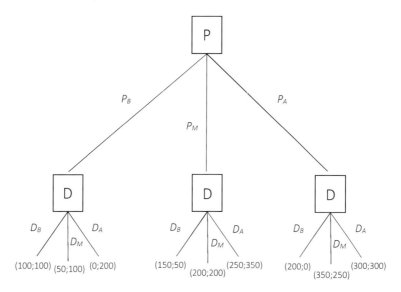

Payoffs (D; P)

Para se definir o perfil de estratégias que é Equilíbrio Perfeito de Subjogo, recorre-se à B*ackward Induction*. Em primeiro lugar calcula--se o perfil de equilíbrio nos 3 subjogos, isto é, seleciona-se a melhor resposta da empresa D, em cada um dos nós terminais. Em qualquer dos ramos associados a P_B, P_M ou P_A a empresa D irá escolher a sua estratégia D_B, D_A e D_M, respetivamente. Da comparação de *payoffs* em cada nó de decisão de D, e selecionando as melhores respostas, obtém-se a seguinte forma extensiva:

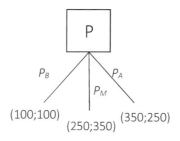

Payoffs (D; P)

Nesta etapa, P irá escolher a estratégia que lhe concede um *payoff* superior que, facilmente se observa, é a ação P_M. Deste modo, o Equilíbrio Perfeito de Subjogo é $\{P_M(D_B; D_A; D_M)\}$.

ECONOMIA INDUSTRIAL

v) Para se identificar a variação dos *payoffs* da empresa D caso não jogue em segundo lugar, deve-se verificar qual seria o seu *payoff* caso jogasse em primeiro lugar. Assim, com a empresa D a decidir em primeiro lugar, obtém-se a seguinte forma extensiva:

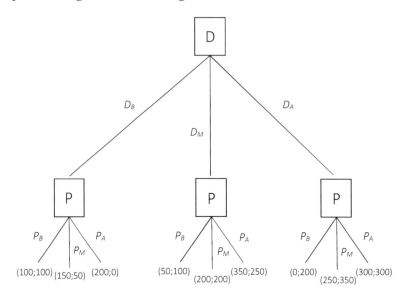

Payoffs (D; P)

Recorrendo à *Backward Induction*, se a D jogar D_B, D_M ou D_A, a melhor resposta de P será P_B, P_A e P_M, respetivamente. Consequentemente, obtém-se a seguinte forma extensiva na sua forma reduzida:

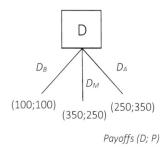

Payoffs (D; P)

Agora D irá escolher a ação que lhe concede um *payoff* superior, ou seja a ação D_M. Assim, o Equilíbrio Perfeito de Subjogo é $\{D_M\,(P_B;\,P_A;\,P_M)\}$.

Avaliando então as consequências da ordem de jogo, quando a empresa P joga em primeiro lugar, a empresa D obtém um *payoff* de 250. Se a empresa D joga em primeiro lugar, esta obtém um *payoff* de 350. Portanto, o custo de oportunidade que os acionistas da empresa D, suportam pelo facto da sua empresa não decidir em primeiro lugar é de 100.

2.4. Duas empresas produtoras de conteúdos audiovisuais para televisão, a ITVN e a CISN concorrem para obter índices de audiência no horário nobre da noite entre as 20 e as 22 horas. Esse horário divide-se em dois períodos: *Bear period* (das 20h às 21h) ou no *Bull Period* (das 21h às 22h). Cada uma delas conta com dois programas para preencher esse horário. O seu programa principal é o *sports magazine*. As empresas poderão colocá-lo no período *Bear* ou no *Bull*. As possíveis combinações de decisões levam aos seguintes resultados em termos de "pontos de audiência".

Tabela 2.8 – *Payoffs*

		ITVN Bear Period	ITVN Bull Period
CISN	Bear period	(10;10)	(55;20)
	Bull period	(15;60)	(30;30)

Payoffs (ITVN; CISN)

Neste cenário:

i) Existem estratégias dominantes neste jogo? Justifique.

ii) Qual o Equilíbrio de Nash de estratégias puras quando as televisões decidem em simultâneo?

iii) Admita que a CISN, pela sua tradição neste tipo de programas, consegue decidir em primeiro lugar. Apresente as formas extensiva e estratégica deste jogo. Apresente o perfil de equilíbrio.

iv) Qual o custo de oportunidade para a empresa ITVN quando ela não decide em primeiro lugar?

v) Reescreva a matriz de *payoffs* inicial de modo a que quando a ITVN decide em primeiro lugar o perfil de Equilíbrio Perfeito de Subjogo seja {Bull (Bear; Bull)}.

ECONOMIA INDUSTRIAL

Resolução

i) Uma estratégia é estritamente dominante quando os *payoffs* de uma estratégia de determinado jogador são todos superiores aos *payoffs* de qualquer uma das outras estratégias do mesmo jogador. Portanto, a estratégia *Bull* de ambas as empresas, ITVN e CISN, é estritamente dominante.

ii) Na tabela de p*ayoffs* seguinte, encontram-se identificadas as melhores respostas, com um sublinhado duplo:

Tabela 2.9 – *Payoffs*

		ITVN	
		Bear Period	Bull Period
CISN	Bear period	(10;10)	(<u><u>55</u></u>;20)
	Bull period	(15;<u><u>60</u></u>)	(<u><u>30</u></u>;<u><u>30</u></u>)

Payoffs (ITVN; CISN)

Assim, o perfil de Equilíbrio de Nash é {*Bull*; *Bull*}, que é composto pelas melhores repostas para cada empresa.

iii) Forma extensiva:

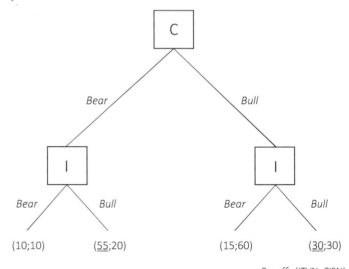

Payoffs (ITVN; CISN)

Na elaboração da forma estratégica, a empresa representada em linha é a que joga em primeiro lugar, isto é, a empresa CISN, e as suas estratégias são *Bear* e *Bull*. A empresa que se encontra em coluna, é a empresa ITVN, que joga em segundo lugar, e tem quatro pares de combinações de ações, ou seja quatro estratégias, nomeadamente, {*Bear; Bear*}, {*Bear; Bull*}, {*Bull; Bull*} e {*Bull; Bear*}. Por exemplo, {*Bear; Bear*} significa que a empresa ITVN joga *Bear*, em ambos os casos, isto é, independentemente de CISN jogar *Bear* ou *Bull*. Importa esclarecer que a colocação da empresa CISN em linha ou em coluna na forma estratégica não é relevante. O mesmo se aplica à empresa ITVN.

O essencial é entender que a empresa que joga em primeiro lugar apenas tem duas estratégias disponíveis, e elas resumem-se a essas estratégias pois não observou nenhuma decisão do outro jogador previamente. O jogo começa aí. Então, independentemente de estar representado em linha ou em coluna, terá apenas duas estratégias, que serão duas linhas ou duas colunas. Por seu turno, a ITVN teve já oportunidade de observar a decisão prévia da CISN e, com essa observação, pode condicionar a sua opção ao que a empresa CISN previamente decidiu. Quer isto dizer que a ITVN pode combinar as suas estratégias, tendo, portanto, disponíveis quatro estratégias possíveis. Essas quatro estratégias podem ser representadas em linha ou em coluna. A forma estratégica é então a seguinte:

Tabela 2.10 – Forma estratégica

		ITVN			
		Bear;Bear	Bear;Bull	Bull;Bull	Bull;Bear
CISN	Bear	(10;10)	(10;10)	(55;20)	(55;20)
	Bull	(15;60)	(30;30)	(30;30)	(15;60)

Payoffs (ITVN; CISN)

Procedendo à *Backward Induction*, quando a CISN joga *Bear* a melhor resposta de ITVN é *Bull*, quando CISN joga *Bull* a melhor resposta de ITVN é *Bull*, como identificado pelo sublinhado na forma extensiva apresentada acima. Consequentemente, obtém-se a seguinte forma extensiva, na sua forma reduzida:

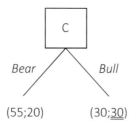

Payoffs (ITVN; CISN)

Como a empresa CISN usufrui de um *payoff* superior se jogar *Bull*, ela irá optar por jogar *Bull*, e assim dá-se por finalizado o processo da *Backward Induction*. O Equilíbrio Perfeito de Subjogo resulta então em {*Bull* (*Bull*; *Bull*)}. Como seria de esperar, dada a dominância forte de *Bull* para ambas as empresas, em Equilíbrio Perfeito de Subjogo elas irão executar essa estratégia.

iv) Na alínea anterior, a empresa CISN decide em primeiro lugar. Agora a forma extensiva é apresentada com a empresa ITVN a decidir em primeiro lugar, para identificar o custo de oportunidade de ela não ser a primeira a decidir.

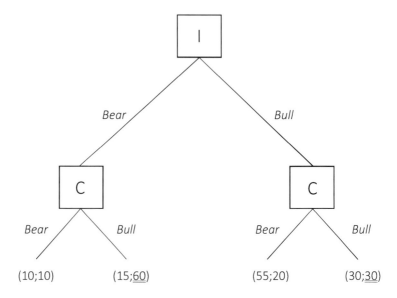

Payoffs (ITVN; CISN)

As melhores respostas da empresa CISN, a cada estratégia da empresa ITVN, estão assinaladas com sublinhado duplo, na forma extensiva anterior. Obtém-se a seguinte forma extensiva na sua forma reduzida, após a primeira fase da *Backward Induction*:

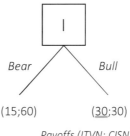

Payoffs (ITVN; CISN)

Como a empresa ITVN escolherá a ação *Bull*, o Equilíbrio Perfeito de Subjogo vem então {*Bull* (*Bull*; *Bull*)}. A empresa ITVN não tem custo de oportunidade quando não decide em primeiro lugar, uma vez que o *payoff* obtido é igual ao *payoff* quando decide em segundo lugar.

v) Com o objetivo de que o perfil de Equilíbrio Perfeito de Subjogo seja {*Bull* (*Bear*; *Bull*)}, quando a ITVN decide em primeiro lugar, o requisito em falta é quando a ITVN joga *Bear* a melhor resposta de CISN seja *Bear*. Considerando que na alínea anterior, a ITVN decide em primeiro, e a sua melhor resposta já é *Bull*. Portanto, se trocar o *payoff* {*Bear*; *Bear*} pelo *payoff* {*Bear*; *Bull*}, o Equilíbrio Perfeito de Subjogo torna-se {*Bull* (*Bear*; *Bull*)}, obtendo-se a seguinte matriz de *payoffs*:

Tabela 2.11 – *Payoffs*

		ITVN Bear	ITVN Bull
CISN	Bear	(15;60)	(55;20)
	Bull	(10;10)	(30;30)

Payoffs (ITVN; CISN)

2.5. Duas empresas, 1 e 2, concorrem entre si e têm como objetivo ganharem quota de mercado no país Longínquo. Cada uma delas tem duas ações disponíveis, Baixa Preço (B) ou Publicita (P), mas nenhuma quer decidir em primeiro lugar. Considere ainda a seguinte informação:

Tabela 2.12 – Forma estratégica

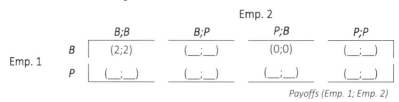

Payoffs (Emp. 1; Emp. 2)

i) Defina Equilíbrio Perfeito de Subjogo.

ii) Represente o jogo nas suas formas extensiva e estratégica, quando a Empresa 2 decide em primeiro lugar e daí não retira vantagem face a ser a última a decidir. Mostre claramente o que a Empresa 2 ganharia se decidir em último lugar. Indique o perfil de estratégias da solução de equilíbrio.

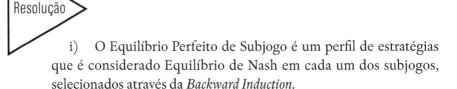

i) O Equilíbrio Perfeito de Subjogo é um perfil de estratégias que é considerado Equilíbrio de Nash em cada um dos subjogos, selecionados através da *Backward Induction*.

ii) Quando a Empresa 2 joga em segundo lugar, a forma extensiva é representada do seguinte modo:

2 · JOGOS ESTÁTICOS E DINÂMICOS COM INFORMAÇÃO COMPLETA

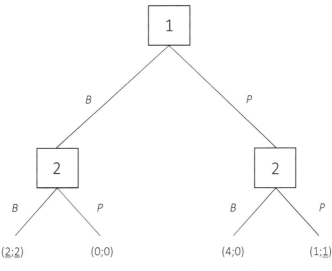

Payoffs (Emp. 1; Emp. 2)

Na forma estratégica, a Empresa 1 que joga em primeiro lugar é apresentada em linha, e tem como possíveis ações B e P. A Empresa 2, apresentada em coluna, joga em segundo lugar, e tem quatro possíveis pares de ações, ou seja, estratégias, nomeadamente $\{B; B\}$, $\{B; P\}$, $\{P; B\}$ e $\{P; P\}$. Note-se que $\{B; P\}$ representa que, quando a Empresa 1 joga B, a Empresa 2 joga B, e quando a Empresa 1 joga P, a Empresa 2 joga P. Por sua vez, $\{P; P\}$ revela que quando a Empresa 1 joga B ou P a Empresa 2 joga sempre P. Neste caso, independentemente da opção (prévia) da Empresa 1, a Empresa 2 joga sempre P. A forma estratégica é então:

Tabela 2.13 – Forma estratégica

		Emp. 2 B;B	Emp. 2 B;P	Emp. 2 P;B	Emp. 2 P;P
Emp. 1	B	(2;<u>2</u>)	(<u>2</u>;<u>2</u>)	(0;0)	(0;0)
Emp. 1	P	(<u>4</u>;0)	(1;<u>1</u>)	(<u>4</u>;0)	(<u>1</u>;<u>1</u>)

Payoffs (Emp. 1; Emp. 2)

Na forma estratégica as melhores respostas de ambas as empresas, às ações da outra, encontram-se realçadas com um sublinhado duplo.

Observa-se que existem dois perfis de Equilíbrio Perfeito de Subjogo possíveis, nomeadamente {B (B; P)} e {P (P; P)}. Através da *Backward Induction*, seleciona-se o Equilíbrio Perfeito de Subjogo. Recorrendo à forma extensiva, verifica-se que as melhores respostas da Empresa 2, às estratégias da Empresa 1, são B e P. Posteriormente, a melhor resposta da Empresa 1 é a estratégia B. Logo, o perfil de Equilíbrio Perfeito de Subjogo é {B (B; P)}.

Para testar se a Empresa 2 ganharia em decidir em último lugar, determina-se o seu *payoff* em equilíbrio ao jogar em primeiro lugar. Quando a Empresa 2 joga em primeiro lugar, representa-se a seguinte forma extensiva:

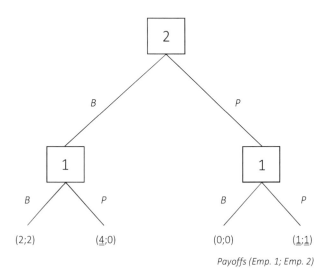

Payoffs (Emp. 1; Emp. 2)

Segue-se a forma estratégica, onde se conclui que existem dois perfis de Equilíbrio Perfeito de Subjogo e {P (P; B)} e {P (P; P)}. Através da *Backward Induction*, seleciona-se o Equilíbrio Perfeito de Subjogo. As melhores respostas da Empresa 1 são P e P, quando a Empresa 2 joga B e P, respetivamente. Posteriormente, a melhor resposta da Empresa 2 é P. Confirma-se, portanto, que o Equilíbrio Perfeito de Subjogo é {P (P; P)}.

Tabela 2.14 – Forma estratégica

		Emp. 1			
		B;B	B;P	P;B	P;P
Emp. 2	B	(2;$\underline{2}$)	(2;$\underline{2}$)	($\underline{4}$;0)	($\underline{4}$;0)
	P	(0;0)	($\underline{1}$;$\underline{1}$)	(0;0)	($\underline{1}$;$\underline{1}$)

Payoffs (Emp. 1; Emp. 2)

Conclui-se, observando que a Empresa 2 tem vantagem em decidir em segundo lugar, pois se decidir em primeiro obtém um *payoff* de 1, e se decidir em segundo alcança um ganho de 2. Por outras palavras, o custo de oportunidade de não decidir em primeiro lugar é de 1.

Aplicações

1. No Salão Internacional do Automóvel de Genebra, os grandes fabricantes de automóveis a nível mundial apresentam anualmente os modelos da nova gama. Sabe-se que o futuro da mobilidade passará pela eletrificação e automatização dos automóveis. As decisões dos fabricantes do mercado automóvel, relativamente ao desenvolvimento tecnológico para a eletrificação e a automatização, poderão exemplificar a aplicabilidade da Teoria dos Jogos.

A atual conjetura prevê metas ambientais rígidas, principalmente na mobilidade, que tem exigido aos fabricantes investimentos em tecnologias mais amigas do ambiente. Alguns jogadores têm investido na mobilidade elétrica, principalmente na mobilidade 100% elétrica, como por exemplo as marcas Nissan e Renault. Por outro lado, marcas como Audi e Mercedes-Benz têm seguido estratégias diferentes. Sabe-se que ambas competem no segmento *premium* do mercado automóvel, tendo por enquanto apenas lançado no mercado de grande consumo veículos com combinação de motor a combustão e elétrico carregável através de tomada, denominados de automóveis híbridos *Plug-in*.

Na apresentação deste ano, a decisão dos jogadores Audi e Mercedes-Benz, relativamente ao investimento em mobilidade elétrica, pode ser representada através de um jogo estático. Os jogadores jogam em simultâneo, uma vez que irão apresentar os seus novos modelos ao mesmo tempo. As ações disponíveis para cada um destes jogadores são: não investir em mobilidade elétrica (NI), investir em versões hibridas (PHEV) e investir em veículos 100% elétricos. Sabe-se que atualmente não investir em mobilidade elétrica não é uma opção para as empresas, uma vez que existem metas rígidas de redução das emissões. Portanto, a estratégia de não investir pode ser eliminada, em ambas as empresas, uma vez que ela é estritamente dominada pelas restantes estratégias.

Neste sentido, a opção da Mercedes – Benz foi apostar em versões híbridas recorrendo a motores a diesel. A marca anunciou o lançamento de um Mercedes – Benz Classe C com este tipo de motorização durante o ano de 2018, mas prometeu expandir esta aposta a mais modelos da sua gama. Estes modelos híbridos visam ser mais eficientes a nível de consumo, do que os concorrentes que usam tecnologia híbrida com motor a gasolina. Por outro lado, a concorrente Audi promete novidades em veículos 100% elétricos até ao final do ano de 2018, mostrando para já apenas protótipos com uma elevada autonomia. Esta é a primeira grande "opção" da marca (mas não do grupo) rumo à mobilidade 100% elétrica. A combinação das ações seguidas por estas empresas é um Equilíbrio de Nash, {PHEV; 100% EV}. O facto da Mercedes – Benz ainda não ter investido em veículos 100% elétricos, pode estar a sinalizar que esta ação ainda não proporciona os *payoffs* vantajosos para a empresa.

2. O mercado dos telefones inteligentes (*smartphones*) é liderado pelas prestigiadas marcas, Apple e Samsung. A Apple foi a primeira marca a lançar um telemóvel dentro da categoria dos *smartphones*, em 2007. O lançamento do *iPhone* revolucionou o mercado dos telemóveis, na medida em que deu origem a um novo mercado, o mercado dos *smartphones* liderado pela Apple.

Em 2010, a Samsung entrou no mercado dos *smartphones*, apresentando-se como uma concorrente à Apple. Uma das políticas desta nova marca foi apostar em ecrãs com dimensões maiores, revelando-se numa inovação face ao tamanho dos ecrãs apresentados pela Apple. O primeiro *smartphone* lançado pela Samsung possuía um ecrã de quatro polegadas. Por sua vez, o *smartphone* da Apple dispunha apenas de um ecrã de 3.5", uma dimensão inferior relativamente ao ecrã da Samsung. De facto, lançar um telemóvel com um ecrã maior do que os ecrãs dos telemóveis da Apple, foi uma estratégia adotada pela Samsung. Dadas as circunstâncias do mercado dos *smartphones*, o mesmo poderá ser analisado segundo a teoria referente aos jogos dinâmicos com informação completa. Neste jogo, cada uma das empresas tem duas estratégias possíveis: *aumentar* ou *manter* a dimensão do ecrã em comparação com o modelo anterior. A noção de informação completa poder ser melhor entendida se se pensar que, em mercados reais, os concorrentes têm uma ideia muito aproximada das condições de funcionamento das outras empresas, nomeadamente tecnologia que usam, custos ou margens de lucro.

O jogo entre a Samsung e a Apple trata-se de um jogo dinâmico, uma vez que as demonstrações dos novos modelos de telemóvel ocorrem sequencialmente. Isto é, os novos modelos são apresentados no primeiro e segundo semestre de cada ano. Para além disso, a descredibilização do fundador da Apple por telemóveis com dimensões de ecrãs maiores indica que está-se perante um jogo dinâmico com informação completa, uma vez que a Samsung observou a reação da Apple.

A reação da Apple pode também ser interpretada como uma ameaça para a Samsung. Porém, visto que a estratégia da Samsung não se alterou a cada novo lançamento, a Apple foi-se apercebendo de que estaria a perder quota de mercado para a rival, e que a dimensão do ecrã, poderia ser um dos motivos dessa perda. Desta forma, esta ameaça é designada por não credível. A Apple teve oportunidade de não apostar em telemóveis com ecrãs maiores, mas optou por executar a mesma estratégia da Samsung. De facto, preferiu aumentar a dimensão dos ecrãs dos telemóveis, pois previu perder quota de mercado. Portanto, pode concluir-se que o Equilíbrio Perfeito de Subjogo, isto é, a melhor resposta da Samsung a ambas as estratégias da Apple, é aumentar o ecrã. No entanto, mesmo após a Apple ter feito uma ameaça não credível, a sua melhor resposta foi aumentar a dimensão do ecrã dos *smartphones*.

2 · JOGOS ESTÁTICOS E DINÂMICOS COM INFORMAÇÃO COMPLETA

Exercícios
Propostos

2.6. Apresente um jogo, na sua forma estratégica, que respeite as seguintes propriedades:
  i) Dois jogadores, 1 e 2, cada um com três ações disponíveis;
  ii) O Jogador 1 tem uma estratégia fracamente dominante e o Jogador 2 uma fortemente dominante;
  iii) O Ótimo de Pareto não é um Equilíbrio de Nash;
  iv) Existe mais do que um Equilíbrio de Nash.

2.7. Considere três empresas, A, B e C, que se encontram no mercado uma única vez. Apresente uma possível matriz de *payoffs* que respeite as seguintes condições:
  i) A Empresa A tem uma ação disponível; a Empresa B tem duas ações disponíveis e a Empresa C tem três ações disponíveis;
  ii) A Empresa C tem uma estratégia fracamente dominante e a Empresa B não tem estratégias dominantes;
  iii) Existem dois Equilíbrios de Nash;
  iv) Nenhum dos Equilíbrios de Nash é Ótimo de Pareto.

2.8. Apresente uma possível matriz de *payoffs* para duas empresas, A e B, que interagem uma única vez, que respeite as seguintes condições:
  i) Uma das empresas tem três ações disponíveis e a outra empresa cinco ações disponíveis;
  ii) Uma das empresas tem apenas uma estratégia fortemente dominante enquanto que a outra empresa tem duas estratégias fracamente dominadas;
  iii) Existem três Equilíbrios de Nash de estratégias puras;
  iv) O jogo é do tipo Dilema dos Prisioneiros.

2.9. Apresente uma possível matriz de *payoffs* para duas empresas, A e B, que interagem uma única vez, que respeite as seguintes condições:
   i) A Empresa A tem quatro ações disponíveis e a Empresa B tem seis ações disponíveis;
   ii) A Empresa A tem apenas uma estratégia fracamente dominante enquanto que a Empresa B tem apenas duas estratégias fortemente dominadas;
   iii) Existam três Equilíbrios de Nash de estratégias puras;
   iv) O jogo é do tipo Dilema dos Prisioneiros.

2.10. As empresas de audiovisual, TIC e IVT, interagem entre si para a contratação de um pivot de informação. Os *payoffs* da empresa TIC são apresentados na matriz seguinte:

Tabela 2.15 – *Payoffs*

		\multicolumn{4}{c}{IVT}		
		T_1	T_2	T_3	T_4
TIC	S_1	4	3	2	1
	S_2	2	5	3	6

Payoffs da empresa TIC

   i) Verifique se existe equilíbrio de estratégias puras.
   ii) Encontre as estratégias de segurança para a empresa TIC.
   iii) Represente graficamente e calcule os valores esperados.

2.11. No mercado mundial de *software* de antivírus, duas empresas, M e N, procuram aumentar a sua quota de mercado. Para alcançar esse objetivo, cada uma delas pode baixar o preço ou investir em publicidade. A Empresa M consegue um contrato de publicidade, com um custo baixo, com uma agência especializada de publicidade no mercado de *software*. Por seu turno, a função custo médio variável da Empresa N permite-lhe custos de desenvolvimento do antivírus mais baixos do que os suportados pela Empresa M:
   i) Quais as ações disponíveis para cada um dos jogadores?

ii) É sabido que a combinação de ações do mesmo tipo, originam *payoffs* que representam melhorias de Pareto relativamente às combinações de ações diferentes (ex. campanha publicitária com preço). Além disso, os *payoffs* resultantes da combinação das ações em que as empresas não têm vantagem são negativos para ambas. Apresente uma matriz de *payoffs* possível que respeite todas estas condições.

iii) Considere a partir de agora que a matriz de *payoffs* é:

Tabela 2.16 – *Payoffs*

		Emp. N	
		N_P	N_A
Emp. M	M_P	(10;9)	(4;3)
	M_A	(3;4)	(8;11)

Payoffs (Emp. M; Emp. N)

Considere que P_M e P_N representam a probabilidade de M e N jogarem a sua primeira ação. Nestas condições, calcule o perfil de estratégias mistas de Equilíbrio de Nash para este jogo, num contexto de incerteza.

iv) Se a Empresa N decidir em primeiro lugar e se se tratar de um jogo com informação completa, *one-shot*, identifique o(s) nó(s) de decisão complexo(s).

v) Qual o perfil de estratégias de Equilíbrio Perfeito de Subjogo?

vi) Defina ameaça não credível. Existe alguma ameaça neste jogo de conquista de quota de mercado? Qual(is)?

2.12. Duas empresas, A e B, produtoras de silicones para a construção, procuram aumentar a sua quota de mercado. Cada uma delas tem duas ações disponíveis para alcançar esse objetivo: baixa o preço (A_1, B_1, – respetivamente para as empresas, A e B) ou publicita (A_2, B_2 – para as empresas, A e B, respetivamente). A matriz de *payoffs* é a seguinte:

Tabela 2.17 – *Payoffs*

		Emp. B	
		B_1	B_2
Emp. A	A_1	(10;8)	(4;2)
	A_2	(3;4)	(8;10)

Payoffs (Emp. A; Emp. B)

i) É sabido que a Empresa B decide em primeiro lugar. Neste jogo identifique o(s) nó(s) de decisão complexo(s).
ii) Apresente as formas extensiva e estratégica do jogo.
iii) Escreva os perfis de equilíbrio. Verifique se o perfil $\{B_1(A_1;A_1)\}$ é Equilíbrio Perfeito de Subjogo deste jogo. Justifique devidamente.
iv) Identifique, se existir(em), a(s) ameaça(s) não credíveis das empresas neste jogo.

2.13. Duas empresas, A e B, produtoras de células fotovoltaicas pretendem aumentar a sua quota de mercado. Para isso, cada uma delas tem duas ações disponíveis: diferencia as células através de investimento em I&D numa nova tecnologia (A_I, B_I – respetivamente para a Empresa A e Empresa B); ou opta pela descida de preço das células com a tecnologia atual (A_P, B_P – para a Empresa A e Empresa B respetivamente). A matriz de *payoffs* é a seguinte:

Tabela 2.18 – *Payoffs*

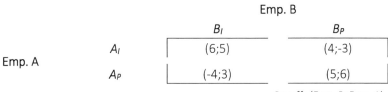

Payoffs (Emp. B; Emp. A)

i) Se admitir que este é um jogo *one-shot*, jogado uma única vez, existe Equilíbrio de Nash de estratégias puras? Se sim, qual(is)?
ii) Defina nó de decisão complexo. Admitindo que, em lugar de decisão simultânea, a Empresa A decide em primeiro lugar, identifique o(s) nó(s) de decisão complexo(s).

iii) Apresente as formas extensiva e estratégica do jogo.
iv) Escreva os perfis de equilíbrio. Verifique se o perfil $\{A_P(B_P; B_P)\}$ é Equilíbrio Perfeito de Subjogo deste jogo. Justifique devidamente.
v) Qual o custo de oportunidade que a Empresa B sofre pelo facto de não decidir em primeiro lugar?
vi) Apresente uma nova matriz de *payoffs* de modo a que a empresa A seja indiferente a decidir em primeiro ou em segundo lugar.

2.14. Duas empresas, 1 e 2, interagem enquanto cliente e fornecedor, tal como é apresentado na forma extensiva.

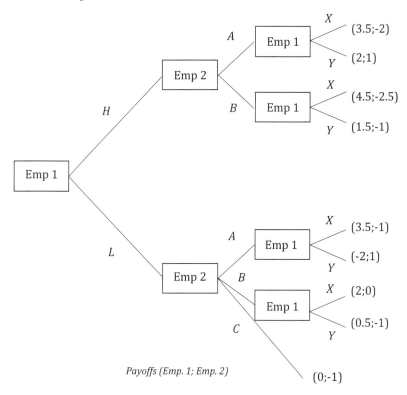

i) Apresente a forma estratégica deste jogo.
ii) Em que consiste o Equilíbrio Perfeito de Subjogo?
iii) Calcule o perfil de Equilíbrio Perfeito de Subjogo neste jogo.

2.15. As empresas, A e B, têm à sua disposição duas tecnologias, Alfa (α) e Beta (β). A tecnologia α é nova, não tendo ainda confirmado a sua fiabilidade. Os *payoffs* obtidos por cada empresa e cada combinação são apresentados na seguinte tabela:

Tabela 2.19 – *Payoffs*

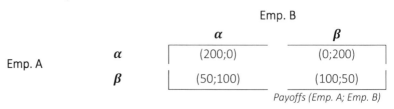

Payoffs (Emp. A; Emp. B)

    i)   Existem estratégias dominantes neste jogo? Qual(is)?
    ii)   Calcule o Equilíbrio de Nash de estratégias puras?
    iii) Admita agora um jogo com duas etapas. A Empresa A escolhe a tecnologia na 1ª etapa e a Empresa B na 2ª etapa. Calcule o Equilíbrio Perfeito de Subjogo deste jogo. Apresente as formas extensiva e estratégica.
    iv) É vantajoso para a Empresa B decidir em primeiro lugar? Justifique.
    v)   Altere um único *payoff* auferido pela Empresa A de forma a que torne a Empresa B indiferente entre decidir na 1ª ou na 2ª etapa do jogo.

2.6. Tabela 2.20 – Payoffs

		Jog. B B_1	B_2	B_3
	A_1	(2;2)	(3;1)	(2;2)
Jog. A	A_2	(1;5)	(3;4)	(1;0)
	A_3	(0;2)	(4;0)	(3;3)

Payoffs (Jog. A; Jog. B)

A_1 domina fracamente A_2; B_1 domina fortemente B_2;
Equilíbrio de Nash $\{A_1; B_1\}$ e $\{A_3; B_3\}$; Ótimo de Pareto $\{A_2; B_2\}$.

2.7. Tabela 2.21 – Payoffs

		Emp. C C_1	C_2	C_3
	B_1	(1;3)	(0;2)	(-1;3)
Emp. B	B_2	(2;1)	(1;2)	(-2;-1)

Payoffs (Emp. B; Emp. C)

C_1 domina fracamente C_3;
Equilíbrio de Nash $\{B_2; C_2\}$ e $\{B_1; C_3\}$; Ótimo de Pareto $\{B_1; C_1\}$.

2.8. Tabela 2.22 – Payoffs

		Emp. B B_1	B_2	B_3	B_4	B_5
	A_1	(2;2)	(2;0)	(2;4)	(4;4)	(2;4)
Emp. A	A_2	(1;1)	(0;1)	(0;0)	(5;-1)	(1;-2)
	A_3	(3;4)	(1;1)	(1;3)	(6;1)	(2;3)

Payoffs (Emp. A; Emp. B)

ECONOMIA INDUSTRIAL

A_3 domina fortemente A_2; B_1 domina fracamente B_2 e B_3 domina fracamente B_4;
Equilíbrio de Nash $\{A_3; B_1\}$; $\{A_1; B_3\}$ e $\{A_1; B_5\}$; Ótimo de Pareto $\{A_1; B_4\}$.

2.9. Tabela 2.23 – Payoffs

	B_1	B_2	B_3	B_4	B_5	B_6
A_1	(1;2)	(2;1)	(1;2)	(0;1)	(5;2)	(2;3)
A_2	(0;1)	(2;0)	(0;-1)	(-1;-2)	(-1;-3)	(1;-2)
A_3	(3;3)	(1;1)	(2;3)	(-1;2)	(4;3)	(0;-3)
A_4	(2;-2)	(-1;-3)	(-1;0)	(0;-1)	(0;1)	(-2;0)

Emp. B (topo); Emp. A (lateral); Payoffs (Emp. A; Emp. B)

A_1 domina fracamente A_2; B_1 domina fortemente B_2 e B_3 domina fortemente B_4;
Equilíbrio de Nash $\{A_3; B_1\}$; $\{A_3; B_3\}$ e $\{A_1; B_6\}$; Ótimo de Pareto $\{A_3; B_5\}$.

2.10. i) $Max\ Min\ U\ (s_i; t) \neq Min\ Max\ U\ (s; t_i)$, logo não existe ponto de sela.

ii) Estratégia de segurança: $\left\{\left(\frac{1}{3}; \frac{2}{3}\right)\right\}$.
Nível de segurança: $E[u_{tic}|t_2] = \frac{13}{3}$.

iii)

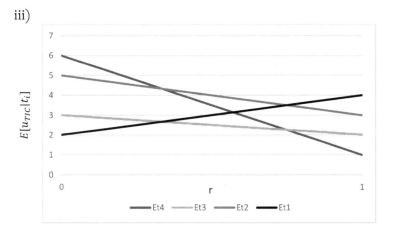

2.11. i) As ações disponíveis para cada empresa são: baixar o preço (B) ou investir em publicidade (I).

ii)
Tabela 2.24 – *Payoffs*

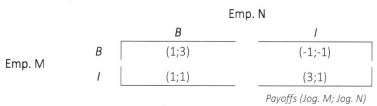

		Emp. N B	Emp. N I
Emp. M	B	(1;3)	(-1;-1)
	I	(1;1)	(3;1)

Payoffs (Jog. M; Jog. N)

iii) Equilíbrio de Nash de estratégias mistas: $\left\{\left(\frac{5}{11}; \frac{6}{11}\right); \left(\frac{8}{11}; \frac{3}{11}\right)\right\}$.

iv)

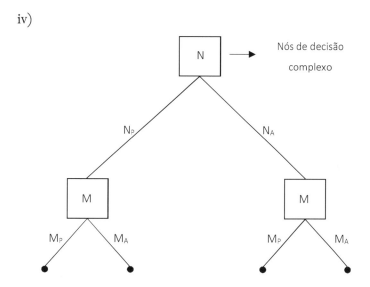

v) Equilíbrio Perfeito de Subjogo $\{N_P(M_P; M_A)\}$.

vi) Uma ameaça não credível consiste na intenção de decisão que não é executada, mesmo tendo o jogador oportunidade para a executar. Neste jogo, não existe nenhuma ameaça de conquista de quota de mercado.

2.12. i)

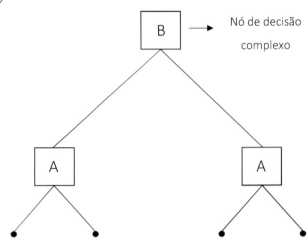

ii)

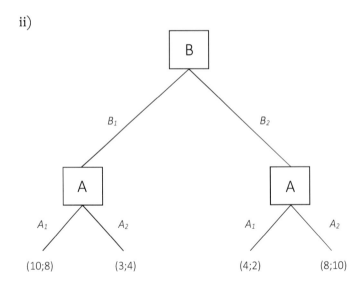

Payoffs (Emp. A; Emp. B)

2 · JOGOS ESTÁTICOS E DINÂMICOS COM INFORMAÇÃO COMPLETA

Tabela 2.25 – Forma estratégica

		Emp. A			
		$A_1;A_1$	$A_1;A_2$	$A_2;A_1$	$A_2;A_2$
Emp. B	B_1	(10;8)	(10;8)	(3;4)	(3;4)
	B_2	(4;2)	(8;10)	(4;2)	(8;10)

Payoffs (Emp. A; Emp. B)

iii) Perfis de equilíbrio $\{B_1(A_1;A_1)\}$; $\{B_2(A_1;A_2)\}$ e $\{B_2(A_2;A_2)\}$.

O perfil $\{B_1(A_1;A_1)\}$ não é Equilíbrio Perfeito de Subjogo, porque não é Equilíbrio de Nash em todos os subjogos.

iv) A Empresa A observa que a Empresa B joga B_1, pelo que, ameaça jogar A_2.

2.13. i) Equilíbrio de Nash $\{B_I; A_I\}$ e $\{B_P; A_P\}$.

ii)

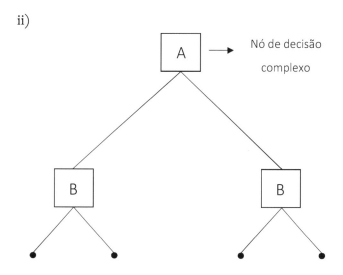

Os nós de decisão complexos são os nós cujos ramos não conduzem diretamente a um nó terminal.

iii)

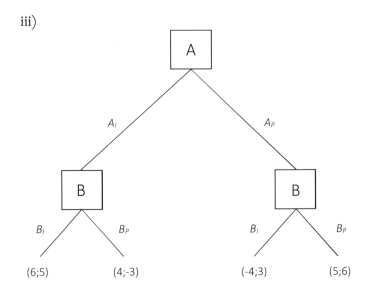

Payoff (Emp. A; Emp. B)

Tabela 2.26 – Forma estratégica

		Emp. B			
		$B_I;B_I$	$B_I;B_P$	$B_P;B_P$	$B_P;B_I$
Emp. A	A_I	(6;5)	(6;5)	(4;-3)	(4;-3)
	A_P	(-4;3)	(5;6)	(5;6)	(-4;3)

Payoffs (Emp. B; Emp. A)

iv) Perfis de equilíbrio $\{A_I\,(B_I;\,B_I)\}$; $\{A_P\,(B_P;\,B_P)\}$ e $\{A_P\,(B_I;\,B_P)\}$.

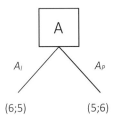

Payoff (Emp. A; Emp. B)

O perfil $\{A_P\,(B_P;\,B_P)\}$ não é Equilíbrio Perfeito de Subjogo, porque não é Equilíbrio de Nash em todos os subjogos.

v) O custo de oportunidade da Empresa B em não decidir em primeiro lugar é igual a 1.

vi)
Tabela 2.27 – *Payoffs*

		Emp. B	
		B$_I$	B$_P$
Emp. A	A$_I$	(10;8)	(4;2)
	A$_P$	(3;4)	(8;10)

Payoffs (Emp. B; Emp. A)

2.14.
i)
Tabela 2.28 – Forma estratégica

		A;A	A;B	A;C	B;A	B;B	B;C
	H;X;X	(3.5;-2)	(3.5;-2)	(3.5;-2)	(4.5;-2.5)	(4.5;-2.5)	(4.5;-2.5)
	H;X;Y	(3.5;-2)	(3.5;-2)	(3.5;-2)	(4.5;-2.5)	(4.5;-2.5)	(4.5;-2.5)
	H;Y;X	(2;1)	(2;1)	(2;1)	(1.5;-1)	(1.5;-1)	(1.5;-1)
Emp. 1	H;Y;Y	(2;1)	(2;1)	(2;1)	(1.5;-1)	(1.5;-1)	(1.5;-1)
	L;X;X	(3.5;-1)	(2;0)	(0;-1)	(3.5;-1)	(2;0)	(0;-1)
	L;X;Y	(-2;1)	(0.5;-1)	(0;-1)	(-2;1)	(0.5;-1)	(0;-1)
	L;Y;X	(3.5;-1)	(2;0)	(0;-1)	(3.5;-1)	(2;0)	(0;-1)
	L;Y;Y	(-2;1)	(0.5;-1)	(0;-1)	(-2;1)	(0.5;-1)	(0;-1)

Payoffs (Emp. 1; Emp. 2)

ii) Equilíbrio Perfeito de Subjogo é um perfil de estratégias que é Equilíbrio de Nash em cada um dos subjogos, selecionado através da *Backward Induction*.

iii) Equilíbrio Perfeito de Subjogo $\{(H; X; X)(A; B)\}$.

2.15.
i) Não.

ii) Não existe Equilíbrio de Nash de estratégias puras.

ECONOMIA INDUSTRIAL

iii) Equilíbrio Perfeito de Subjogo $\{\beta\,(\beta;\alpha)\}$.

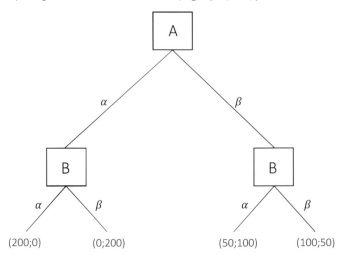

Payoffs (Emp. A; Emp. B)

Tabela 2.29 – Forma estratégica

		Emp. B			
		$\alpha;\alpha$	$\alpha;\beta$	$\beta;\alpha$	$\beta;\beta$
Emp. A	α	(200;0)	(200;0)	(0;200)	(0;200)
	β	(50;100)	(100;50)	(50;100)	(100;50)

Payoffs (Emp. A; Emp. B)

iv) Não é vantajoso para B jogar em primeiro lugar. Quando B joga em primeiro lugar, obtém um *payoff* =50, quando B joga em segundo lugar, obtém um *payoff* =100.

v)
Tabela 2.30 – Payoffs

		Emp. B	
		α	β
Emp. A	α	(200;0)	(0;200)
	β	(250;100)	(100;50)

Payoffs (Emp. A; Emp. B)

3.
Jogos estáticos e dinâmicos com informação incompleta

Como visto no capítulo precedente, nos jogos com informação completa os jogadores têm conhecimento, pleno e comum, do *timing* das decisões e das ações disponíveis de cada jogador, bem como dos respetivos *payoffs*. Contudo, existem inúmeras interações estratégicas (jogos) em que algum desses elementos não é de conhecimento comum.

O uso de informação privada, em Economia e em particular em Economia Industrial, pode revelar-se de crucial importância na análise da competição entre empresas. Pode inclusive, ser tomado como um recurso essencial, à semelhança da tecnologia ou de outros fatores de produção. A Teoria dos Jogos constitui-se assim como uma ferramenta poderosa na modelização das consequências dessa informação privada para o equilíbrio de mercado. Veja-se então neste capítulo, jogos com informação incompleta, quer quando a decisão é simultânea (jogos estáticos), quer quando a decisão é sequencial (jogos dinâmicos).

3.1 | JOGOS ESTÁTICOS

3.1.1 | EQUILÍBRIO DE NASH BAYESIANO E EXPECTATIVAS PRÉVIAS

Nos **jogos com informação incompleta**, pelo menos um jogador confronta-se com a existência de informação privada do, ou dos, outros jogadores.

Por simplificação diz-se que esse jogador, sobre o qual não se conhece toda a informação, pode ser de mais do que um 'tipo'. Coloca-se então o problema de não se saber qual jogo está a ser jogado, dado que ele será diferente consoante o tipo desse jogador. Perante isso, em jogos com informação incompleta, John Harsanyi propôs a introdução de um jogador adicional, designado por **Natureza**, para modelizar jogos com informação incompleta. Ficou conhecida como a **Transformação de Harsanyi** e caracteriza-se por transformar jogos de informação incompleta em jogos de informação completa mas imperfeita. Informação imperfeita, porque o conhecimento de toda a história do jogo continua a não estar ao alcance de ambos os jogadores.

Em concreto, veja-se como é operacionalizada essa transformação. O elemento adicional, a Natureza, é um jogador que foi escolhendo e/ou definindo, o tipo de um dos jogadores, atribuindo probabilidades a cada um desses tipos. Essa definição resulta de um conjunto de acontecimentos aleatórios. Assim, por exemplo, um trabalhador poderá ser mais dedicado ou expedito se a sua educação, o ambiente em que cresceu ou as suas influências, o fizeram comportar desse modo. O seu tipo será então, de um indivíduo dedicado. Pelo contrário, se o ambiente em que cresceu foi sempre demasiado permissivo, sem cultura de exigência ou de responsabilidade, então é provável que seja do tipo menos responsável. Considere agora uma empresa. A mesma poderá ter custos baixos de operação, pelo facto de, fortuitamente ter participado numa feira internacional e aí, ter conseguido um contrato de aquisição de tecnologia inovadora em condições mais vantajosas do que outra empresa. Por sua vez, esta última, nunca participou nesses eventos, limitando-se a adquirir uma tecnologia convencional, no mercado regular.

A tudo o mencionado no parágrafo anterior, Harsanyi designa de Natureza. No fundo não é mais do que um conjunto de acontecimentos, com particularidades mais ou menos aleatórias, que moldam as características (tipo) de um jogador. Note-se que, esta definição do tipo, por parte da Natureza, acontece ao longo do tempo, mas é feita previamente ao jogo em causa. Assim, num jogo estático, pese embora a decisão ser simultânea entre os jogadores, existiu uma decisão prévia tomada pela Natureza que apenas um dos jogadores observou, pois ele conhece o seu próprio tipo. Do conhecimento comum apenas é conhecida uma **expectativa** (crença) **prévia** de que o jogador possa ser de um ou de outro tipo. A ideia desse conhecimento comum passa, por exemplo, pelo anúncio da entidade de estatística desse país ou dessa associação empresarial referindo que apenas 60% dos trabalhadores são diligentes, ou que apenas 20% das empresas usam tecnologias inovadoras.

Atente ao exemplo 3.1. em que existem duas empresas, a Instalada e a Entrante. Neste jogo de dissuasão à entrada de uma empresa no mercado (estratégia que será tratada com detalhe no capítulo 6), as ações disponíveis para a empresa Instalada são *expandir* ou *não expandir*. A empresa Entrante pode decidir entre *entrar* ou *ficar de fora*. A Natureza definiu que a empresa Instalada podia ser do tipo custos baixos (CB) ou custos altos (CA). A expetativa prévia (que é de conhecimento comum), de que a empresa Instalada tem custos de operação baixos é idêntica à da empresa ter custos de operação altos, isto é, $P(I_{CB}) = p = \frac{1}{2}$. A linha a tracejado indica que se está perante um jogo de decisão simultânea e como tal, trata-se de um jogo estático. Registe-se que, para a empresa Entrante, uma estratégia mantém-se coincidente com uma ação. Ao contrário, para a empresa Instalada, uma estratégia consiste num par de ações. Nessa estratégia, a primeira ação diz respeito ao movimento que ela executa quando é do tipo CB e a segunda ação quando ela é do tipo CA.

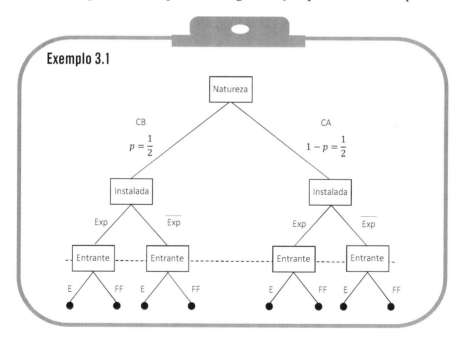

Exemplo 3.1

A empresa Instalada decide se deve, ou não, expandir a empresa, instalando por exemplo capacidade produtiva adicional. Para isso, terá em conta a definição prévia que a Natureza fez acerca do seu tipo, bem como as consequências da interdependência de *payoffs* com as decisões da empresa entrante.

Está-se perante um **jogo Bayesiano**, onde os jogadores têm uma crença prévia, de conhecimento comum, acerca da probabilidade da ocorrência de cada tipo do jogador. Importa notar que, em jogos estáticos não existe um efeito de acumulação de conhecimento de modo a que essa expectativa ou crença prévia possa ser atualizada. Significa isto que, neste exemplo, a empresa Entrante não observa em tempo útil a decisão da empresa Instalada (por ser decisão simultânea) e, por essa razão, não procede à atualização dessa crença prévia, para uma crença posterior, tal como se pode fazer nos jogos dinâmicos. Aí, como se verá mais à frente, a empresa que joga em segundo lugar poderá atualizar a crença prévia (a tal ideia de estatística anunciada, e conhecida por todos), condicionando-a à observação que fez da decisão da outra empresa na primeira ronda de decisão.

Chama-se a esse processo de **Updating Bayesiano** (atualização Bayesiana), que significa atualizar uma expectativa prévia, com base na observação entretanto realizada, para uma **expetativa posterior**. O **Teorema de Bayes** é o método utilizado para atualizar uma expetativa prévia, no qual são calculadas as probabilidades condicionais. A equação (3.1) permite então proceder à atualização da expectativa prévia da Instalada ser do tipo custo baixo, quando a Entrante observou que a empresa Instalada decidiu expandir a sua capacidade produtiva.

$$P(CB|Exp) = \frac{P(Exp|CB) * P(CB)}{P(Exp|CB) * P(CB) + P(Exp|CA) * P(CA)}, \quad (3.1)$$

onde, $P(CB)$ e $P(CA)$ são as expectativas prévias, $P(Exp|CB)$ é a probabilidade de a empresa Instalada expandir dado que tem custos baixos, $P(Exp|CA)$ é a probabilidade da empresa Instalada expandir dado que tem custos altos. A probabilidade $P(CB|Exp)$ é condicional da observação da ação expande, sendo, portanto, a probabilidade posterior. De uma forma genérica, de acordo com o Teorema de Bayes:

$$P(A_j|B) = \frac{P(B|A_j) * P(A_j)}{\sum_{j=1}^{k} P(B|A_j) * P(A_j)}, \quad (3.2)$$

onde os eventos $A_j, ..., A_k$ representam os tipos possíveis e B o evento observado, com $P(B) > 0$. Esta regra permite assim calcular a probabilidade condicional de cada evento A_j dado B, recorrendo para o efeito à probabilidade condicional de B dado o evento A_j, bem como à probabilidade não condicional de cada evento A_j.

Então, diz-se que um perfil de estratégias $S_i^*(t_i), \ldots S_N^*(t_N)$ é um **Equilíbrio de Nash Bayesiano** e um perfil de equilíbrio de um jogo Bayesiano estático se, para cada tipo t_i e para cada estratégia alternativa $S'_i(t_i)$, do jogador i o *payoff* esperado condicional respeita a seguinte condição $UE_i(S^*, t_i) \geq UE_i(S_1^*(t_1), \ldots S_i'(t_i), \ldots S_N^*(t_N), t_i)$. No fundo, trata-se de um Equilíbrio de Nash, onde a estratégia do jogador é a melhor resposta às estratégias dos outros jogadores, para qualquer tipo do outro jogador.

Os jogos de informação incompleta têm uma ampla aplicação a diversas interações entre empresas. É o caso dos leilões, tal como se verá mais à frente, no capítulo 5 deste manual. Recorda-se que, tal como nos outros quadros dos diversos tipos de jogos já abordados, também aqui se procede à sua representação na sua forma estratégica. Nela, aplica-se a análise da melhor reposta para o cálculo do Equilíbrio de Nash Bayesiano. Na existência de eventual multiplicidade de equilíbrios, essa multiplicidade será resolvida pela análise da dominância, tal como mostrado na secção de exercícios resolvidos.

3.2 | JOGOS DINÂMICOS

3.2.1 | EQUILÍBRIO BAYESIANO PERFEITO E EXPETATIVAS POSTERIORES

Quando o processo de decisão é sequencial, o jogador i, que decide posteriormente, vai-se inspirando no processo de aprendizagem resultante da observação das jogadas executadas pelos jogadores $-i$. Ao contrário do verificado em jogos dinâmicos com informação completa, aqui não se produzem subjogos (existe apenas um único, que é coincidente com o jogo próprio global), não sendo pois necessário verificar o respetivo equilíbrio em cada subjogo.

Neste tipo de jogos há dois conceitos essenciais a ter em consideração. O primeiro, o **Updating Bayesiano**, que já foi apresentado e desenvolvido na secção anterior. O segundo, o conceito de **conjunto de informação**, que consiste num conjunto de nós de decisão, sendo que o jogador que joga nesse nível de decisão não consegue distinguir qual dos nós foi atingido. Num jogo com dois jogadores e com dois níveis de decisão, existirão tantos conjuntos de informação quantas as ações disponíveis para o jogador que decide na primeira etapa do jogo. O jogador que lhe sucede na decisão apenas consegue observar qual foi a ação executada previamente, mas não qual o tipo do jogador que a executou. No exemplo 3.2 que se segue, observam-se dois conjuntos de informação. O primeiro, corresponde ao agrupamento dos nós de decisão onde a empresa Entrante terá de decidir, sendo que previamente apenas observou que a empresa Instalada expande a sua capacidade produtiva. Não sabe, no entanto, se essa decisão está a ser tomada por uma empresa com custos de expansão altos ou baixos.

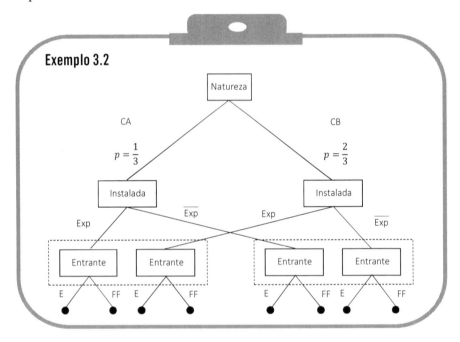

Ainda a propósito dos conjuntos de informação, importa também referir que os nós que o constituem reportam a apenas um jogador. Além disso, os nós desse conjunto não podem estar hierarquicamente organizados, isto é, têm de pertencer ao mesmo nível de decisão. No que respeita às opções disponíveis em cada um dos nós de decisão, que constituem um conjunto de informação, elas têm de ser exatamente iguais. De outra forma, o jogador que aí decide conseguiria distinguir entre cada um dos nós de decisão em causa, não pertencendo, portanto, a um conjunto de informação.

A noção de equilíbrio nos jogos dinâmicos com informação incompleta é a de **Equilíbrio Bayesiano Perfeito**. Este, consiste num perfil de estratégias que é consistente com o comportamento de otimização de cada um dos jogadores, considerando as suas melhores respostas, bem como consiste de um perfil de crenças que respeite o *Updating Bayesiano*. Por outras palavras, um perfil de estratégias é um Equilíbrio Bayesiano Perfeito quando as suas estratégias: se constituem como um Equilíbrio de Nash dadas as crenças dos outros jogadores; dadas essas crenças, as estratégias são sequencialmente racionais; em cada conjunto de informação, o jogador maximiza a utilidade esperada dadas as crenças do jogador (acerca do estado do mundo nesse conjunto de informação) e as estratégias dos outros jogadores; e as crenças resultantes da aplicação da regra de Bayes, usando a atualização Bayesiana (Bierman e Fernandez, 1998). Assim, o par que define o Equilíbrio Bayesiano Perfeito é (λ, μ), em que λ indica o vetor de estratégias e μ enuncia o sistema de crenças ou expectativas.

Em suma, a importância conferida à noção de crença ou expectativa na definição do equilíbrio, é a maior distinção deste novo conceito de equilíbrio. As estratégias são ótimas considerando as crenças, e estas são fruto das ações e estratégias observadas, para o que, na atualização se utiliza a regra de Bayes. Ademais, aqui pode observar-se perfis com estratégias dominadas, pelo que importa proceder à análise da dominância. Em concreto, neste tipo de equilíbrio, os jogadores não podem ameaçar jogar estratégias que sejam estritamente dominadas, isto é, fora do caminho de equilíbrio.

Exercícios Resolvidos

3.1. Considere as seguintes matrizes de *payoffs*, respeitantes a dois jogos, A e B, cada um deles verificando dois jogadores, 1 e 2, com duas ações disponíveis, U e D para o Jogador 1 e L e R para o Jogador 2.

Tabela 3.1 – *Payoffs*

Jogo A

	Jog. 2 L	Jog. 2 R
Jog. 1 U	(-1;2)	(1;1)
Jog. 1 D	(0;4)	(0;3)

Jogo B

	Jog. 2 L	Jog. 2 R
Jog. 1 U	(-1;-1)	(1;1)
Jog. 1 D	(0;0)	(0,3)

Payoffs (Jog. 1; Jog. 2)

i) Encontre, se existir, o Equilíbrio de Nash de estratégias puras para cada um destes jogos.

ii) Admita que o jogo A é realizado quando o Jogador 1 é do tipo θ_A e o jogo B, quando o Jogador 1 é do tipo θ_B. O Jogador 2 não conhece as características do Jogador 1. Nestas condições, represente o jogo na sua forma extensiva.

iii) Aplicou a Transformação de Harsanyi na alínea i)? Diga em que consiste essa transformação.

iv) O Jogador 1 tem alguma estratégia dominante? Se sim, em que situação? Explique devidamente.

v) O Jogador 2 acredita que a probabilidade do Jogador 1 ser do tipo θ_A é 3/4. Por sua vez, na ausência de dominância, o Jogador 1 joga com igual probabilidade as suas duas ações. Neste contexto, qual a estratégia do Jogador 2 no Equilíbrio de Nash Bayesiano deste jogo?

3 · JOGOS ESTÁTICOS E DINÂMICOS COM INFORMAÇÃO INCOMPLETA

Resolução

i) O perfil de Equilíbrio de Nash de estratégias puras no jogo A é {D; L} e no jogo B é {U; R}.

ii) Neste jogo estático com informação incompleta, um terceiro jogador, designado por Natureza, define previamente o tipo do Jogador 1. Ou seja, a Natureza define que o Jogador 1 pode ser do tipo θ_A ou do tipo θ_B. A informação que o Jogador 2 possui é imperfeita, uma vez que não conhece o tipo do Jogador 1. Na forma extensiva, a falta de informação por parte do Jogador 2 é representada através de uma linha tracejada nos nós de decisão do próprio jogador, significando que se trata de um jogo estático.

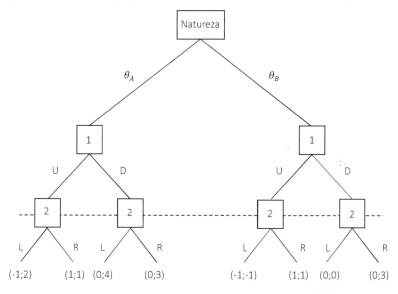

Payoffs (Jog. 1; Jog. 2)

iii) Não. A transformação de Harsanyi apenas é aplicada na alínea ii). Com a introdução de um terceiro jogador, denominado por Natureza, a transformação de Harsanyi, consiste na conversão de um jogo com informação incompleta, num jogo com informação completa mas imperfeita.

iv) O Jogador 1 não tem estratégias dominantes.

v) O Equilíbrio de Nash Bayesiano é determinado com base na análise da forma estratégica. Aquando da construção da forma estratégica, atente que, as estratégias do Jogador 2 são L e R. As estratégias do Jogador 1 são a combinação das ações dos seus dois tipos. Considere, a título de exemplo, a combinação de estratégias {U, D}. Nesta estratégia, U refere-se ao tipo θ_A e a D refere-se à estratégia quando é do tipo θ_B. Dado que são atribuídas probabilidades ao tipo que o Jogador 1 pode ser e, uma vez que o Jogador 2 desconhece o tipo do Jogador 1, os *payoffs* do Jogador 2 incorporam essa probabilidade. Portanto, neste caso, os *payoffs* do Jogador 2 são valores esperados.

Exemplo de cálculo dos *payoffs* esperados para o Jogador 2: EV_1 = *payoff* do **Jogador 2** em {L; U} no **jogo A** * a probabilidade do **Jogador 1** ser do **tipo θ_A** + *payoff* do **Jogador 2** em {L; U} no **jogo B** * a probabilidade do Jogador 1 ser do **tipo θ_B**. Então, $Ev_1 = 2 * \frac{3}{4} + (-1) * \frac{1}{4} = \frac{5}{4}$ (calcula-se até Ev_8).

Depois de todos os valores esperados calculados, a forma estratégica tem a seguinte representação:

Tabela 3.2 – Forma estratégica

		Jog. 1			
		U;U	U;D	D;U	D;D
Jog. 2	L	5/4 (-1;-1)	3/2 (-1;0)	11/4 (0;-1)	3 (0;0)
	R	1 (1;1)	3/2 (1;0)	5/2 (0;1)	3 (0;0)

{Jog. 2 (Jog. 1:θ_A; Jog. 1:θ_B)}

Registe-se ainda que, para o Jogador 1 os *payoffs* presentes na tabela são valores observados, e não valores esperados, dado que ele se conhece a si próprio, isto é, conhece o seu tipo. O Equilíbrio de Nash Bayesiano resulta da observação das estratégias que são a melhor resposta, tal como no Equilíbrio de Nash. Assim sendo, o perfil de Equilíbrio de Nash Bayesiano é {L(D; D)}. Significa isto que, o Jogador 1 jogará a sua ação D, independentemente do seu tipo, enquanto que o Jogador 2 decidirá a sua ação L.

3.2. Considere um mercado de produção de navios patrulheiros onde opera uma empresa instalada (Empresa 1) e existe uma outra empresa potencial entrante (Empresa 2). A Empresa 1 tem de decidir se coopera (C) ou não (NC), enquanto que, ao mesmo tempo, a Empresa 2 tem também de decidir se coopera ou não. No entanto, a empresa entrante desconhece se a Empresa 1 é "amigável" (tipo I) ou "agressiva" (tipo II). É de conhecimento comum que $P(tipoI) = \mu$ e $P(tipoII) = 1 - \mu$.

Tabela 3.3 – *Payoffs*

Tipo I

	Emp. 2 NC	Emp. 2 C
Emp. 1 NC	(0;2)	(10;1)
Emp. 1 C	(1;10)	(5;5)

Tipo II

	Emp. 2 NC	Emp. 2 C
Emp. 1 NC	(0;2)	(10;7)
Emp. 1 C	(1;10)	(5;11)

Payoff (Emp. 1; Emp. 2)

i) Encontre, se existir, o Equilíbrio de Nash de estratégias puras para cada um destes jogos.

ii) Represente o jogo nas suas formas extensiva e estratégica.

iii) Calcule o Equilíbrio de Nash Bayesiano.

Resolução

i) O perfil de Equilíbrio de Nash de estratégias puras no jogo I é {C; NC} e no jogo II é {NC; C}.

ii) Seguindo o raciocínio aplicado no exercício 1, alínea ii), a forma extensiva é apresentada por:

ECONOMIA INDUSTRIAL

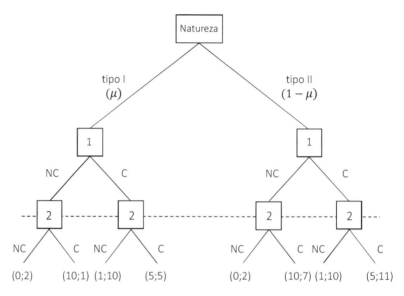

Payoffs (Emp. 1; Emp. 2)

Segue-se a elaboração da forma estratégica, em que, a título de exemplo, $Ev_1 = 2*\mu + 2*(1-\mu) = 2$.

Dados os valores esperados calculados, a forma estratégica tem a seguinte representação:

Tabela 3.4 – Forma estratégica

		Emp. 1			
		NC;NC	NC;C	C;NC	C;C
Emp. 2	NC	2 (0;0)	10−8μ (0;$\underline{1}$)	2+8μ ($\underline{1}$;0)	10 ($\underline{1}$;$\underline{1}$)
	C	7−6μ ($\underline{10}$;$\underline{10}$)	11−10μ ($\underline{10}$;5)	2μ (5;$\underline{10}$)	11−6μ (5;5)

{Emp. 2 (Emp. 1:I; Emp. 1:II)}

iii) Os perfis possíveis de equilíbrio são: {C (NC; NC)} e {NC (C; C)}. Considerando que a probabilidade que define o tipo da Empresa 1 é uma incógnita (μ), naturalmente que os valores esperados dos *payoffs* da Empresa 2 apresentam-se como uma função dessa incógnita, que é uma probabilidade desconhecida. Assim, para que os perfis de equilíbrio sejam Equilíbrios de Nash Bayesiano, μ deve pertencer aos intervalos como se segue:

- no caso de o perfil de equilíbrio ser {C (NC; NC)}: $7 - 6\mu \geq 2$ $\Leftrightarrow \mu \leq \frac{5}{6}$;

- no caso em que o equilíbrio seja $\{NC\,(C;C)\}: 11 - 6\mu \leq 10 \Leftrightarrow \mu \geq \frac{1}{6}$.

Esquematicamente:

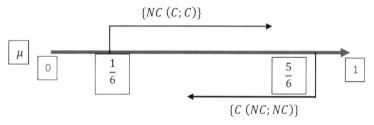

3.3. Considere o seguinte jogo, jogado por dois jogadores, em simultâneo.

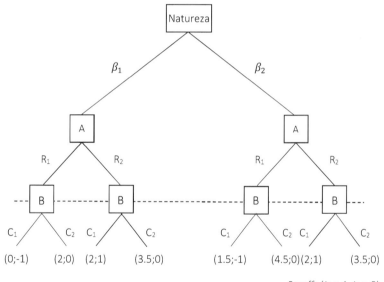

Payoffs (Jog. A; Jog. B)

O Jogador B não conhece o tipo do Jogador A, que pode ser do tipo β_1 ou β_2 mas sabe que o Jogador A é β_1 com probabilidade p e é do tipo β_2 com probabilidade $(1-p)$. Nestas condições:

i) Apresente as matrizes de *payoffs* iniciais deste jogo.

ii) Calcule os *payoffs* esperados condicionais e represente o jogo na sua forma estratégica.

iii) Em que consiste a transformação de Harsanyi?

ECONOMIA INDUSTRIAL

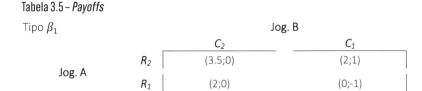

Resolução

i) São elaboradas duas matrizes de *payoffs*, dados os dois tipos possíveis do Jogador A. Através da observação dos *payoffs* apresentados na árvore de jogo, as matrizes têm a seguinte representação:

Tabela 3.5 – *Payoffs*

Tipo β_1

		Jog. B	
		C_2	C_1
Jog. A	R_2	(3.5;0)	(2;1)
	R_1	(2;0)	(0;-1)

Payoffs (Jog. A; Jog. B)

Tabela 3.6 – *Payoffs*

Tipo β_2

		Jog. B	
		C_2	C_1
Jog. A	R_2	(3.5;0)	(2;1)
	R_1	(4.5;0)	(1.5;-1)

Payoffs (Jog. A; Jog. B)

ii) Tenha em consideração a resolução do exercício 3.1 alínea ii). Seguindo um procedimento idêntico, apresenta-se como exemplo o cálculo do valor esperado para a primeira célula. Assim, $Ev_1 = 0 * (1 - p) + 0 * p = 0$, correspondente ao valor esperado do Jogador B, quando o Jogador A joga a sua ação R_2, independentemente do seu tipo, e o Jogador B joga a sua ação C_2, independentemente da decisão do Jogador A. A forma estratégica tem então a seguinte representação:

Tabela 3.7 – Forma estratégica

		Jog. A			
		$R_2;R_2$	$R_2;R_1$	$R_1;R_2$	$R_1;R_1$
Jog. B	C_2	0 (3.5;3.5)	0 (3.5;2)	0 (4.5;3.5)	0 (4.5;2)
	C_1	1 (2;2)	1-2p (2;0)	2p-1 (1.5;2)	-1 (1.5;0)

{Jog. B (Jog. A:β_2; Jog. A:β_1)}

110

iii) A transformação de Harsanyi consiste na transformação de um jogo com informação incompleta, num jogo com informação completa mas imperfeita, com a introdução de um terceiro jogador no jogo, denominado por Natureza.

3.4. A empresa Construtora foi convidada a concorrer à construção de uma autoestrada com portagem no nordeste transmontano. A rentabilidade dessa estrada será determinada pelo volume de tráfego e, consequentemente, pelo montante de portagens cobradas. Atendendo à densidade populacional baixa da região, é sabido previamente que, com probabilidade de apenas 30% a estrada terá tráfego elevado. Se a estrada tiver, de facto, tráfego elevado o *payoff* da construtora será de 4M€ no período da concessão. Sem qualquer estudo adicional a empresa não está interessada a concorrer dado que o valor esperado do seu *payoff* é de -0.2M€. Sabendo isso, o Ministério das obras públicas decide encomendar um estudo à Faculdade de Estudos Económicos para avaliar a intensidade do tráfego. A probabilidade de o teste ser positivo verdadeiro (i.e., a estrada irá ter muito tráfego dado que tem de facto) é de 70%, enquanto que a probabilidade de um teste negativo verdadeiro (i.e., o resultado do teste é não irá ter tráfego elevado, dado que não tem de facto) é de 60%. Nestas circunstâncias diga:

i) Em que consiste o *Updating Bayesiano*? Como é aplicado em jogos estáticos com informação incompleta?

ii) Deverá a empresa Construtora concorrer à construção da estrada? Justifique devidamente.

Resolução

i) O *Updating Bayesiano* consiste na atualização de uma expectativa prévia para uma expectativa posterior, recorrendo ao Teorema de Bayes. Neste contexto, a sua aplicação requer a observação de um facto, para que se possa calcular a probabilidade condicional. Dado que, em ambiente de jogo estático não existe uma observação prévia da decisão tomada pelos outros jogadores, não se procede à sua aplicação, isto é, as expectativas prévias não são atualizadas.

ii) Tome-se 'E' por tráfego elevado e 'B' por tráfego baixo. É sabido que a probabilidade de o tráfego ser elevado é , resultando em € 4M de *payoff*. Ora, o valor esperado, que é anunciado, resulta de:

$$EV = -0.2M \Leftrightarrow 0.3 * 4 + 0.7 * x = -0.2M \Leftrightarrow x = € - 2M.$$

Significa então que o *payoff* de tráfego baixo é de €–2M, que está associado à probabilidade $P(B) = 0.7$.

Não sendo nada revelado acerca do resultado do teste, admite-se os dois cenários possíveis, isto é, o teste ser positivo e ser negativo. Veja-se o primeiro cenário, em que o teste é positivo.

Cenário a) teste é positivo
Para se conhecer se a empresa deve ou não concorrer à construção da estrada, é necessário calcular a probabilidade de existir tráfego elevado, dado que o teste é positivo $P(E|+)$.

A informação apresentada no enunciado acerca da fiabilidade do teste pode ser resumida da seguinte forma: $P(+|E) = 0.7 \rightarrow$ positivo verdadeiro; $P(-|E)=0.3 \rightarrow$ negativo falso; $P(-|B)= 0.6 \rightarrow$ negativo verdadeiro; $P(+|B) = 0.4 \rightarrow$ positivo falso.

Admitindo então que o teste é positivo, a probabilidade atualizada do tráfego ser elevado, dado que se observou um teste positivo é:

$$P(E|+) = \frac{P(+|E) * P(E)}{P(+|E) * P(E) + P(+|B) * P(B)} = \frac{0.7 * 0.3}{0.7 * 0.3 + 0.4 * 0.7} = 0.429.$$

Calcula-se ainda a probabilidade condicional do tráfego ser baixo, dado que o teste é positivo: $P(B|+) = 1 - P(E|+) = 0.571$. Note-se que a fiabilidade do teste não é muito refinada, dado que a probabilidade de se obter um teste positivo, mas falso, é de 40%, tal como consta na informação inicial.

Uma vez aplicado o *Updating Bayesiano*, recalcula-se o valor esperado com as expectativas posteriores, assim:

$$\pi = \left(0.429 * 4 + 0.571 * (-2)\right) = 0.574 M€.$$

Como pode ser observado, o *payoff* esperado muda de sinal, passando agora a ser positivo. Isto significa que a empresa irá avançar para esta concessão se o resultado do teste ao tráfego for positivo.

Cenário b) teste é negativo
Veja-se agora o que acontece quando o resultado do teste é negativo. Seguindo o mesmo procedimento, a probabilidade de o tráfego ser elevado, condicional ao teste negativo é:

$$P(E|-) = \frac{P(-|E) * P(E)}{P(-|E) * P(E) + P(-|B) * P(B)} = 0.176.$$

Daqui resulta: $P(B|-) = 1 - P(E|-) = 0.824$. Assim, o *payoff* esperado quando o teste é negativo vem:

$$\pi = 0.176 * 4 + 0.824 * (-2) = -0.944 < 0.$$

Em suma, se o teste ao tráfego for negativo, o resultado esperado para a empresa é < 0 e, como tal, a empresa não deverá concorrer à construção desta autoestrada. Fica pois evidente a acuidade da atualização Bayesiana na decisão dos jogadores em geral. A observação de um teste positivo fará toda a diferença no que respeita à decisão da empresa avançar para a construção desta via.

3.5. O Governo do país Longínquo estabeleceu como objetivo promover a criação líquida de emprego na economia. Para isso, tem de decidir se cria um programa de garantia à recapitalização de empresas ou se, pelo contrário, não intervém na economia. Uma empresa produtora de memória *flash*, usada em diversas aplicações informáticas confronta-se com a decisão de permanecer ou sair desse país. Ela irá sair se observar que o Governo não concede a garantia para a sua recapitalização. A decisão da Empresa só é tomada depois de ouvir o representante do Governo anunciar se concede ou não a garantia às empresas. A Empresa não conhece o modo de funcionamento do Estado desse país, podendo este ser um sistema muito burocrático ou expedito. A Empresa tem apenas a expectativa que com probabilidade $\gamma = \frac{2}{3}$, o sistema é Expedito:

ECONOMIA INDUSTRIAL

Tabela 3.8 – *Payoffs*

		Governo			
		Burocrático		Expedito	
		Garantia	Não intervém	Garantia	Não intervém
Empresa	Permanece	(10;4)	(-10;2)	(12;6)	(-10;1)
	Sai	(0;-2)	(0;5)	(0;-2)	(0;3)

Payoffs (Empresa; Governo)

i) Represente o jogo nas suas formas extensiva e estratégica.
ii) Quantos conjuntos de informação tem a Empresa? Justifique.
iii) Encontre o equilíbrio.

Resolução

i) A forma extensiva de um jogo dinâmico com informação incompleta, tem em consideração a introdução de um terceiro jogador, designado por Natureza. O primeiro jogador assume dois tipos, Burocrático ou Expedito, com probabilidades de $\frac{1}{3}$ e $\frac{2}{3}$, respetivamente. O jogador que joga em segundo lugar possui informação incompleta do jogo, dado que não sabe o tipo do jogador que joga em primeiro lugar. Apenas observa a estratégia adotada pelo mesmo. A forma extensiva do jogo é representada do seguinte modo:

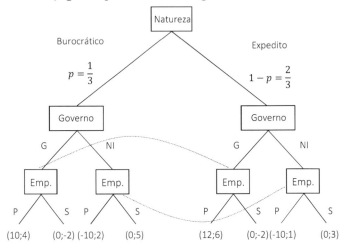

Payoffs (Empresa; Governo)

As linhas a tracejado apresentadas na árvore de jogo, traduzem a falta de informação por parte do jogador que joga em segundo lugar, unindo cada um dos nós de decisão do segundo jogador, que integram o mesmo conjunto de informação. Por outras palavras, o jogador que joga em segundo lugar, mesmo observando o movimento prévio executado pelo primeiro jogador, desconhece de que tipo é que esse jogador é. Sabe apenas que atingiu um dos nós de decisão, que agora ligados pertencem ao mesmo conjunto de informação. De facto, a linha a tracejado liga o nó básico da Empresa quando o Governo joga G sendo do tipo Burocrático, ao nó de decisão básico da empresa quando o Governo joga G sendo do tipo Expedito. O mesmo acontece aos nós de decisão básicos da Empresa quando o Governo joga NI.

A elaboração da forma estratégica deste tipo de jogos é mais complexa do que a forma estratégica dos jogos Bayesianos. Neste tipo de jogos, ambos os jogadores possuem combinações de ações nas suas estratégias, dado que, para o jogador que tem mais do que um tipo, a Natureza definiu em primeiro lugar, e como tal, faz combinação de estratégias consoante essa definição. Já o jogador que observa a decisão do outro, passa agora a ter também combinações de estratégias, como resposta ao que previamente observou. Assim sendo, as combinações de estratégias possíveis do Governo são: {P; P}, {P; S}, {S; P} e {S; S}. Por sua vez, as combinações de estratégias da Empresa são: {G; G}, {G; NI}, {NI; G} e {NI; NI}.

Na forma estratégica, os *payoffs* são compostos pelos valores esperados do jogador que joga em segundo lugar, ou seja, da Empresa. Por sua vez, entre parênteses encontram-se os *payoffs* do jogador que joga em primeiro lugar, ou seja, do Governo. Para o jogador referido em último, os *payoffs* são valores certos. Exemplificando, a estratégia {G; NI} do Governo significa que a estratégia G está associada ao tipo Burocrático, e a estratégia NI está relacionada ao tipo Expedito. Por sua vez, a estratégia {P; S} da Empresa está dependente da estratégia do Governo, ou seja, a estratégia P é a resposta à estratégia G do Governo, e a estratégia S a resposta à estratégia NI. Este raciocínio deve ser mantido ao longo do preenchimento da forma estratégica. Para o Governo, o par de estratégias indica que, a estratégia da esquerda está associada ao seu primeiro tipo, e a da direita ao seu segundo tipo. Para a Empresa, a estratégia da esquerda está associada à primeira estratégia do Governo, G, e a segunda estratégia está relacionada com a segunda ação do Governo, NI.

Veja-se a operacionalização do cálculo, exemplificando quatro valores esperados:

$$EV[u_{emp}|(G;G)(P;P)] = 10*\frac{1}{3} + 12*\frac{2}{3} = \frac{34}{3};$$

$$EV[u_{emp}|(G;G)(S;S)] = 0*\frac{1}{3} + 0*\frac{2}{3} = 0;$$

$$EV[u_{emp}|(G;NI)(S;P)] = 0*\frac{1}{3} + (-10)*\frac{2}{3} = -\frac{20}{3};$$

$$EV[u_{emp}|(NI;NI)(P;P)] = -10*\frac{1}{3} + (-10)*\frac{2}{3} = -10.$$

Os exemplos apresentados pretendem cobrir os diversos quadros de interação estratégica e, por essa razão, reportam a diversas linhas e colunas. Assim sendo, a forma estratégica deste jogo é preenchida do seguinte modo:

Tabela 3.9 – Forma estratégica

		\multicolumn{4}{c}{Empresa}
		P;P	P;S	S;P	S;S
Governo	G;G	34/3 (4;6)	34/3 (4;6)	0 (-2;-2)	0 (-2;-2)
	G;NI	-10/3 (4;1)	10/3 (4;3)	-20/3 (-2;1)	0 (-2;3)
	NI;G	14/3 (2;6)	8 (5;6)	-10/3 (2;-2)	0 (5;-2)
	NI;NI	-10 (2;1)	0 (5;3)	-10 (2;1)	0 (5;3)

{Empresa (Governo:B; Governo:E)}

ii) A Empresa tem dois conjuntos de informação, pois o jogador que decide em primeiro lugar tem duas estratégias disponíveis em cada um dos tipos. Assim, um conjunto de informação agrega os nós de decisão após observar o movimento G e o movimento NI por parte do Governo. Recorda-se que a Empresa apenas observa esse movimento, mas não consegue distinguir qual dos nós de decisão foi atingido, no conjunto de informação.

iii) O perfil de Equilíbrio Bayesiano Perfeito é: {*Governo*(*NI*(*B*), *G*(*E*)); *Empresa* (*P*(*G*), *S*(*NI*))}. Este perfil está ainda associado ao perfil de crenças {*NI*:(*B*: 1, *E*: 0); *G*: (*B*: 0, *E*: 1)}. Dado que existem vários possíveis perfis de equilíbrio, o equilíbrio é determinado recorrendo à análise de dominâncias. O Governo não possui estratégias dominantes. No entanto, a Empresa tem estratégias dominantes, nomeadamente, a estratégia {*P*; *S*} domina fracamente as estratégias {*S*; *S*} e {*P*; *P*}. Portanto, deve-se excluir os perfis de equilíbrio {*Governo*(*NI*(*B*), *NI*(*E*)); *Empresa*(*S*(*G*), *S*(*NI*))} e {*Governo*(*G*(*B*), *G*(*E*)); *Empresa*(*P*(*G*), *P*(*NI*)}. Por fim, a estratégia {*P*; *S*} domina fortemente a estratégia {*S*; *P*} o que comprova que o perfil de equilíbrio é {*Governo*(*NI*(*B*), *G*(*E*)); *Empresa*(*P*(*G*), *S*(*NI*))}.

Aplicações

O Governo Alemão anunciou, em 2016, que a comercialização de veículos novos equipados com motor de combustão interna poderá vir a ser proibida no país. Este anúncio representa um sinal relevante para o mercado automóvel, uma vez que, é na Alemanha que se localizam algumas das sedes de grandes fabricantes de automóveis a nível mundial, tais como a BMW e a Mercedes-Benz. Este anúncio reforça a ideia de que num futuro não muito distante, os veículos a combustão que não cumpram os requisitos de emissões, poderão ser impedidos de circular. A agenda política atual tem incorporado e debatido este tópico intensamente, com particular foco nos motores a diesel. De facto, algumas cidades europeias tencionam proibir a circulação de automóveis a diesel que não cumpram as metas de emissões estipuladas. Para cumprirem essas metas, cada vez mais exigentes, os construtores argumentam que teriam de suportar custos elevados de desenvolvimento dos motores, custos esses que não serão comportáveis pelo consumidor, tendo em consideração as alternativas disponíveis nomeadamente motores a gasolina.

A forma como o Governo e os compradores de veículos irão agir, após a aprovação desta recomendação, poderá ser analisada através de um jogo dinâmico com informação incompleta. Admita-se que, o Governo joga em primeiro lugar e os consumidores decidem logo após, numa ordem de jogo sequencial. Trata-se, portanto, de um jogo dinâmico em que a informação é incompleta, dado que os consumidores podem observar os movimentos executados pelo Governo, mas desconhecem o seu tipo. A Natureza definiu previamente o tipo do Governo (ou dos partidos e alianças que o compõem), antes de o mesmo jogar, determinando se ele é, admitamos, "apoiante" ou "opositor" dessa orientação. Se for apoiante irá aprovar definitivamente uma lei com a recomendação. Caso seja opositor, não irá verter a recomendação em lei. O Governo será apoiante com uma probabilidade p. As estratégias possíveis do Governo são: subsidiar o uso de veículos elétricos (100% elétricos e híbridos) ou taxar os veículos a combustão. O Governo após observar a escolha da Natureza, começou a subsidiar a aquisição de veículos 100% elétricos e veículos híbridos, seguindo assim a estratégia de subsidiar os veículos elétricos.

Após observar a jogada do Governo, os consumidores têm à sua disposição duas estratégias possíveis: manter a preferência por veículos a combustão ou optar por um veículo elétrico. Os consumidores não sabem se o Governo irá ou não aprovar definitivamente a lei que impede a comercialização de veículos a combustão. Apenas sabem que o Governo está a incentivar financeiramente a aquisição de carros elétricos. Segundo o relatório do mercado automóvel alemão (*Pressemitteilung Nr. 01/2018*), no ano de 2017, a procura de automóveis a gasolina aumentou 14% em relação a 2016. De modo inverso, a procura por automóveis a diesel decresceu 13% face ao ano 2016. Em relação aos veículos elétricos, a procura por híbridos e 100% elétricos aumentou 76.4% e 119.6%, respetivamente, face às estatísticas do ano de 2016. Do total de veículos, 2.5% das vendas de automóveis corresponde a veículos híbridos, enquanto que os veículos 100% elétricos apenas representam 0.7% do total de vendas de automóveis. Independentemente do tipo do Governo, os consumidores estão a seguir a estratégia de aquisição de veículos elétricos.

ECONOMIA INDUSTRIAL

Exercícios Propostos

3.6. Considere uma indústria de estruturas de betão onde opera uma empresa Instalada (I) e uma outra empresa, Entrante (E). Designa-se de entrante porque esta empresa E já opera numa outra indústria de polímeros, mas pretende entrar agora nesta indústria do betão. A empresa I pondera construir uma nova fábrica e, em simultâneo, a empresa E tem de decidir se entra, ou não, nesta indústria de estruturas de betão. A empresa E desconhece as características da empresa I. Sabe apenas que a empresa I pode ter custos altos (CA) ou custos baixos (CB). A probabilidade da empresa I ter custos altos é dada por $P(T_I = CA) = \lambda$. São conhecidos ainda os *payoffs*, constantes nas seguintes tabelas, em milhões de euros:

Tabela 3.10 – *Payoffs*

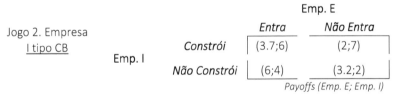

Tabela 3.11 – *Payoffs*

		Emp. E	
Jogo 2. Empresa I tipo CB		Entra	Não Entra
Emp. I	Constrói	(3.7;6)	(2;7)
	Não Constrói	(6;4)	(3.2;2)

Payoffs (Emp. E; Emp. I)

É sabido ainda que, o *payoff* esperado da empresa E quando decide "não entrar" nesta indústria do betão, e quando a empresa I joga "Constrói", independentemente do seu tipo, é 1.496. Nestas condições:
  i) Represente o jogo nas suas formas extensiva e estratégica.

ii) Apresente o(s) perfil(s) de Equilíbrio de Nash Bayesiano.

iii) Se a empresa I tiver custos altos ou custos baixos com igual probabilidade, a empresa E aumenta ou diminui o seu *payoff*, em equilíbrio, quando comparado com o obtido na alínea anterior? Quantifique essa variação.

3.7. Tome em consideração a seguinte forma extensiva de um jogo:

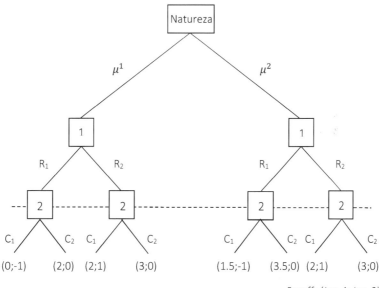

Payoffs (Jog. 1; Jog. 2)

i) Sabendo que a decisão é tomada simultaneamente, defina sucintamente o jogo.

ii) Admitindo a expetativa prévia $P = \frac{1}{4}$, calcule as utilidades esperadas condicionais e represente o jogo na sua forma estratégica.

3.8. Considere a seguinte forma extensiva de um jogo.

ECONOMIA INDUSTRIAL

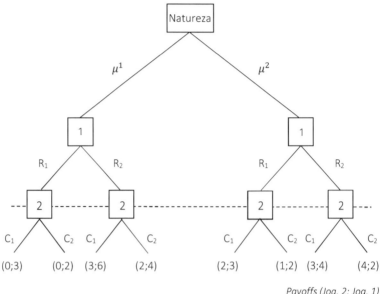

Payoffs (Jog. 2; Jog. 1)

Considerando a informação disponível na forma extensiva:

i) Descreva sucintamente o jogo.

ii) Apresente o jogo na sua forma inicial, antes da Transformação de Harsanyi.

iii) Represente o jogo na sua forma estratégica.

iv) Qual o intervalo de variação de p para que no Equilíbrio de Nash Bayesiano o Jogador 2 jogue C_2?

3.9. Considere a seguinte forma extensiva de um jogo de informação incompleta:

3 · JOGOS ESTÁTICOS E DINÂMICOS COM INFORMAÇÃO INCOMPLETA

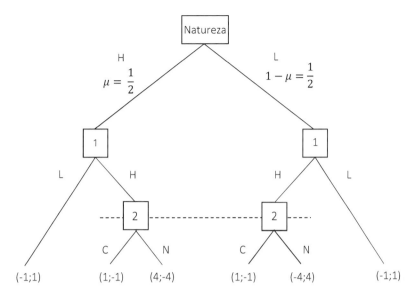

Payoffs (Jog. 1; Jog. 2)

Neste contexto:

i) Apresente as matrizes de *payoffs* iniciais deste jogo.

ii) Calcule os *payoffs* esperados condicionais e represente o jogo na sua forma estratégica.

iii) Em que consiste a transformação de Harsanyi?

iv) Admita que a probabilidade do Jogador 1 ser do tipo H, é μ. Calcule os intervalos de μ para que a decisão do Jogador 2 possa ser, em equilíbrio, jogar *N* e jogar *C*.

3.10. Considere um mercado de produção de aerogeradores onde opera uma empresa instalada (Empresa 1) e existe uma outra empresa potencial entrante (Empresa 2). A Empresa 1 tem de decidir se constrói ou não uma nova fábrica. Ao mesmo tempo, a Empresa 2 tem de decidir se entra ou não nesse mercado. No entanto, a empresa entrante desconhece quanto custa à empresa instalada construir essa nova fábrica, i.e., não conhece se o custo para a instalada de construir a fábrica é alto (3) ou baixo $\left(\frac{3}{2}\right)$.

ECONOMIA INDUSTRIAL

Os elementos do jogo são: Jogadores: $i = 1,2$; Tipos: $T_1 = \{H, L\}$; $T_2 = \{E\}$; representando H o tipo custo-alto; L o tipo custo-baixo e E a Empresa 2. As ações disponíveis são, para a Empresa 1 {*Constrói; Não constrói*} e para a Empresa 2 {*Entra; Não entra*}. As crenças são: $p_2(H) = p$; $p_2(L) = 1 - p$. Toda esta informação consta das matrizes de *payoffs* seguintes.

Tabela 3.12 – *Payoffs*

		Emp. 2	
Se o custo de construir da empresa 1 é alto (3)		Entra	Não entra
	Constrói	(0;-1)	(2;0)
Emp. 1	Não constrói	(2;1)	(3;0)

Payoffs (Emp. 1; Emp. 2)

Tabela 3.13 – *Payoffs*

		Emp. 2	
Se o custo de construir da empresa 1 é baixo $\left(\frac{3}{2}\right)$		Entra	Não entra
	Constrói	(3/2;-1)	(7/2;0)
Emp. 1	Não constrói	(2;1)	(3;0)

Payoffs (Emp. 1; Emp. 2)

i) Encontre, se existir, o Equilíbrio de Nash de estratégias puras para cada um destes jogos.

ii) Represente o jogo nas suas formas extensiva e estratégica.

iii) Calcule o equilíbrio, quando a probabilidade do custo de construção da fábrica ser baixo é diferente da probabilidade do custo de construção ser alto.

3.11. Considere uma indústria onde operam duas empresas, 1 e 2, que irão apresentar propostas em simultâneo num concurso a uma obra pública. A Empresa 2 desconhece as características da Empresa 1. Os elementos fundamentais do jogo são: Jogadores: $i = 1,2$; Tipos: $T_1 = \{\theta, \Psi\}$; representando θ e Ψ os tipos possíveis da Empresa 1. As ações disponíveis são, para a Empresa 1, $\{X; Y\}$, e para a Empresa 2, $\{Z; W\}$. É conhecido ainda que $P(T_1 = \theta) = \lambda$.

Tabela 3.14 – *Payoffs*

Jogo 1. Empresa 1 tipo θ

		Emp. 2	
		Z	W
Emp. 1	X	(5;2)	(3.6;7)
	Y	(6.5;4)	(4.5;5.3)

Payoff (Emp. 2; Emp. 1)

Tabela 3.15 – *Payoffs*

Jogo 2. Empresa 1 tipo Ψ

		Emp. 2	
		Z	W
Emp. 1	X	(1;3)	(0;3)
	Y	(-3;5)	(0;-1)

Payoff (Emp. 2; Emp. 1)

i) Encontre, se existir, o Equilíbrio de Nash de estratégias puras para cada um destes jogos.

ii) Considere que o *payoff* esperado da Empresa 2 quando joga a sua ação Z e a Empresa 1 joga Y, independentemente do seu tipo, é 4.41. Represente o jogo nas suas formas estratégica e extensiva. Calcule o equilíbrio.

iii) Admita agora que o *payoff* esperado da Empresa 2 quando joga a sua ação Z e a Empresa 1 joga X, independentemente do seu tipo, é 3.52. Represente a nova forma estratégica. Calcule o equilíbrio.

3.12. Considere um mercado onde operam duas empresas, 1 e 2. A Empresa 1 tem duas ações disponíveis, C e NC, enquanto que a Empresa 2 tem como opções E ou FF. A Empresa 2 desconhece se a Empresa 1 é "amigável" (tipo I) ou "agressiva" (tipo II).

Tabela 3.16 – *Payoffs*

Tipo I		Emp. 2	
		E	FF
Emp. 1	C	(5;-6)	(2;-1)
	NC	(8;2)	(3.5; 0.5)

Tipo II		Emp. 2	
		E	FF
Emp. 1	C	(5.6;8)	(3.5;2)
	NC	(2;2)	(3;2)

Payoff (Emp. 1; Emp. 2)

i) Encontre, se existir, o Equilíbrio de Nash de estratégias puras para cada um destes jogos.

ii) Considere que $P(tipoI) = P(tipoII)$. Represente o jogo nas suas formas extensiva e estratégica e calcule o Equilíbrio de Nash Bayesiano.

iii) Admita agora que $P(tipoI) = 2 * P(tipoII)$. Verifique se o equilíbrio obtido na alínea anterior se mantém.

3.13. Considere um mercado de produção de energia a partir da combustão de resíduos sólidos urbanos. Nessa indústria opera uma empresa instalada (Empresa 1) e existe uma outra empresa potencial entrante (Empresa 2). A Empresa 1 tem de decidir se expande ou não a sua capacidade atual. Ao mesmo tempo, a Empresa 2 tem de decidir se entra ou não nesse mercado. No entanto, a empresa entrante desconhece quanto custa à empresa instalada a expansão da capacidade, i.e., não conhece se o custo para a instalada de expandir a capacidade produtiva é alto ou baixo. Os elementos do jogo são: Jogadores: $i = 1,2$; Tipos: $T_1 = \{H, L\}$; $T_2 = \{E\}$, representando H o tipo custo-alto; L o tipo custo-baixo e E a entrante. As ações disponíveis são, para a Empresa 1 {*Expande*; *Não expande*} e para a Empresa 2 {*Entra*; *Não entra*}. É conhecido ainda que $P(T_1 = H) = \lambda$.

Tabela 3.17 – *Payoffs*

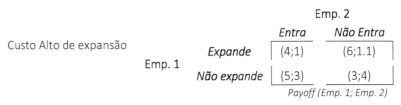

Tabela 3.18 – *Payoffs*

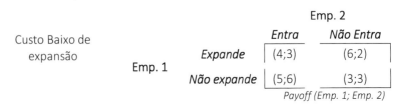

3 · JOGOS ESTÁTICOS E DINÂMICOS COM INFORMAÇÃO INCOMPLETA

i) Encontre, se existir, o Equilíbrio de Nash de estratégias puras para cada um destes jogos.

ii) Represente o jogo nas suas formas extensiva e estratégicas, admitindo $\lambda - 1 = -\lambda$. Calcule o equilíbrio.

iii) Qual o intervalo de λ, dentro do qual, em equilíbrio, a Empresa 2 não entra nesse mercado de produção de energia pela combustão de resíduos sólidos urbanos?

3.14. A empresa Sobras, Construções, Demolições e Bolos, Lda. (SCD Bolos) quer concorrer à construção de uma ponte rodoviária, sendo remunerada de acordo com o tráfego registado nessa ponte. A probabilidade de a ponte ter uma utilização intensiva é 40%. A empresa SCD Bolos encomenda um teste a uma empresa de estudos de mercado, que consiste num estudo de tráfego, de forma a conhecer melhor se o movimento nessa ponte será intenso ou fraco. A probabilidade de o teste dar positivo falso (o teste indicar erradamente que irá haver um tráfego intenso na ponte) é de 26%. Já a probabilidade de ser observado um teste negativo falso é de 47%.

Calcule a probabilidade de tráfego intenso, dado que foi observado um teste positivo. Interprete.

3.15. Um Economista é convidado a presidir ao conselho de administração de uma Holding. Esse Economista tem de decidir se aceita, ou não, o convite, mas apenas depois de observar se a Holding vende a sua unidade de negócio no sector financeiro. A venda permite à Holding a obtenção de recursos imediatos, mas, em contrapartida, aumenta os custos de financiamento de todo o grupo. Essa Holding pode ter um serviço de dívida muito caro ou barato, sendo que esta informação é do domínio privado do grupo. O Economista apenas sabe o que sabe o mercado, isto é, acredita que com probabilidade μ o serviço da dívida é caro. O quadro seguinte resume os *payoffs* possíveis.

ECONOMIA INDUSTRIAL

Tabela 3.19 – *Payoffs*

		Holding			
		Dívida cara		Dívida barata	
		Vende	Não vende	Vende	Não vende
Economista	Aceita	(-1;5)	(1;3)	(-1;4)	(1;5)
	Recusa	(0;4)	(0;2)	(0;3)	(0;3)

Payoffs (Economista; Holding)

i) Represente o jogo nas suas formas extensiva e estratégica.
ii) Encontre o equilíbrio.

3.16. O Álvaro é um jogador de futebol de salão e foi observado pela polícia a transpor um traço contínuo. A Polícia sabe que nesse troço de estrada estreita é frequente ocorrer essa infração. A Polícia sabe também que o Condutor acabou de sair da festa vermelha de comemoração da vitória do campeonato, sendo que acredita que metade dos condutores saiu com excesso de álcool no sangue. Ao contrário da Polícia, o jogador sabe se está com nível elevado de álcool no sangue. A autoridade confronta o Condutor com a infração do traço contínuo e pergunta-lhe se está disposto a realizar o teste do álcool. Depois do Condutor decidir se realiza o teste ou não, a Polícia tem de decidir se multa ou não o Condutor pela infração do traço contínuo. Os *payoffs* possíveis são:

Tabela 3.20 – *Payoffs*

		Condutor			
		Bebeu		Não bebeu	
		Faz teste	Recusa	Faz teste	Recusa
Polícia	Multa	(3;1)	(0;0)	(3;0)	(0;-1)
	Não multa	(0;0)	(1;3)	(0;-1)	(1;2)

Payoffs (Polícia; Condutor)

i) Represente o jogo nas suas formas extensiva e estratégica.
ii) Encontre o equilíbrio.

3.17. Uma empresa Instalada na refinação de petróleo tem de decidir se diversifica as suas fontes de abastecimento de crude ou se não diversifica. A diversificação permite à empresa estar menos dependente de poucos fornecedores e baixar os custos. Uma outra empresa é potencial entrante e tem de decidir se entra ou não no mercado. Esta só entra se a Instalada não diversificar as suas fontes de abastecimento. Admita que a Entrante pode decidir entrar ou ficar de fora, apenas depois de observar a escolha da Instalada e não conhece a capacidade de gestão da empresa que já está no mercado. Acredita apenas que com probabilidade $\mu = \frac{1}{3}$ a gestão é ineficiente.

Tabela 3.21 – *Payoffs*

		Instalada			
		Gestão ineficiente		Gestão qualificada	
		Diversifica	Não diversifica	Diversifica	Não diversifica
Entrante	Entra	(-1;-1)	(1,2)	(-1;1)	(1;2)
	Fica Fora	(0;2)	(0,3)	(0;4)	(0;3)

Payoffs (Entrante; Instalada)

i) Represente o jogo nas suas formas extensiva e estratégica.

ii) Quantos conjuntos de informação tem a Empresa entrante? Justifique.

iii) Encontre o equilíbrio.

3.18. O Jarbas é um recém-licenciado que procura emprego. O senhor Excêntrico não conhece as aptidões e capacidade real de trabalho do Jarbas, mas sabe que com 60% de probabilidade ele é diligente, com capacidade de trabalho alta, e com 40% de probabilidade a capacidade de trabalho do Jarbas é baixa e é preguiçoso. Para tentar aprender sobre o tipo do Jarbas, o empregador confronta o trabalhador e pergunta-lhe se está disposto a trabalhar quatro meses sem receber ordenado, mas apenas um subsídio de deslocação e de alimentação. Depois do Jarbas decidir se aceita ou não o contrato de quatro meses sem vencimento, o Excêntrico tem de decidir se contrata ou não o Jarbas, mas para os quadros da empresa.

ECONOMIA INDUSTRIAL

Tabela 3.22 – *Payoffs*

		Jarbas			
		Preguiçoso		Diligente	
		Aceita	Rejeita	Aceita	Rejeita
Excêntrico	Contrata	(1;2)	(-1;3)	(2;3)	(1;2)
	Não contrata	(0;-2)	(0;-1)	(0;1)	(0;-1)

Payoffs (Excêntrico; Jarbas)

i) Apresente o jogo na sua forma extensiva.
ii) Calcule a forma estratégica do jogo.
iii) Encontre o equilíbrio.

3.19. Considere um jogo dinâmico com informação incompleta, com dois jogadores, A e B, cada um deles com duas estratégias disponíveis: Z e W para o Jogador A e X e Y para o Jogador B. O Jogador A pode ser de dois tipos, Ω e Φ, e essa informação é conhecida apenas pelo próprio Jogador A.

Tabela 3.23 – *Payoffs*

		Jog. A			
		Ω		Φ	
		Z	W	Z	W
Jog. B	X	(3;...)	(0;...)	(3;...)	(0;...)
	Y	(0;...)	(1;...)	(0;...)	(1;...)

Payoffs (Jog. B; Jog. A)

A tabela 3.23 apresenta alguns *payoffs*, enquanto que a tabela 3.24 revela a forma estratégica deste jogo.

Tabela 3.24 – Forma estratégica

	X;X	X;Y	Y;X	Y;Y
Z;W		(K;3)	(1;0)	
W;Z	3/2 (1;1)			(4;0)
W;W				(4;3)

{Jog. B (Jog. A:Ω; Jog. A:Φ)}

i) Represente o jogo na sua forma extensiva.
ii) Calcule e complete a forma estratégica do jogo.
iii) Qual o intervalo de K dentro do qual o perfil $\{JogA(Z(\Omega), W(\Phi)); JogB(X(Z), Y(W))\}$ é um perfil de equilíbrio? Nesse intervalo quantos perfis de equilíbrio existem? Apresente-os.

3.20. Dois jogadores, A e B, cada um deles com duas ações disponíveis: Z e W para o Jogador A e X e Y para o Jogador B, interagem entre si. O Jogador A pode ser de dois tipos, Ω e Φ, e essa informação é conhecida apenas pelo próprio Jogador A. Depois do Jogador A fazer a sua escolha o Jogador B decide jogar X ou Y.

Tabela 3.25 – *Payoffs*

		\multicolumn{2}{c}{Ω}	\multicolumn{2}{c}{Φ}
		Z	W	Z	W
Jog. B	X	(2;...)	(-1;3)	(...;...)	(1;2.5)
	Y	(0;-2)	(0;...)	(...;1)	(0;-1)

Payoffs (Jog. B; Jog. A)

A tabela 3.25 apresenta alguns *payoffs*, enquanto que a tabela 3.26 revela a forma estratégica deste jogo.

Tabela 3.26 - Forma estratégica

	X;X	X;Y	Y;X	Y;Y
Z;Z	(4;...) ...	(...;...) 2.4	(...;...) 0	
Z;W				
W;Z	(...;5) 1.8	(-1;...) ...		(...;...) 0
W;W		(...;...) 0		

{(Jog. A:Ω; Jog. A:Φ); Jog. B}

i) Represente o jogo na sua forma extensiva.
ii) Encontre o(s) perfil(s) de equilíbrio(s).

3.21. Considere um jogo dinâmico com informação incompleta, com dois jogadores, A e B, cada um deles com duas ações disponíveis: X e Y para o Jogador A e Z e W para o Jogador B. O Jogador B pode ser de dois tipos, Ω e Ψ, e essa informação é conhecida apenas pelo próprio Jogador B. O Jogador A decide após observar a decisão de B. Considere a informação revelada nas tabelas seguintes:

Tabela 3.27 – Payoffs

		\multicolumn{2}{c}{Ω}	\multicolumn{2}{c}{Φ}
		Z	W	Z	W
Jog. B	X	(2;...)	(4;...)	(2;...)	(-1;3)
	Y	(3;-0.5)	(1;8)	(3;...)	(-3;7)

Payoffs (Jog. A; Jog. B)

A tabela 3.27 apresenta alguns *payoffs*, enquanto que a tabela 3.28 revela a forma estratégica deste jogo.

Tabela 3.28 – Forma estratégica

	X;X	X;Y	Y;Y
Z;Z	(4;) 2	(4;)	(;7)
	(;)		
		(;)	
W;W		(2;)	

Payoffs

i) Complete a forma estratégica (tabela 3.28) deste jogo.

ii) O perfil $\{JogA(Y(Z), X(W)); JogB(W(\Omega), W(\Psi))\}$ é um perfil de equilíbrio? Justifique.

3.22. Considere um jogo dinâmico com informação incompleta, com dois jogadores, A e B, cada um deles com duas ações disponíveis: Z e W para o Jogador A e X e Y para o Jogador B. O Jogador A pode ser de dois tipos, Ω e Φ, e essa informação é conhecida apenas pelo próprio Jogador A. A tabela seguinte apresenta os *payoffs* possíveis deste jogo.

Tabela 3.29 – *Payoffs*

		Ω Z	Ω W	Φ Z	Φ W
Jog. B	X	(50;85)	(-20;75)	(47;85)	(50;75)
	Y	(40;-20)	(1;-30)	(55;50)	(1;-20)

Jog. A

Payoffs (Jog. B; Jog. A)

Admita que $P(\Omega) = 0.42$. Nestas condições:

i) Represente o jogo nas suas formas extensiva e estratégica.
ii) Encontre o equilíbrio.
iii) Admita agora que $P(\Omega) = 0.58$. Neste novo cenário mantém-se algum do(s) perfil(is) de equilíbrio calculado(s) na alínea anterior?

3.23. Considere um jogo dinâmico com informação incompleta, com dois jogadores, A e B, cada um deles com duas ações disponíveis: X e Y para o Jogador A; e Z e W para o Jogador B. O Jogador B pode ser de dois tipos, Ω e Ψ, e essa informação é conhecida apenas pelo próprio Jogador B. O Jogador A decide após observar a decisão de B. Considere a informação revelada nas tabelas seguintes:

Tabela 3.30 – *Payoffs*

		Ω Z	Ω W	Ψ Z	Ψ W
Jog. A	X	(...;2)	(5;6)	(2;4)	(-1;6)
	Y	(3;-1)	(-2;5)	(3.2;5.2)	(-0.3;7)

Jog. B

Payoffs (Jog. A; Jog. B)

A tabela 3.30 apresenta alguns *payoffs*, enquanto que a tabela 3.31 revela a forma estratégica deste jogo.

Tabela 3.31 – Forma estratégica

	X;X	X;Y	Y;Y
Z;Z		(...;...) 3.12	
Z;W		(2;7) 1.464	
W;W			

Payoffs

i) Complete a forma estratégica (tabela 3.31) deste jogo.

ii) O perfil $\{JogA(X(Z), Y(W)); JogB(W(\Omega), W(\Psi))\}$ é um perfil de equilíbrio?

iii) Qual o intervalo para o *payoff* do Jogador B, quando decide W (para ambos os tipos) e o jogador A decide X, para que o perfil $\{JogA(Y(Z), X(W)); JogB(W(\Omega), Z(\Psi))\}$ seja um perfil de equilíbrio?

3.24. Considere um jogo dinâmico com informação incompleta, com dois jogadores, A e B, cada um deles com duas ações disponíveis: X e Y para o Jogador A; e Z e W para o Jogador B. O Jogador B pode ser de dois tipos, Ω e Ψ, e essa informação é conhecida apenas pelo próprio Jogador B. O Jogador A decide após observar a decisão de B. Considere a informação revelada nas tabelas seguintes:

Tabela 3.32 – *Payoffs*

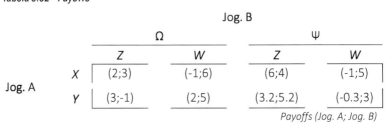

Payoffs (Jog. A; Jog. B)

A tabela 3.32 apresenta alguns *payoffs*, enquanto que a tabela 3.33 revela a forma estratégica deste jogo.

3 · JOGOS ESTÁTICOS E DINÂMICOS COM INFORMAÇÃO INCOMPLETA

Tabela 3.33 – Forma estratégica

	X;X	Y;X	Y;Y
Z;Z			
Z;W			
	(...;...) 3.41	(...;...) 1.646	
W;W			

Payoffs

i) Complete a forma estratégica (tabela 3.33) deste jogo.

ii) O perfil $\{JogA(X(Z), Y(W)); JogB(W(\Omega), W(\Psi))\}$ é um perfil de equilíbrio? Se respondeu não indique o perfil de equilíbrio.

3.25. Considere um jogo dinâmico com informação incompleta, com dois jogadores, A e B, cada um deles com duas ações disponíveis: X e Y para o Jogador A; e Z e W para o Jogador B. O Jogador B pode ser de dois tipos, Ω e Ψ ($T_B = \Omega \lor T_B = \Psi$), e essa informação sobre o tipo concreto é conhecida apenas pelo próprio Jogador B. O Jogador A decide logo após observar a decisão de B. Considere a informação revelada na tabela seguinte:

Tabela 3.34 – *Payoffs*

		Jog. B			
		Ω		Ψ	
		Z	W	Z	W
Jog. A	X	(0.5;...)	(1.2;k)	(-2;2.2)	(1.7;...)
	Y	(-0.5;6)	(6;4)	(4;2.5)	(1.7;2.4)

Payoffs (Jog. A; Jog. B)

A tabela 3.34 apresenta os *payoffs*, enquanto que a tabela 3.35 revela a forma estratégica deste jogo.

Tabela 3.35 – Forma estratégica

i) Complete todos os elementos da forma estratégica (tabela 3.35) deste jogo.

ii) Apresente o(s) perfil(s) de equilíbrio.

3 · JOGOS ESTÁTICOS E DINÂMICOS COM INFORMAÇÃO INCOMPLETA

3.6. i)

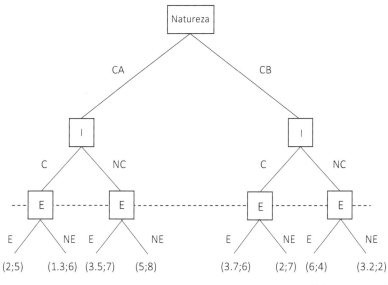

Payoffs (Emp. E; Emp. I)

Tabela 3.36 – Forma estratégica

		Emp. I			
		C;C	C;NC	NC;C	NC;NC
Emp. E	E	2.476 (5;6)	3.12 (5;4)	3.556 (7;6)	4.2 (7;4)
	NE	1.496 (6;7)	2.916 (6;2)	4.16 (8;7)	4.496 (8;2)

{Emp. E (Emp. I:CA; Emp. I:CB)}

ii) Perfil de Equilíbrio de Nash Bayesiano: {*NE* (*NC*; *C*)}.

iii) A empresa E diminui o seu *payoff*. Variação negativa de 0.56.

3.7. i) Um jogo dinâmico com informação completa mas imperfeita, é um jogo sequencial, em que nem todos os jogadores têm conhecimento pleno de todo o jogo e dos respetivos *payoffs*.

ii)

Tabela 3.37 – Forma estratégica

		Jog. 1			
		$R_2;R_2$	$R_2;R_1$	$R_1;R_2$	$R_1;R_1$
Jog. 2	C_2	0 (3;3)	0 (3;2)	0 (3.5;3)	0 (3.5;2)
	C_1	1 (2;2)	½ (2;0)	-½ (1.5;2)	-1 (1.5;0)

{Jog. 2 (Jog. 1:μ^2; Jog. 1:μ^1)}

3.8. i) Um jogo dinâmico com informação completa mas imperfeita, é um jogo sequencial, em que nem todos os jogadores têm conhecimento pleno de todo o jogo e dos respetivos *payoffs*.

ii)

Tabela 3.38 – *Payoffs*

Jogo do tipo μ^2

		Jog. 2	
		C_1	C_2
Jog. 1	R_1	(2;3)	(1;2)
	R_2	(3;4)	(4;2)

Jogo do tipo μ^1

		Jog. 2	
		C_1	C_2
Jog. 1	R_1	(0;3)	(0;2)
	R_2	(3;6)	(2;4)

Payoffs (Jog. 2; Jog. 1)

iii)

Tabela 3.39 – Forma estratégica

		Jog. 1			
		$R_2;R_2$	$R_2;R_1$	$R_1;R_2$	$R_1;R_1$
Jog. 2	C_2	4-2p (2;4)	4-4p (2;2)	1+p (2;4)	1-p (2;2)
	C_1	3 (4;6)	3-3p (4;3)	2+p (3;6)	2-2p (3;3)

{Jog. 2 (Jog. 1:μ^2; Jog. 1:μ^1)}

iv) $p < \frac{1}{2}$.

3.9.
i)

Tabela 3.40 – Payoffs

Jogo do tipo L — Jog. 2

	N	C
L	(-1;1)	(-1;1)
H	(-4;4)	(1;-1)

Jog. 1

Jogo do tipo H — Jog. 2

	N	C
L	(-1;1)	(-1;1)
H	(4;-4)	(1;-1)

Jog. 1

Payoffs (Jog. 1; Jog. 2)

ii)

Tabela 3.41 – Forma estratégica

Jog. 1

	L;L	L;H	H;L	H;H
N	1 (-1;-1)	5μ-4 (-1;4)	3μ+1 (-4;-1)	8μ-4 (-4;4)
C	1 (-1;-1)	2μ-1 (-1;1)	1-2μ (1;-1)	-1 (1;1)

Jog. 2

{Jog. 2 (Jog. 1:L; Jog. 1:H)}

iii) A transformação de Harsanyi consiste na transformação de um jogo com informação incompleta, num jogo com informação completa mas imperfeita, com a introdução de um terceiro jogador no jogo que é a Natureza.

iv) Para jogar C: $\mu \leq \frac{3}{8}$
Para jogar N: $\mu = 1$.

3.10.
i) Equilíbrio de Nash de estratégias puras, jogo CA: {NC; E}. No jogo CB: {NC; E}.

ii)

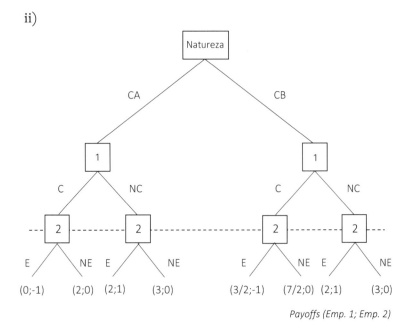

Payoffs (Emp. 1; Emp. 2)

Tabela 3.42 – Forma estratégica

		Emp. 1			
		C;C	C;NC	NC;C	NC;NC
Emp. 2	E	-1 (0;3/2)	1-2p (0;2)	2p-1 (2;2/3)	1 (2;2)
	NE	0 (2;7/2)	0 (2;3)	0 (3;7/2)	0 (3;3)

{Emp. 2 (Emp. 1:CA; Emp. 1:CB)}

iii) Com $p < \frac{1}{2}$, perfil de Equilíbrio de Nash Bayesiano: {NE (NC; C)}.

3.11. i) Perfil de Equilíbrio de Nash de estratégias puras, jogo θ: {Z;Y}.

3 · JOGOS ESTÁTICOS E DINÂMICOS COM INFORMAÇÃO INCOMPLETA

ii)

```
                          Natureza
                         θ        φ
                      1              1
                    x   y          x   y
                   2     2        2     2
                  z w   z w      z w   z w
                (5;2)(3.6;7)(6.5;4)(4.5;5.3)(1;3)(0;3)(-3;5)(0;-1)
```

Payoffs (Emp. 2; Emp. 1)

Tabela 3.43 – Forma estratégica

		Emp. 1			
		X;X	X;Y	Y;X	Y;Y
Emp. 2	Z	4.12 (2;3)	3.24 (2;5)	5.29 (4;3)	4.41 (4;5)
	W	2.808 (7;3)	2.808 (7;-1)	3.51 (5.3;3)	3.51 (5.3;-1)

{Emp. 2 (Emp. 1:θ; Emp. 1:φ)}

Perfil de Equilíbrio de Nash Bayesiano: $\{Z\,(Y;Y)\}$.

iii)

Tabela 3.44 – Forma estratégica

		Emp. 1			
		X;X	X;Y	Y;X	Y;Y
Emp. 2	Z	3.52 (2;3)	2.04 (2;5)	4.465 (4;3)	2.985 (4;5)
	W	2.268 (7;3)	2.268 (7;-1)	2.835 (5.3;3)	2.835 (5.3;-1)

{Emp. 2 (Emp. 1:θ; Emp. 1:φ)}

Perfil de Equilíbrio de Nash Bayesiano: $\{Z\,(Y;Y)\}$.

3.12. i) Perfil de Equilíbrio de Nash de estratégias puras, jogo I: {NC; E}. No jogo II: {C; E}.

ii)

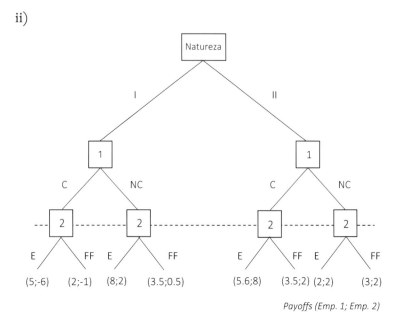

Payoffs (Emp. 1; Emp. 2)

Tabela 3.45 – Forma estratégica

		Emp. 1			
		C;C	C;NC	NC;C	NC;C
Emp. 2	E	1 (5;5.6)	-2 (5;2)	5 (8;5.6)	2 (8;2)
	FF	½ (2;3.5)	½ (2;3)	1.25 (3.5;3.5)	1.25 (3.5;3)

{Emp. 2 (Emp. 1:I; Emp. 1:II)}

Perfil de Equilíbrio de Nash Bayesiano: {E (NC; C)}.

iii) O Equilíbrio de Nash Bayesiano mantém-se.

3.13. i) Perfil de Equilíbrio de Nash de estratégias puras, jogo H: {E; NE}. No jogo L: {NE; E}.

3 · JOGOS ESTÁTICOS E DINÂMICOS COM INFORMAÇÃO INCOMPLETA

ii)

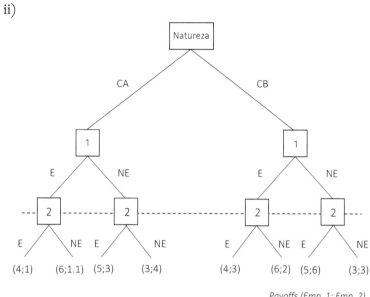

Payoffs (Emp. 1; Emp. 2)

Tabela 3.46 – Forma estratégica

		Emp. 1			
		E;E	*E;NE*	*NE;E*	*NE;NE*
Emp. 2	*E*	3-2 λ (4;4)	6-5 λ (4;5)	3 (5;4)	6-3λ (5;5)
	N	2-0.9 λ (6;6)	3-1.9 λ (6;3)	2 λ +2(3;6)	λ+3(3;3)

{Emp. 2 (Emp. 1I; Emp. 1II)}

Equilíbrio de Nash Bayesiano: {*E* (*NE*; *NE*)}.

iii) λ ≥ 0.909.

3.14. $P(I|+) = 0.576$.

ECONOMIA INDUSTRIAL

3.15. i)

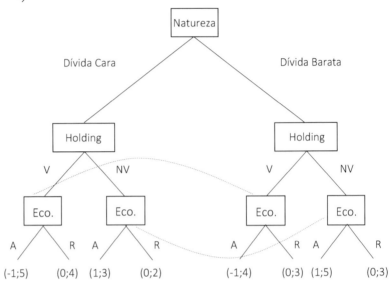

Payoffs (Economista; Holding)

Tabela 3.47 – Forma estratégica

		Economista			
		A;A	A;R	R;A	R;R
Holding	V;V	-1 (5;4)	-1 (5;4)	0 (4;3)	0 (4;3)
	V;NV	$1-2\mu$ (5;5)	$-\mu$ (5;3)	$1-\mu$ (4;5)	0 (4;3)
	NV;V	$2\mu-1$ (3;4)	$\mu-1$ (2;4)	μ (3;3)	0 (2;3)
	NV;NV	1 (3;5)	0 (2;3)	1 (3;5)	0 (2;3)

{Economista (Holding:C; Holding:B)}

ii) Com $\mu \le 1$, o perfil de equilíbrio é: $\{Holding(V(C), NV(B)); Economista(R(V), A(NV))\}$.

3.16. i)

Tabela 3.48 – Forma estratégica

		Polícia			
		M;M	M;NM	NM;M	NM;NM
Condutor	F;F	3 (1;0)	3 (1;0)	0 (0;-1)	0 (0;-1)
	F;R	1.5 (1;-1)	2 (1;2)	0 (0;-1)	½ (0;2)
	R;F	1.5 (0;0)	2 (3;0)	0 (0;-1)	½ (3;-1)
	R;R	0 (0;-1)	1 (3;2)	0 (0;-1)	1 (3;2)

{Polícia (Condutor:B; Condutor:NB)}

ii) Equilíbrio: $\{Condutor(R(B), R(NB)); Polícia(M(F), NM(R))\}$.

3.17. i)

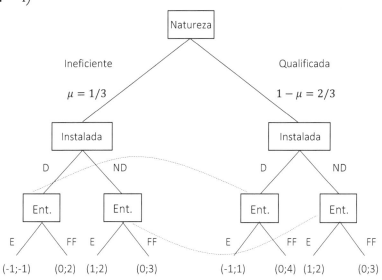

Payoffs (Entrante; Instalada)

ECONOMIA INDUSTRIAL

Tabela 3.49 – Forma estratégica

		Instalada			
		D;D	D;ND	ND;D	ND;ND
Entrante	E;E	-1 (-1;1)	1/3 (-1;2)	-1/3 (2;1)	1 (2;2)
	E;FF	-1 (-1;1)	-1/3 (-1;3)	-2/3 (3;1)	0 (3;3)
	FF;E	0 (2;4)	2/3 (2;2)	1/3 (2;4)	1 (2;2)
	FF;FF	0 (2;4)	0 (2;3)	0 (3;4)	0 (3;3)

{Entrante (Instalada:I; Instalada:Q)}

ii) Possui 2 conjuntos de informação, correspondentes às duas ações disponíveis da empresa Instalada.

iii) Equilíbrio: $\{Entrante(FF(ND), E(D)); Instalada(ND(I), D(Q))\}$.

3.18. i)

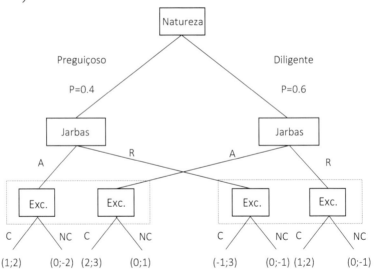

Payoffs (Excêntrico; Jarbas)

146

ii)

Tabela 3.50 – Forma estratégica

		Excêntrico			
		C;C	C;NC	NC;C	NC;NC
Jarbas	A;A	1.6 (2;3)	1.6 (2;3)	0 (-2;1)	0 (-2;1)
	A;R	1 (2;2)	0.4 (2;-1)	0.6 (-2;2)	0 (-2;-1)
	R;A	0.8 (3;3)	1.2 (-1;3)	-0.4 (3;1)	0 (-1;1)
	R;R	0.2 (3;2)	0 (-1;-1)	0.2 (3;2)	0 (-1;-1)

{Excêntrico (Jarbas:P; Jarbas:D)}

iii) Equilíbrio: $\{Excêntrico(C(A), NC(R)); Jarbas(A(P), A(D))\}$.

3.19. i)

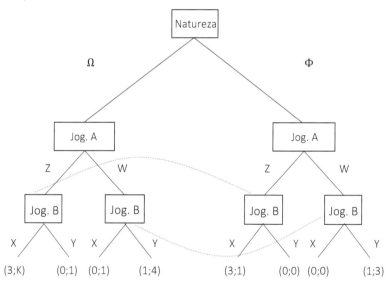

Payoffs (Jog. B; Jog. A)

ii)

Tabela 3.51 – Forma estratégica

		Jog. B			
		X;X	X;Y	Y;X	Y;Y
Jog. A	Z;Z	3 (K;1)	3 (K;1)	0 (1;0)	0 (1;0)
	Z;W	3/2 (K;0)	2 (K;3)	0 (1;0)	½ (1;3)
	W;Z	3/2 (1;1)	2 (4;1)	0 (1;0)	½ (4;0)
	W;W	0 (1;0)	1 (4;3)	0 (1;0)	1 (4;3)

{Jog. B (Jog. A:Ω; Jog. A:Φ)}

iii) $K \geq 4$.

3.20. i)

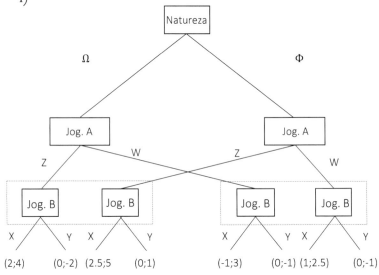

Payoffs (Jog. B; Jog. A)

ii) Perfis de equilíbrio: {Jog. $B(X(Z), X(W))$; Jog. $A(Z(\Omega), Z(\Phi))$}; {Jog. $B(X(Z), Y(W))$; Jog. $A(Z(\Omega), Z(\Phi))$} e {Jog. $B(Y(Z), X(W))$; Jog. $A(W(\Omega), W(\Phi))$}, com $K \geq 0$.

3.21. i)

Tabela 3.52 – Forma estratégica

		Jog. B			
		X;X	*X;Y*	*Y,X*	*Y;Y*
Jog. A	*Z;Z*	(4;K)2	(4;K) 2	(-0.5;7) 3	(-0.5;7) 3
	Z;W	(4;3) 0.11	(4;7) -1.15	(-0.5;3) 0.48	(-0.5;7) -0.78
	W;Z	(2;K) 2.74	(8;K) 1.63	(2;7) 3.37	(8;7) 2.26
	W;W	(2;3) 0.85	(8;7) -1.52	(2;3) 0.85	(8;7) -1.52

{(Jog. A:Ω; Jog. A:Ψ) Jog. B}

ii) Não. Porque para o Jogador B jogar *X* não é a melhor resposta.

3.22. i)

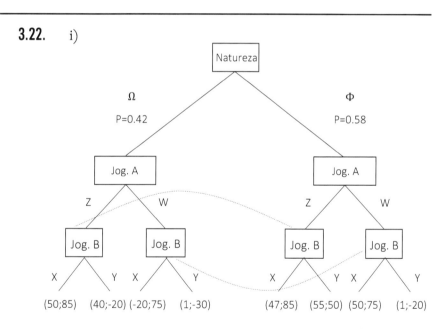

Payoffs (Jog. B; Jog. A)

ECONOMIA INDUSTRIAL

Tabela 3.53 – Forma estratégica

		Jog. B			
		X;X	X;Y	Y;X	Y;Y
	Z;Z	48.26 (85;85)	48.26 (85;85)	48.7 (-20;50)	48.7 (-20;50)
Jog. A	Z;W	50 (85;75)	21.58 (85;-20)	45.8 (-20;75)	17.38 (-20;-20)
	W;Z	18.86 (75;85)	27.68 (-30;85)	23.5 (75;50)	32.32 (-30;50)
	W;	20.6 (75;75)	1 (-30;-20)	20.6 (75;75)	1 (-30;-20)

{Jog. B(Jog. A:Ω; Jog. A:Ψ)}

ii) Equilíbrio: $\{Jog.\ B(Y(Z); X(W)); Jog.\ A(W(\Omega); W(\Psi))\}$.

iii) Mantém-se o perfil: $\{Jog.\ B(Y(Z); X(W)); Jog.\ A(W(\Omega); W(\Psi))\}$.

3.23. i)

Tabela 3.54 – Forma estratégica

		Jog. A			
		X;X	X;Y	Y,X	Y;Y
	Z;Z	(2;4) 3.12	(2;4) 3,12	(-1;5.2) 3.144	(-1;5.2) 3.144
Jog. B	Z;W	(2;6) 0.96	(2;7) 1,464	(-1;6) 0.12	(-1;7) 0.624
	W;Z	(6;4) 2.84	(5;4) 0.88	(6;5.2) 3.704	(5;5.2) 1.744
	W;	(6;6) 0.68	(5;7) -0.776	(6;6) 0.68	(5;7) -0.776

{(Jog. B:Ω; Jog. B:Φ) Jog. A}

ii) Não.

iii) O *payoff* de 5.2 em $\{Jog.\ A(Y(Z), X(W)); Jog.\ B(W(\Omega), Z(\Psi))\}$ teria de ser maior ou igual que o *payoff* de 6 em $\{Jog.\ A(Y(Z), X(W)); Jog.\ B(W(\Omega), W(\Psi))\}$.

3.24. i)

Tabela 3.55 – Forma estratégica

		Jog. A			
		X;X	X;Y	Y;X	Y;Y
Jog. B	Z;Z	(3;4) 4.52	(3;4) 4.52	(-1;5.2) 3.126	(-1;5.2) 3.126
	Z;W	(3;5) 0.11	(3;3) 0.551	(-1;5) 0.48	(-1;3) 0.921
	W;Z	(6;4) 3.41	(5;4) 4.52	(6;5.2) 1,646	(5;5.2) 2.756
	W;W	(6;5) -1	(5;3) 0.551	(6;5) -1	(5;3) 0.551

{(Jog. B:Ω; Jog. B:Ψ) Jog. A}

ii) Não. Perfil de equilíbrio: {*Jog. A*($X(Z)$, $Y(W)$); *Jog. B*($W(\Omega)$, $Z(\Psi)$)}.

3.25. i)

Tabela 3.56 – Forma estratégica

		Jog. B			
		Z,Z	Z,W	W,Z	W,W
Jog. A	X,X	-0.05 (2;2.2)	0.764 (2;4.2)	0.496 (K;2.2)	1.31 (K;4.2)
	X,Y	-0.05 (2;2.2)	0.764 (2;2.4)	4.24 (4;2.2)	5.054 (4;2.4)
	Y,Z	0.49 (6;2.5)	-0.016 (6;4.2)	1.816 (K;2.5)	1.31 (K;4.2)
	Y,Y	0.49 (6;2.5)	-0.016 (6;2.4)	5.56 (4;2.5)	5.054 (4;2.4)

{Jog. A (Jog. B:Ω; Jog. B:Ψ)}

ii) Os perfis possíveis são {*Jog. A*($X(Z)$; $Y(W)$); *Jog. B*($W(\Omega)$; $W(\Psi)$)} e {*Jog. A*($Y(Z)$; $Y(W)$); *Jog. B*($Z(\Omega)$; $Z(\Psi)$)}.

4.
Concorrência imperfeita, jogos estáticos e dinâmicos

As empresas operam em mercados reais, e esses situam-se entre as estruturas de **concorrência perfeita** e **monopólio**. Nessas estruturas intermédias, entre esses dois referenciais teóricos, as empresas procuram e exercem algum poder de mercado. Essas estruturas intermédias caracterizam a concorrência imperfeita. Abandona-se o pressuposto das empresas serem *pricetakers* (isto é, tomadoras de preço). Em vez disso, considera-se que as empresas apresentam-se com alguma capacidade para influenciarem o preço, situação também conhecida por oligopólio.

Neste capítulo, sintetizam-se os modelos mais relevantes de concorrência imperfeita, nomeadamente aqueles que servirão de base para as formas de comportamento estratégico, que se seguirão no próximo capítulo. Este capítulo não pretende contudo listar exaustivamente esses modelos, que terão sido já analisados em momentos anteriores em unidades curriculares de Microeconomia. Importa também salientar que não existe um grande modelo que consiga explicar toda a diversidade de situações de interação estratégica. Existem, no entanto, quadros de referência parciais, modelos que se revelam essenciais para permitir compreender a complexidade dessas interações em ambiente oligopolístico. Pretende-se, com esses modelos, encontrar guias e referenciais teóricos que permitam pois compreender o comportamento das empresas, nos mercados reais. Procura-se ainda, adquirir capacidade de antecipar movimentos e aprender indicações acerca dos fatores mais importantes no momento da decisão.

Por simplificação, sem perda do essencial, admite-se maioritariamente situações de duopólio, isto é, com apenas duas empresas a operar no mercado. Inicia-se com jogos não cooperativos que são, de resto, os quadros de referência mais pró concorrenciais e que não despertam o interesse das entidades reguladoras, como se verificará no capítulo 8. Mais à frente, analisar-se-á também de forma sucinta os jogos cooperativos, onde as empresas decidem executar alguma forma de colusão, fixando em conjunto preços ou quantidades para daí recolherem benefícios na maximização conjunta dos seus *payoffs*.

4.1 | CONCORRÊNCIA SIMULTÂNEA E SEQUENCIAL PELA QUANTIDADE E PREÇOS

4.1.1 | O JOGO DE DUOPÓLIO DE COURNOT

O **modelo teórico de Cournot** foi proposto no século XIX por Augustin Cournot, matemático francês nascido em 1801. O modelo de Cournot é um modelo de simetria de comportamento de empresas no mercado. Significa isto que ambas as empresas se comportam como iguais, com decisão simultânea de quantidades produzidas. Está-se, portanto, perante quadros de jogos estáticos (já analisados no capítulo 2). Salienta-se que essa simetria refere-se à semelhança de comportamento e não à estrutura de custos, dado que as empresas poderão ter custos de produção diferenciados. Admite-se também, maioritariamente, que o bem é homogéneo. Significa isto que tem características idênticas, apresentando grande grau de substituibilidade no consumo. Por outras palavras, o consumo do bem satisfaz a necessidade do consumidor, independentemente da empresa de origem. Pode pensar-se, por exemplo, em duas marcas de cimento a operar no mercado. A utilização de um ou do outro cimento é indiferente dado que o grau de substituição entre eles é, pelo menos, quase perfeito.

Tome-se o duopólio constituído pelas empresas i e j. No Equilíbrio de Cournot cada empresa maximiza o seu lucro tendo em conta as suas expectativas acerca da escolha da produção da outra empresa, tal que $q_i^* = f_i(q_j^*)$ e $q_j^* = f_j(q_i^*)$. Essas expectativas são confirmadas em equilíbrio, na medida em que no ponto ótimo cada empresa escolhe produzir a quantidade que a outra empresa espera que ela produza. Trata-se de um equilíbrio de melhores respostas, estável e auto-cumprido, doravante designado por Equilíbrio de Nash-Cournot.

Considere as funções lucro das empresas, *i* e *j*, apresentadas nas equações (4.1) e (4.2), respetivamente, admitindo uma procura linear dada por $P(Q) = a - b(q_i + q_j)$. A interdependência de *payoffs* fica claramente identificada. O lucro de cada empresa depende da escolha de produção da outra. Seja então o lucro de *i* dado por:

$$\pi_i(q_i; q_j) = (a - bq_i - bq_j)q_i - CT_i(q_i), \quad (4.1)$$

onde, π_i representa o lucro da empresa *i*, q_i é a quantidade produzida pela empresa *i*, q_j é a quantidade produzida pela empresa *j*, *a* representa o valor máximo a pagar por determinado bem, sendo que, esse valor é determinado pelo consumidor que possuir uma maior disponibilidade, (graficamente constitui-se como a ordenada na origem), *b* é o declive da função procura e $CT_i(q_i)$ é o custo total de produção da empresa *i*, que é função da quantidade que ela própria produz.

Por outras palavras, pode-se interpretar a função lucro da empresa pelas suas duas grandes componentes. A primeira, a receita total, para a qual contribui a decisão da empresa rival. Quanto maior for a produção, menor será o preço de mercado, que é único, atendendo a que o bem é homogéneo. Como tal, menor é a receita dado que a empresa *i* vende a sua produção a um preço mais baixo. A segunda componente, o custo, reporta exclusivamente à produção realizada pela empresa *i*. Este é um aspeto importante a reter. A empresa *i* não tem de suportar os custos com a produção da quantidade *j*. Para a empresa *j* o raciocínio é idêntico.

$$\pi_j(q_i; q_j) = (a - bq_i - bq_j)q_j - CT_j(q_j), \quad (4.2)$$

onde, π_j é o lucro da empresa *j*, e $CT_j(q_j)$ é o custo total de produção da empresa *j* dependendo da quantidade produzida por si própria.

Por simplificação, considere que as empresas têm custos marginais constantes e iguais a *c*, e que não existem custos fixos. A função custo da empresa *i* é dada por $CT_i(q_i) = cq_i$, e a função custo da empresa *j* é dada por $CT_j(q_j) = cq_j$. A quantidade ótima produzida por cada empresa é calculada através da maximização da função lucro em ordem à sua própria quantidade. A expressão resultante dessa maximização, designa-se de **função melhor resposta (FMR)**, deduzida de acordo com (4.3) e (4.4).

$$\max_{q_i} \pi_j(q_i; q_j) \Rightarrow \frac{\partial \pi_i}{\partial q_i} = 0 \Leftrightarrow a - 2bq_i^* - bq_j - c = 0$$
$$\Leftrightarrow q_i^* = \frac{a-c}{2b} - \frac{1}{2}q_j \quad (4.3)$$

A função melhor resposta da empresa *i* revela precisamente a melhor resposta da empresa *i* para quaisquer que sejam as estratégias de produção da empresa *j*.

$$\max_{q_j} \pi_j(q_i; q_j) \Rightarrow \frac{\partial \pi_i}{\partial q_j} = 0 \Leftrightarrow a - 2bq_j^* - bq_i - c = 0$$
$$\Leftrightarrow q_j^* = \frac{a-c}{2b} - \frac{1}{2}q_i \quad (4.4)$$

Importa notar aqui, por palavras simples, o significado da maximização realizada. Quando se procede ao cálculo da condição de primeira ordem, nessa maximização, correspondente à primeira derivada, procura-se resposta para esta pergunta simples: quanto deverá a empresa produzir de forma a que o lucro que obtém seja máximo? Note-se que não se está à procura de quanto é que a empresa deve produzir para que a receita seja máxima, mas sim o lucro. Diz-se por isso ser uma estratégia ótima e o '*' significa precisamente isso. Retomar-se-á esta ideia no capítulo seguinte, a propósito do comportamento estratégico e do abandono momentâneo (de curto prazo) de estratégias ótimas.

O Equilíbrio de Nash-Cournot, indica então as quantidades ótimas de produção das empresas, *i* e *j*. Essas quantidades são, pois, as melhores respostas às estratégias de cada uma das empresas. A interseção das funções melhor resposta de ambas as empresas, *i* e *j*, determina o **Equilíbrio de Nash-Cournot**, tal como se segue (4.5).

$$\begin{cases} q_i = \frac{a-c}{2b} - \frac{1}{2}q_j \\ q_j = \frac{a-c}{2b} - \frac{1}{2}q_i \end{cases} \Leftrightarrow \begin{cases} q_i^* = \frac{a-c}{3b} \\ q_j^* = \frac{a-c}{3b} \end{cases}. \quad (4.5)$$

Graficamente:

Gráfico 4.1 – Equilíbrio de Nash-Cournot

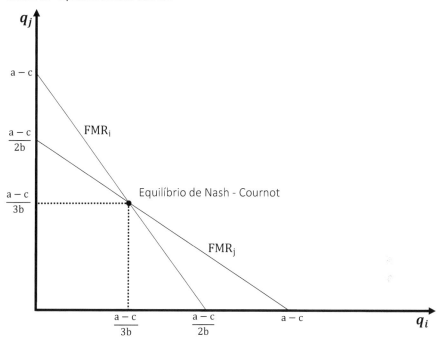

Com $Q = q_i + q_j = \frac{a-c}{3b} + \frac{a-c}{3b} = \frac{2a-2c}{3b}$, $P = a - bQ = a - b\left(\frac{2a-2c}{3b}\right) = \frac{a+2c}{3}$, logo, $\pi_i(q_i; q_j) = P * q_i - CT_i(q_i) = \left(\frac{a+2c}{3}\right)\left(\frac{a-c}{3b}\right) - cq_i = \frac{(a-c)^2}{9b}$. Este Equilíbrio de Nash-Cournot, pode ser obtido se se aplicar a análise de dominância que foi apresentada no capítulo 2. É possível aplicar tantas iterações quantas as necessárias no processo de eliminação de estratégias estritamente dominadas, de forma a atingir o ponto de Equilíbrio de Nash-Cournot. A sua aplicação será feita com detalhe na secção dos exercícios resolvidos. Para já importa apenas tomar como exemplo as duas primeiras iterações e perceber o seu significado. Recorde-se, antes de mais, que o espaço de estratégias possíveis para as empresas é coincidente com o espaço de níveis de quantidade que conseguem produzir, isto é, as suas estratégias, ou ações, são as suas quantidades.

Admita-se então uma procura linear e um custo marginal constante (baseado em Gibbons, 1992). Como calculado, a quantidade de monopólio é dada por $Q = \frac{a-c}{2b}$. Assim, na primeira **iteração no processo de eliminação de estratégias estritamente dominadas**, prova-se que todas as quantidades superiores à quantidade de monopólio, são estratégias (ou ações, idênticas em jogos estáticos) estritamente dominadas, tal que:

$$\forall\,\delta>0\colon \pi_i(q_m,q_j)>\pi_i(q_m+\delta,q_j);\ \forall q_j\geq 0, \qquad (4.6)$$

onde, q_m denota quantidade de monopólio que a empresa i joga e δ é um acrescento, positivo, a essa produção. Prova-se que, de facto, a quantidade de monopólio garante um lucro superior a qualquer outra quantidade superior, para qualquer nível de produção da empresa j. A quantidade de monopólio domina assim todo o espaço de estratégias à sua direita (ver demonstração e representação gráfica nos exercícios resolvidos). Confirma-se assim que a empresa não deve produzir muito (ou pouco) mas sim a quantidade que maximiza o seu lucro. Por outras palavras, acrescenta-se evidência para o facto de em monopólio a quantidade de equilíbrio ser relativamente contida, quando comparada com a de outras estruturas de mercado.

Considerando então que uma empresa deverá, no máximo, produzir a quantidade de monopólio, o que deverá a outra fazer? Esta pergunta é equivalente a esta outra: qual a melhor resposta da empresa j se observar que a empresa i produz a quantidade de monopólio? Recorre-se naturalmente à função melhor resposta da empresa j para se determinar a resposta da empresa i. Assim, com $q_i=\frac{a-c}{2b}$, a melhor resposta da empresa j, recorrendo à expressão (4.4) vem $q_j=\frac{a-c}{4b}$. Daqui resulta então a **segunda iteração no processo de eliminação de estratégias estritamente dominadas** do modelo de Cournot.

Considerando que as empresas são simétricas, e por forma a facilitar a compreensão de que esta eliminação de estratégias se aplica às duas empresas, mantenha-se a formalização focada na empresa i. Recorda-se, no entanto, que o mesmo se aplica à empresa j. Nesta interação prova-se que o lucro associado a produzir a quantidade que é a melhor reposta à quantidade de monopólio será sempre maior do que o lucro associado a produzir qualquer quantidade inferior, isto é, $q_i=\frac{(a-c)}{4b}-\gamma$. Formalmente:

$$\forall\,\gamma>0\colon \pi_i\!\left(\frac{a-c}{4b},q_j\right)>\pi_i\!\left(\frac{a-c}{4b}-\gamma,q_j\right);\ \forall q_j\geq 0. \qquad (4.7)$$

É possível provar que todas as quantidades inferiores a $\frac{a-c}{4b}$ são estritamente dominadas.

Para se compreender melhor a riqueza da análise de Cournot, pode-se ainda proceder à análise do seu poder de mercado, focando particularmente nos fatores que o influenciam. Parte-se da intuição que, uma empresa i com custos marginais baixos poderá praticar preços mais baixos. Não será este o processo, mas sim a descida de preço de mercado pelo efeito de aumento da quantidade oferecida. Na verdade, a sua quota de mercado aumenta. De forma geral, pode dizer-se que o poder de mercado é avaliado pela capacidade que uma empresa tem para fixar o preço acima do custo marginal. Veja-se com mais detalhe, retomando a expressão genérica de lucro, mantendo as condições de linearidade:

$$\pi = RT - CT \Leftrightarrow \pi = P(Q)*Q - (c*Q + CF),\qquad(4.8)$$

onde, π denota o lucro, RT as receitas totais, CT os custos totais, $P(Q)$ o preço em função da quantidade, Q a quantidade total, CF os custos fixos e c o custo marginal. Para a empresa i vem:

$$\pi_i = P(Q)*q_i - (c_i*q_i + CF_i),\qquad(4.9)$$

onde, π_i indica o lucro da empresa i, q_i é a quantidade produzida pela empresa i, c_i o seu custo marginal e CF_i são os custos fixos da empresa i. Sendo monopolista, as duas expressões são coincidentes. Veja-se em primeiro lugar o poder de mercado em monopólio. A condição de primeira ordem resulta em:

$$\frac{\partial \pi}{\partial Q} = \frac{\partial P(Q)}{\partial Q}*Q + P(Q) - c = 0.$$

Rearranjando e multiplicando por $\frac{1}{P}$,

$$\Leftrightarrow \frac{1}{P}*P(Q) - c = -\frac{\partial P(Q)}{\partial Q}*Q*\frac{1}{P}.$$

Recordando que $\varepsilon_{Q,P} = -\frac{\partial Q}{\partial P}*\frac{P}{Q}$, e simplificando:

$$\frac{P(Q)-c}{P} = \frac{1}{|\varepsilon|} = L \qquad(4.10)$$

Chega-se assim à expressão do Índice de Lerner, que neste caso coincide, o de mercado com o da empresa, dado tratar-se de monopólio. Analise-se agora o poder de mercado no duopólio de Cournot. Partindo da expressão (4.9), a condição de primeira ordem vem:

$$\frac{\partial P(Q)}{\partial Q}*q_i + P(Q) - c_i = 0$$

Rearranjando e simplificando:

$$\frac{P(Q)-c_i}{P} = -\frac{\partial P(Q)}{\partial Q}*\frac{q_i}{P}*\frac{Q}{Q},$$

Logo,

$$\frac{P(Q) - c_i}{P} = \frac{s_i}{|\varepsilon|} = L_i, \qquad (4.11)$$

onde, como habitual, s_i representa a quota de mercado da empresa i (em monopólio igual a 1). Se se pretender calcular o Índice de Lerner para esse mercado, recorre-se à expressão de **Cowling-Waterson**, que mostra que o Índice de Lerner de mercado é o somatório da ponderação dos índices individuais pelas respetivas quotas (Varian, 2010). Assim, o Índice de Lerner pode ser representado pela seguinte expressão (4.12),

$$L = \sum_i s_i * L_i \Leftrightarrow L = \sum_i s_i * \frac{s_i}{|\varepsilon|} \Leftrightarrow L = \sum_i \frac{s_i^2}{|\varepsilon|} \Leftrightarrow L = \frac{HHI}{|\varepsilon|}. \qquad (4.12)$$

Quando focados no duopólio, constituído pelas empresas, 1 e 2, o Índice de Lerner de mercado é apresentado no exemplo 4.1.

Exemplo 4.1

Considere duas empresas, Empresa 1 e Empresa 2. O Índice de Lerner, assumindo a Teoria de Cowling-Waterson, calcula-se da seguinte forma:

$$L = s_1 * \frac{s_1}{|\varepsilon|} + s_2 * \frac{s_2}{|\varepsilon|}$$

Importa ainda interpretar, sucintamente, a forma como os diversos fatores influem o Índice de Lerner individual, de cada empresa. Sem surpresa, tal como em monopólio, a sensibilidade dos consumidores ao preço, limita o exercício de poder de mercado. Verifica-se também que, tal como a intuição indica, custos marginais mais baixos e quota de mercado têm uma relação endógena. Significa isto que, quotas de mercado maiores serão possíveis com custos mais reduzidos. Quanto maior for essa quota de mercado tanto maior será o poder de mercado. Ao contrário, o poder de mercado reduz-se com o aumento do número de empresas no mercado. Encontra-se aqui uma das mais fortes razões para a prática de comportamento estratégico a que serão dedicados os capítulos 6 e 7.

Termina-se recordando que na generalização do modelo de Cournot com um número elevado de N empresas, o Equilíbrio de Cournot é o mesmo verificado em concorrência perfeita. Aí, verifica-se ausência de poder de mercado, dado que nesse quadro de referência teórico $P = c$. Esta é, pois, a situação de eficiência máxima alcançável, dado que, para a sociedade como um todo, o custo cobrado à mesma, para a produção de um determinado bem, é igual ao preço ou aos recursos que a sociedade tem de despender para o poder consumir.

4.1.2 | O JOGO DE DUOPÓLIO DE STACKELBERG

O jogo de **liderança de Stackelberg**, desenvolve-se no contexto de um jogo dinâmico com informação completa. Foi apresentado pelo economista alemão Heinrich Freiherr von Stackelberg, em 1934, na sua obra *"Market Structure and Equilibrium"*. A variável de decisão estratégica é também a quantidade. Neste modelo de concorrência imperfeita assimétrica, existe uma empresa **líder**, que joga em primeiro lugar, e uma **seguidora** que reage às decisões da empresa líder, depois de observar as suas decisões.

Assuma-se que neste jogo, a empresa i é a empresa líder e que a empresa j é a seguidora. A empresa líder decide na primeira etapa do jogo e quer decidir a estratégia (quantidade) que lhe garante o lucro máximo. Não obstante, decidir em primeiro lugar, permite à empresa i antecipar a forma como a seguidora irá reagir à sua escolha. A líder terá então de procurar conhecer o processo de maximização da seguidora, antecipando como ela se comportará na segunda e última ronda (recorda-se do processo de *Backward Induction*?). Para isso, incorpora a função melhor resposta da seguidora na sua função objetivo.

Mantendo todos os pressupostos tomados anteriormente, já é conhecida a forma como a empresa j se irá comportar na segunda etapa do jogo, isto é, já foi deduzida a sua função melhor resposta (FMR), ou seja $q_j^* = \frac{a-c}{2b} - \frac{1}{2}q_i$ (cf 4.1). Facilmente se verifica que a empresa seguidora escolhe a sua estratégia para a qual a sua receita marginal seja igual ao seu custo marginal. Com essa informação, a empresa líder i maximiza o seu lucro, incorporando a FMR da seguidora na sua própria função objetivo como se segue:

$$\max_{q_i} \pi_i(q_i; q_j) = \left(a - bq_i - b\left(\frac{a-c}{2b} - \frac{1}{2}q_i\right)\right)q_i - CT_i(q_i). \qquad (4.13)$$

Aplicando a condição de primeira ordem (partindo sempre do pressuposto da segunda derivada ser negativa para garantir um ponto máximo), vem:

$$\frac{\partial \pi_i}{\partial q_i} = 0 \Leftrightarrow a - bq_i - b\left(\frac{a-c}{2b} - \frac{1}{2}q_i\right) - \frac{1}{2}bq_i - c = 0,$$

logo, em equilíbrio, a empresa líder produz

$$q_i^* = \frac{a-c}{2b}. \tag{4.14}$$

Posto isto, depois de a empresa seguidora observar a estratégia da empresa líder, a sua quantidade produzida resultará do seu mapeamento de resposta, isto é, substituindo essa quantidade na sua FMR, tal que:

$$q_j^* = \frac{a-c}{2b} - \frac{1}{2}\left(\frac{a-c}{2b}\right) \Leftrightarrow q_j^* = \frac{a-c}{4b}. \tag{4.15}$$

Graficamente, o equilíbrio acontece no ponto de tangência entre a FMR da empresa seguidora e a curva de isolucro mais próxima do eixo das abcissas, sendo que $\pi_i^4 < \pi_i^3 < \pi_i^2 < \pi_i^1$.

Gráfico 4.2 – Equilíbrio de Stackelberg

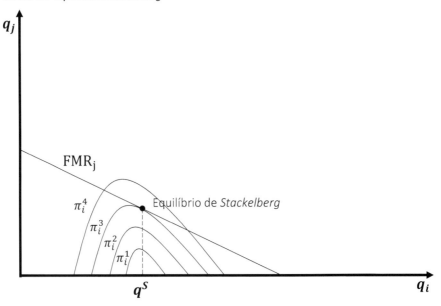

Em equilíbrio verifica-se então, que a empresa líder produz uma quantidade superior neste jogo sequencial, obtendo um lucro superior ao que teria se o jogo fosse simultâneo. Por sua vez, a empresa seguidora produz uma quantidade inferior de bens, alcançando um lucro também inferior, existindo, portanto, vantagem de jogar em primeiro lugar. No global, a quantidade total de mercado aumenta, com a consequente redução do preço de acesso ao consumo.

Fica assim demonstrado que a liderança pode ser vantajosa para o mercado como um todo. Por outras palavras, se se admitir que essa liderança pode resultar de vantagens tecnológicas (que não é o caso aqui) ou de efeitos de escala, então as autoridades da concorrência competentes não deverão obstar a que a empresa líder faça uso do seu potencial de liderança, uma vez que o *outcome* global é mais vantajoso do que o observado em concorrência simétrica da interação à Cournot. Por outras palavras, pode-se notar que a desigualdade dimensional entre as empresas poderá, em última análise, ser um bom instrumento de competitividade no mercado. Neste caso o benefício económico é passado efetivamente para o consumidor pelo efeito de redução do preço.

A tabela 4.1 sintetiza as expressões de Equilíbrio de Stackelberg, comparando-as com monopólio e Cournot. Ela é preciosa para a comparação dos efeitos nos valores de equilíbrio nos dois modelos.

Tabela 4.1 – Resumo dos modelos lineares e simétricos de Cournot e Stackelberg

Duopólio de Cournot	Duopólio de Stackelberg	Diferença Cournot-Stackelberg	Efeito
$q_i^* = \dfrac{a-c}{3b}$	$q_i^* = \dfrac{a-c}{2b}$	$\dfrac{c-a}{6b}$	< 0
$q_j^* = \dfrac{a-c}{3b}$	$q_j^* = \dfrac{a-c}{4b}$	$\dfrac{a-c}{12b}$	> 0
$Q = \dfrac{2(a-c)}{3b}$	$Q = \dfrac{3(a-c)}{4b}$	$\dfrac{c-a}{12b}$	< 0
$P = \dfrac{a+2c}{3}$	$P = \dfrac{a+3c}{4}$	$\dfrac{a-c}{12}$	> 0
$\pi_i = \dfrac{(a-c)^2}{9b}$	$\pi_i = \dfrac{(a-c)^2}{8b}$	$\dfrac{-(a-c)^2}{72b}$	< 0
$\pi_j = \dfrac{(a-c)^2}{9b}$	$\pi_j = \dfrac{(a-c)^2}{16b}$	$\dfrac{7(a-c)^2}{144b}$	> 0

Nota: No modelo de Stackelberg a empresa *i* é a líder e a empresa *j* a seguidora.

Como pode ser observado, a quantidade total de mercado é maior no quadro de competição de Stackelberg, sendo aí o preço inferior. A quantidade menor é a que resulta de monopólio, correspondendo ao preço superior. Observa-se ainda que a empresa seguidora recolhe um nível de lucro inferior quando comparado com o que resulta da interação de Cournot. Uma última nota para salientar que esta tabela 4.1 não pretende ser um auxiliar de resolução de exercícios, mas antes uma síntese de coerência entre o *outcome* dos modelos e dos pressupostos que lhe estão na base. Quer isto dizer que se espera que cada um dos leitores consiga, caso necessário, deduzir essas expressões, na maioria das vezes aplicadas aos exercícios em causa, em lugar de recorrer ao exercício da sua memorização. Alerta-se ainda para o facto de que as expressões são válidas apenas em duopólios simétricos, cenário que nem sempre é o considerado. Perceber como aqui se chega é bem mais interessante, pois está imune a qualquer alteração de custos das empresas envolvidas, isto é, ao cenário de assimetria de custos.

4.1.3 | O JOGO DE DUOPÓLIO DE BERTRAND

No modelo de Cournot admite-se que as empresas fixam simultaneamente a quantidade e o mercado ajusta-se no preço. Uma forma diferente é pensar que as empresas fixam livremente e de forma simultânea o preço, sendo que, o mercado ajusta a quantidade procurada. Este é o enquadramento do modelo de fixação simultânea de preço, conhecido como o **jogo de Bertrand**. O quadro inicial foi desenvolvido por Joseph Bertrand, matemático francês, também no séc. XIX revisitou o trabalho de Cournot.

Tal como em Cournot, no quadro do modelo de Bertrand as empresas procuram fixar estratégias (agora preços), em que cada preço resulta da maximização do lucro dada a escolha tomada pela outra empresa. A procura que é dirigida às empresas depende do seu preço e do preço da rival. Como o produto é homogéneo os consumidores irão preferir comprar o produto à empresa que vender mais barato. As empresas entrarão assim numa **guerra de preços**, procurando satisfazer todo o mercado. Se ambas as empresas praticarem o mesmo preço, admite-se que a procura é igualmente dividida entre elas. A procura dirigida a cada empresa é então:

$$D_i(p_i; p_j) = \begin{cases} D(p_i) \text{ se } p_i < p_j \\ 0 \text{ se } p_i > p_j \\ \dfrac{D(p_i)}{2} \text{ se } p_i = p_j \end{cases} \quad (4.16)$$

Em consequência, mantendo que $c_i = c_j$ e admitindo que $p_j = c$, o lucro da empresa i vem:

- $\pi_i = (p_i - c) * D(p_i) < 0; \text{ se } p_i < c$;

- $\pi_i = \dfrac{0 * D(p_i)}{2} = 0; \text{ se } p_i = c$; e (4.17)

- $\pi_i = (p_i - c) * 0 = 0; \text{ se } p_i > c$.

Assim sendo, verificam-se algumas situações fora do Equilíbrio de Bertrand, que podem beneficiar mais uma empresa do que outra. Concretamente, essas situações provocam as reações sintetizadas na tabela 4.2:

Tabela 4.2 – Situações do jogo de Bertrand

Situação	π_i	π_j	Conclusões
A: $p_i < c$; $p_j > p_i$	< 0	0	$p_i \uparrow ; p_j \downarrow$
B: $p_j > p_i > c$	> 0	0	$p_j \downarrow$
C: $p_i = p_j > c$	< 0	< 0	$p_i \uparrow ; p_j \uparrow$
D: $p_i = p_j < c$	> 0	> 0	$p_i \downarrow ; p_j \downarrow$
E: $p_i = c$; $p_j > p_i$	0	0	$p_j \downarrow$
F: $p_i = p_j = c$	0	0	$\bar{p}_i ; \bar{p}_j$

Na tabela π_i revela o lucro da empresa i, π_j é o lucro da empresa j, p_i é o preço praticado pela empresa i, p_j é o preço praticado pela empresa j e c representa o custo marginal. Verifica-se facilmente que a única situação estável, na qual as empresas não estão interessadas em alterar as suas estratégias, acontece na situação F, onde os preços das empresas igualam o custo marginal. Verifica-se, portanto, que o Equilíbrio de Bertrand, é um Equilíbrio de Nash.

O Equilíbrio de Nash num jogo de Bertrand, ou **Equilíbrio de Bertrand**, ocorre quando os preços dos bens das empresas, i e j, são iguais, e consequentemente iguais ao custo marginal, isto é, $p_i^* = p_j^* = c$. Um Equilíbrio de Nash, admite que nenhum jogador pode, unilateralmente, ter interesse em desviar--se. Considere que $p_i^* = p_j^* = c$ é Equilíbrio de Nash. Se $p_j^* = c$, a empresa i não ganha em desviar-se da estratégia $p_i^* = c$. Por um lado, se a empresa j

praticar um preço mais elevado, a procura que lhe é dirigida é nula, logo não obtém lucro. Por outro lado, se praticar um preço mais baixo, captará toda a procura. No entanto, esse comportamento implicará um lucro negativo, pois estaria a operar a um nível de preço inferior ao custo marginal. Utilizando o mesmo raciocínio para a empresa *j*, por conseguinte nenhuma empresa tem interesse em desviar-se e, portanto, $p_i^* = p_j^* = c$ é Equilíbrio de Nash.

Ademais, para mostrar que o Equilíbrio de Nash é único, considere as outras combinações de p_i e p_j. Preços diferentes e acima do custo marginal, isto é, $p_i > p_j > c$, não pode ser equilíbrio porque a empresa *i* beneficiaria se se desviasse para a vizinhança de p_i, com $p_i = p_j - e$, em que *e* é uma constante, $e > 0$. A empresa *i*, com $p_i > p_j$ tem uma procura nula, e consequentemente, lucro nulo. Mas se praticasse um preço ligeiramente inferior ao da rival, captaria a procura toda e teria um lucro positivo, no pressuposto que $p_i > c$. Dado que a empresa *i* ganha em desviar-se, $p_i > p_j > c$ não pode ser um Equilíbrio de Nash. Também é possível provar que, $p_i = p_j > c$ e $p_i > p_j = c$ não é Equilíbrio de Nash, utilizando o mesmo raciocínio que nas condições anteriores.

Em suma, este resultado impressionante do modelo de Bertrand é designado por **Paradoxo de Bertrand**. Significa isto que, com um número reduzido de empresas (neste caso apenas em duopólio), o preço de equilíbrio iguala o custo marginal, condição própria da situação de eficiência máxima de concorrência perfeita. Este *outcome* é conhecido pelo Paradoxo de Bertrand. A pergunta que daqui decorre naturalmente é: então porque não é esse o *outcome* dominante que se observa em mercados reais? De facto, as empresas seguem em frente obtendo lucros.

Na verdade, o Paradoxo de Bertrand é consequência dos pressupostos assumidos no modelo. Em concreto, o Paradoxo verifica-se: (i) se se admitir que cada empresa, individualmente, tem capacidade instalada para abastecer o mercado na sua totalidade, isto é, não há limite à capacidade (crítica de Edgeworth) (ii) se os custos marginais forem iguais; (iii) se não se verificar qualquer diferenciação de produto; e (iv) se as empresas estiverem dispostas a entrar em guerra de preços, ignorando que a empresa rival não irá reagir à estratégia de baixar preço.

Em contexto real, dificilmente algum destes pressupostos se verifica. Não é considerada uma decisão racional que as empresas instalem uma capacidade produtiva que satisfaça todo o mercado, dada a existência de uma empresa rival. Também nem sempre se verifica igualdade de custos, o que significa que a guerra de preços poderá terminar na vizinhança do custo marginal da empresa com custo mais alto. É ainda possível que se verifique algum grau, ainda que pequeno, de diferenciação do produto, mesmo que não real, apenas apercebida. Finalmente, a interação entre as empresas conduz a que essa guerra de preços termine antes que o preço iguale o custo marginal. A formulação de Teoria dos Jogos permite provar exatamente esse *outcome*, sendo inclusive esse Equilíbrio de Nash-Bertrand dominante do equilíbrio onde o preço iguala o custo marginal. Isto mesmo irá ser demonstrado na secção de exercícios resolvidos.

4.2 | CONCORRÊNCIA MONOPOLÍSTICA

O mercado de concorrência monopolística, é um mercado composto por diversas empresas, com algum grau de diferenciação do produto. Haverá entrada no mercado até ao ponto em que os seus custos médios sejam tangentes à sua curva de receita média. Nesse ponto, em que o lucro é nulo, esgota-se o espaço de entrada. Além disso, existe um grupo constituído por pequenas empresas que não diferenciam o seu produto. Assim, em equilíbrio, para o grupo das empresas que diferenciam o seu produto:

$$\begin{cases} RMe = CMe \\ \dfrac{\partial RMe}{\partial q} = \dfrac{\partial CMe}{\partial q} \end{cases} \quad (4.18)$$

em que, RMe é a receita média e CMe são os custos médios.

O grupo das empresas que não diferenciam o seu produto concorrem entre si, na parte do mercado residual que resulta da exclusão da oferta do conjunto das empresas diferenciadoras ao mercado total. Nessa procura residual elas comportam-se como *pricetakers*.

A diferenciação do produto pode ser feita ao nível das características físicas dos bens ou serviços, da localização das empresas, da publicidade e reputação, ou ainda da própria embalagem do produto. Apesar disso eles são substitutos adjacentes, e portanto, passíveis de concorrência. Claro está que, pese embora as empresas não serem monopolistas, as ações dessas empresas afetam o preço dos bens e os lucros das outras empresas. Assim, também este tipo de estrutura de mercado pode ser considerado como estrutura intermédia, entre a concorrência perfeita e o monopólio.

4.3 | EMPRESA DOMINANTE

É frequente observar-se estruturas de mercado onde coexiste uma ou poucas empresas de grande dimensão, juntamente com um número mais elevado de empresas de pequena dimensão. É até mais frequente do que observar monopólios que, excluindo os naturais ou os que são fruto de regulação de impedimento de entrada, são de difícil existência. A empresa maior designa-se de **empresa dominante** (ou grupo dominante, para o caso de mais do que uma). As pequenas empresas designam-se de **franja competitiva ou grupo concorrencial**. Quando comparado com o modelo de Stackelberg, observa-se que aí a empresa seguidora continua a influenciar o preço de mercado, ao contrário do modelo da empresa dominante onde os seguidores, ou franja concorrencial, são *pricetakers*. A ideia é que essas empresas são de dimensão tão reduzida que as suas produções não provocam alterações relevantes no preço de mercado.

A empresa dominante é *pricemaker* (isto é, fazedora de preço). Para isso, tomando a procura do mercado, exclui a parte respeitante à oferta da franja concorrencial. Nessa parte da procura que sobra (chamada residual, mas que é de grande dimensão), a empresa dominante comporta-se como monopolista, fixando o preço, que é seguido pelas pequenas empresas. Para a franja concorrencial, a sua oferta corresponde ao somatório horizontal das curvas de custo marginal individuais. Esta é a essência do modelo da Empresa Dominante, também conhecido pelo modelo de Forchheimer, proposto por Karl Forchheimer, em 1906. Este autor inspirou-se nas consequências da revolução industrial e do ganho de dimensão das empresas associado ao aproveitamento de economias de escala.

Tal como efetuado no modelo de Cournot, é possível deduzir o Índice de Lerner, L^{Dm}, da empresa dominante. Representa-se por Dm a empresa dominante e por D, como habitual, o mercado todo. A oferta da franja concorrencial denota-se por F. A procura residual dirigida à empresa dominante vem então, $D(P) - F(P)$. A sua função lucro é dada por:

$$\pi^{Dm} = (P - c_{Dm})[D(P) - F(P)], \qquad (4.19)$$

daqui resulta a condição de primeira ordem,

$$\frac{\partial \pi^{Dm}}{\partial P} = (P - c_{Dm})'[D(P) - F(P)] + (P - c_{Dm})[D(P) - F(P)]' = 0$$

donde,

$$P - c_{Dm} = -\frac{D-F}{\frac{\partial D}{\partial P} - \frac{\partial F}{\partial P}}.$$

Recorrendo a alguma manipulação matemática, nomeadamente multiplicando por $\frac{1}{P}$, dividindo o numerador e denominador do segundo membro por D, e simplificando, resulta:

$$L^{Dm} = \frac{P - c_{Dm}}{P} = \frac{1 - S_F}{\varepsilon_D + S_F * \varepsilon_F}, \quad (4.20)$$

com $S_F = \frac{F}{D}$ a quota de mercado da faixa concorrencial; $\varepsilon_D = -\frac{\partial D}{\partial P} * \frac{P}{D}$ a elasticidade da procura; e $\varepsilon_F = \frac{\partial F}{\partial P} * \frac{P}{F}$ representando a elasticidade da oferta da franja concorrencial.

Da expressão (4.20) do Índice de Lerner da empresa dominante (porque não calcular para a franja concorrencial?) resulta que, sem a franja, obtém-se a situação de monopólio. Nessa expressão, observa-se que o poder de mercado da dominante é influenciado negativamente pela capacidade que a franja concorrencial tem de reagir pela sua oferta ao aumento do preço no mercado, pela própria dimensão da franja refletida na sua quota de mercado e ainda, como seria de esperar, pela sensibilidade da procura ao preço. Naturalmente que se observa também que, quanto maior for a eficiência da empresa dominante, tanto maior será o seu poder de mercado.

Em suma, a existência da franja concorrencial funciona como uma espécie de "travão" às pretensões da empresa dominante no que respeita ao abuso da sua posição. Esta é razão maior pela qual as autoridades da concorrência devem cuidar dessa franja, nomeadamente garantindo que não são alvo desse abuso e permitindo condições de entrada e saída sem, ou com custos reduzidos.

4.4 | JOGOS REPETIDOS EM TEMPO INFINITO: JOGOS COOPERATIVOS, CARTEL E CONCORRÊNCIA

Nas interações estratégicas entre empresas, e entre jogadores em geral, a noção de tempo é de particular relevância. Quando essa interação se concretiza uma única vez, então o tempo pode ser escasso para um processo de aprendizagem acerca dos outros jogadores. Pode inclusive ser *one-shot* ou estático e, nesses casos, o processo de aprendizagem nem sequer se inicia. Quando se admite a possibilidade dessas interações se repetirem no tempo, então esse quadro muda tudo, nomeadamente, quando não se conhece o términus dessas interações. De forma simples estes são os jogos conhecidos por **repetidos em tempo infinito**. Nestes jogos é possível a execução de estratégias de acordos e de compromissos, vulgo de cooperação, que garantirão melhorias de Pareto aos seus intervenientes. Claro que este tipo de jogos são bem menos interessantes, sob o ponto de vista da política de concorrência, dado que facilmente o seu *outcome* poderá cair dentro da ilegalidade concorrencial, ao promover a existência de conluios ou cartéis.

A tipologia de jogos Dilema dos Prisioneiros (já apresentada no capítulo 2) é um exemplo paradigmático de como pode ser importante a repetição. Os jogos de Cournot são, por natureza, Dilema dos Prisioneiros, onde o Equilíbrio de Nash-Cournot, resultante de um jogo não cooperativo, não garante o *outcome* mais interessante para os jogadores, isto é, não é Ótimo de Pareto. Quer isto então dizer que, em jogos repetidos, em tempo infinito ou em jogos em que a probabilidade de terminar tende para zero, os jogadores podem encetar compromissos para garantir que o equilíbrio seja coincidente com esse Ótimo de Pareto. Como referido a cooperação pode, no entanto, rapidamente confundir-se com um cartel.

Um **cartel** é um conjunto de empresas que cooperam entre si, com o objetivo de aumentar o seu lucro conjunto. Ao otimizarem conjuntamente a sua função objetivo, as empresas provocam diminuições na quantidade dos bens/serviços produzidos, resultando em preços mais elevados. Na prática, o cartel assemelha-se a um monopólio, constituído não apenas por uma empresa, mas sim por várias que operam como divisões ou unidades produtivas do cartel. Em equilíbrio, elas operam no ponto em que os seus custos marginais, de todas as divisões (sucursais), são iguais. Produzir-se-á em cada uma dessas empresas até ao ponto em que, produzir um bem adicional em cada uma seja exatamente igual (*ceteris paribus*). A repartição do lucro do cartel poderá respeitar várias regras, nomeadamente a sua representatividade ou quota de mercado (ou *payoff*) se o cartel não existisse.

Os **jogos cooperativos** manter-se-ão até ao ponto em que a cooperação se mantiver. Parece uma afirmação óbvia, mas na verdade não o é. Em cartel, tal como em acordos de conluio em Dilema dos Prisioneiros, verifica-se uma natural tendência para o desvio. De facto, a propensão para trapacear o acordo será executada se esse acordo não previr formas de punição dos comportamentos desviantes. Considere o exemplo 4.2.

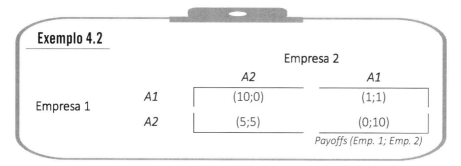

Admita que se trata de um jogo repetido em tempo infinito. Poderá ser também de esperar um acordo de cartel em que as empresas, 1 e 2, decidem jogar as suas ações A_2 e A_1, respetivamente. As empresas, 1 e 2, interagem assim durante várias rondas do jogo.

O perfil de estratégias de Equilíbrio de Nash deste jogo é $\{A_1; A_1\}$, concedendo a cada uma das empresas um ganho de 1. No entanto, o equilíbrio de estratégias que traduz o ganho mais interessante para cada uma das empresas, é $\{A_2; A_2\}$, que coincide com o Ótimo de Pareto. Então, para ambos os jogadores, saber que vão receber um *payoff* de 5 em cada um dos períodos do jogo revela ser melhor, do que o *payoff* associado ao perfil de Equilíbrio de Nash.

O perfil de estratégias que coloca a Empresa 1 e a Empresa 2 no Ótimo de Pareto, é representado genericamente por:

$$Q^0 = [(a_1^t, a_2^t)_{t=1}^{\infty}], \qquad (4.21)$$

onde, Q^0 representa o perfil de cooperação que concretiza o Ótimo de Pareto, e (a_1^t, a_2^t) indica a estratégia onde ambos os jogadores cooperam. Corresponde, portanto, ao perfil $\{A_2; A_2\}$, isto é, $a_1^t = A_2$ e $a_2^t = A_2$.

Atente-se agora à estabilidade desse perfil de equilíbrio de cooperação Q^0. Assumindo que a Empresa 2 mantém a sua opção A_2, a Empresa 1 verifica que a melhor resposta será jogar A_1, lucrando 5 com esse desvio (=10-5). Fica aqui clara a propensão ao desvio, que também se verifica, de forma simétrica, para a Empresa 2. Assim, o perfil de estratégias quando a Empresa 1 se desvia é apresentado em (4.22), enquanto que o da Empresa 2, é apresentado em (4.23):

$$Q^1 = [(s_1^t, p_2^t)_{t=1}^{L}, (a_1^t, a_2^t)_{t=L+1}^{\infty}], \qquad (4.22)$$

$$Q^2 = [(p_1^t, s_2^t)_{t=1}^{L}, (a_1^t, a_2^t)_{t=L+1}^{\infty}], \qquad (4.23)$$

onde, (s_1^t, p_2^t) representa a estratégia em que a Empresa 1 está a ser punida (de sofrimento da punição) por se ter desviado, e a Empresa 2 está a punir a Empresa 1. Por sua vez, (p_1^t, s_2^t) indica a estratégia em que a Empresa 2 está a ser punida por se ter desviado, e a Empresa 1 está a punir a Empresa 2. Essa punição ocorre durante L rondas, após o que, as empresas podem regressar à cooperação. Se esse regresso não se verificar, está-se perante a estratégia *trigger*, segundo a qual após se verificar um desvio, as empresas não voltarão a cooperar.

Observem-se então agora, as condições que permitem que a solução cooperativa possa ser um perfil de equilíbrio. Admita-se um fator comum de desconto $\delta \in\ ]0,1[$. Se a empresa se mantiver em cooperação, o *payoff* que esta recebe é apresentado em (4.24).

$$\sum_{t=0}^{\infty} \delta^t * A, \qquad (4.24)$$

onde, δ^t pode ser interpretado como uma espécie de custo de oportunidade da não cooperação e A é o *payoff* de cooperação.

Se se admitir que uma das empresas executa um desvio, então o respetivo *payoff* é apresentado em (4.25).

$$D_a + \sum_{t=1}^{L} \delta^t * S + \sum_{t=L+1}^{\infty} \delta^t * A, \qquad (4.25)$$

onde D_a representa o *payoff* da empresa que se desvia e S indica o *payoff* da punição por a empresa se ter desviado. Se se admitirem desvios, o *payoff* que a empresa recebe, é apresentado em (4.26).

$$D_a + \sum_{t=1}^{n-1} \delta^t * D_s + \sum_{t=N}^{N+L-1} \delta^t * S + \sum_{t=N+L}^{\infty} \delta^t * A, \qquad (4.26)$$

onde, D_s representa o *payoff* do desvio ao sofrimento. Se o desvio for executado sempre, então tem-se:

$$D_a + \sum_{t=1}^{\infty} \delta^t * D_s. \qquad (4.27)$$

É de fácil demonstração que se se verificar a condição (4.27), então as outras são também verificadas. Importa ainda referir que neste livro apenas se analisam jogos do tipo Dilema dos Prisioneiros, sendo que nesses jogos o percurso de punição corresponde ao Equilibro de Nash-Cournot (que é estável e auto-cumprido, como foi visto). Como tal, pode afirmar-se que o perfil Q^0, Q^1 ou Q^2 constitui-se como um Equilíbrio Perfeito de Subjogo, sem necessidade de verificação de mais condições, nomeadamente as que se referem ao não desvio em relação ao percurso do jogador que é punido e do jogador que pune por ter sido trapaceado.

Exercícios Resolvidos

4.1. Considere um duopólio que enfrenta a seguinte procura de mercado: $P(Q) = \begin{cases} 121 - Q, com\ Q < 121 \\ 0, com\ Q \geq 121 \end{cases}$. As funções custo totais são $CT_i(q_i) = \frac{q_i^2}{2} + S$, com $i = A, B$. As empresas, A e B, comportam-se no mercado como seguidoras.

i) Aplique as duas primeiras iterações no processo de eliminação de estratégias estritamente dominadas. Represente graficamente.

Sugestão: Comece por mostrar que a quantidade de monopólio domina estritamente qualquer quantidade mais alta.

Resolução

i) No duopólio de Cournot, as empresas concorrem pela quantidade produzida. Ou seja, o lucro da Empresa A depende também da quantidade produzida da Empresa B, ao que se chama de interdependência de *payoffs*.

A função lucro da Empresa A é dada por:

$$\pi_A(q_A; q_B) = \left(121 - (q_A + q_B)\right)q_A - \left(\frac{q_A^2}{2} + S\right).$$

Simplificando, $\pi_A(q_A; q_B) = (121 - q_A - q_B)q_A - \frac{q_A^2}{2} - S$. A função lucro da Empresa B é simétrica, dado por:

$$\pi_B(q_A; q_B) = (121 - q_A - q_B)q_B - \frac{q_B^2}{2} - S.$$

A **primeira iteração** no processo de eliminação de estratégias estritamente dominadas, prova a condição: $\forall \delta > 0: \pi_A(q_M; q_B) > \pi_A(q_M + \delta; q_B); \forall q_B \geq 0$.

Calcule-se então o lucro em monopólio $\pi_A(q_M; q_B)$, não sem antes se calcular a quantidade de monopólio, como se segue:

$$\pi_M(q_M) = (121 - q_M)q_M - \frac{q_M^2}{2} - S\ ;$$

$\max_{q_M} \pi_M(q_M) \Rightarrow \frac{\partial \pi_M}{\partial q_M} = 0 \Leftrightarrow 121 - 3q_M = 0 \Leftrightarrow q_M = \frac{121}{3} = 40.33(3)$.

Substituindo $q_M = 40.33(3)$ na função lucro da Empresa A, obtém-se:

$\pi_A(q_M; q_B) = (121 - 40.33 - q_B) * 40.33 - \frac{40.33^2}{2} - S = (80.67 - q_B) * 40.33 - \frac{40.33^2}{2} - S$.

Calcula-se agora o lucro de monopólio assumindo que a Empresa A decide produzir uma quantidade superior à de monopólio ($q_M + \delta$):

$\pi_A(q_M + \delta; q_B) = (121 - 40.33 - \delta - q_B)(40.33 + \delta) - \frac{(40.33 + \delta)^2}{2} - S$
$= (80.67 - \delta - q_B)(40.33 + \delta) - \frac{(40.33+\delta)^2}{2} - S$.

Comparando o lucro obtido em $\pi_A(q_M + \delta; q_B)$ com o lucro obtido para $\pi_A(q_M; q_B)$:

$$\pi_A(q_M + \delta; q_B) - \pi_A(q_M; q_B) = (80.67 - \delta - q_B)(40.33 + \delta)$$
$$- \frac{(40.33 + \delta)^2}{2} - S - \left[(80.67 - q_B)40.33 - \frac{40.33^2}{2} - S\right]$$
$$= 80.67 * 40.33 - 40.33\delta - 40.33 q_B + 80.67\delta - \delta^2 - \delta q_B$$
$$- \left(\frac{40.33^2 + 2 * 40.33\delta + \delta^2}{2}\right) - S$$
$$- \left[80.67 * 40.33 - 40.33 q_B - \frac{40.33^2}{2} - S\right]$$
$= 40.33\delta + 80.67\delta - \delta^2 - \delta q_B - 40.33\delta - \frac{\delta^2}{2} = -\delta^2 - \frac{\delta^2}{2} - \delta q_B = \frac{-3\delta^2}{2} - \delta q_B = -\delta\left(\frac{3\delta}{2} + q_B\right)$.

Então, $\pi_A(q_M + \delta; q_B) = \pi_A(q_M; q_B) - \delta\left(\frac{3\delta}{2} + q_B\right)$. Dado que $\frac{3\delta}{2} + q_B > 0$ conclui-se que a proposição é verdadeira. Isto é, $\pi_A(q_M; q_B) > \pi_A(q_M + \delta; q_B)$ e, portanto, a quantidade de monopólio domina estritamente todas as quantidades superiores. As estratégias estritamente dominadas, têm a seguinte representação gráfica, onde as áreas sombreadas representam as estratégias estritamente dominadas pela quantidade de monopólio.

Gráfico 4.3 – 1ª iteração

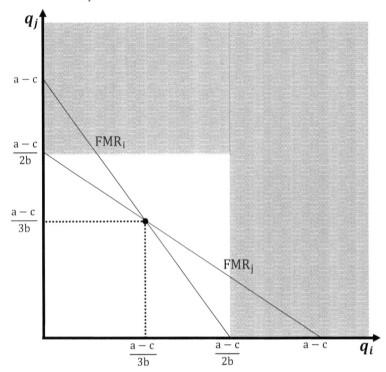

A **segunda iteração** no processo de eliminação de estratégias estritamente dominadas prova a seguinte condição, $\forall \delta > 0: \pi_A(q_A; q_B) > \pi_A(q_A - \delta; q_B); \forall q_B \geq 0$, onde q_A representa a quantidade melhor resposta à quantidade de monopólio.

Assim, substituindo-se a quantidade q_M na $FMR_A, q_M = 40.33 \Rightarrow q_A = \frac{121-40.33}{3} = 26.89$.

Pelo que, $\pi_A(26.89; q_B) = (121 - 26.89 - q_B)26.89 - \frac{26.89^2}{2} - S$

$= (94.11 - q_B) * 26.89 - \frac{26.89^2}{2} - S$.

E, $\pi_A(26.89 - \delta; q_B) = (121 - 26.89 + \delta - q_B)(26.89 - \delta) - \frac{(26.89-\delta)^2}{2} - S = (94.11 + \delta - q_B)(26.89 - \delta) - \frac{(26.89-\delta)^2}{2} - S$.

Comparando o lucro obtido em $\pi_A(26.89 - \delta; q_B)$ com o lucro obtido para $\pi_A(26.89; q_B)$:

$$\pi_A(26.89 - \delta; q_B) - \pi_A(26.89; q_B),$$

obtém-se,

$$= (94.11 + \delta - q_B)(26.89 - \delta) - \frac{(26.89-\delta)^2}{2} - S - \left[(94.11 - q_B) * 26.89 - \frac{26.89^2}{2} - S\right].$$

Simplificando, $2530.6179 + 26.89\delta - 29.89q_B - 94.11\delta - \delta^2 + \delta q_B - \left(\frac{26.89^2 - 53.78\delta + \delta^2}{2}\right) - S - \left[2530.6179 - 26.89q_B - \frac{26.89^2}{2} - S\right] = -40.33\delta - 2\delta^2 + \delta q_B = -\delta(40.33 + 2\delta - q_B)$.

Então, $\pi_A(26.89; q_B) > \pi_A(26.89 - \delta; q_B) \Leftrightarrow \pi_A(26.89; q_B) - \delta(40.33 + 2\delta - q_B)$, como $(40.33 + 2\delta - q_B) > 0$. Conclui-se assim que a proposição é verdadeira, isto é, a quantidade de 26.89, domina estritamente todas as quantidades inferiores. Graficamente obtém-se:

Gráfico 4.4 – 2ª iteração

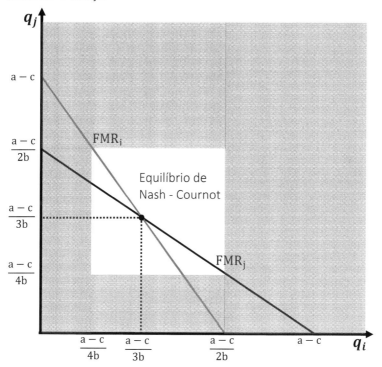

O gráfico 4.4 mostra então o espaço de estratégias estritamente dominadas. Se se continuasse este processo, chegar-se-ia ao Equilíbrio de Nash-Cournot.

ECONOMIA INDUSTRIAL

4.2. No mercado de aquecimento doméstico no país Longínquo existem duas empresas, A e B, que concorrem entre si. Admita que esse mercado é caracterizado por $P = \begin{cases} 68 - (q_A + q_B) & \text{se } q_A + q_B < 68 \\ 0 & \text{se } q_A + q_B \geq 68 \end{cases}$, onde q_A representa a quantidade da Empresa A e q_B a quantidade da Empresa B. As suas funções custo são $CT_A(q_A) = \alpha + 38q_A$, $CT_B(q_B) = \gamma + 38q_B$, com $\alpha \neq \gamma$. Nestas condições:

i) Apresente a forma estratégica deste jogo de Cournot.

ii) Existe alguma estratégia estritamente dominante para alguma das empresas? Qual(is)?

iii) Calcule o Equilíbrio de Nash-Cournot. Justifique.

Sugestão: Considere para as empresas as ações $q_i = 8; 10; 11; 14$.

Resolução

i) Tomando as quantidades sugeridas no enunciado, calculam-se os lucros das empresas, A e B, para todas as estratégias. Veja-se alguns exemplos, quer na diagonal principal (simetria), quer fora dela:

$$\pi_A(8; 8) = (68 - (8 + 8)) * 8 - 38 * 8 - \alpha = 112 - \alpha$$
$$\pi_B(8; 8) = (68 - (8 + 8)) * 8 - 38 * 8 - \gamma = 112 - \gamma$$

$$\pi_A(14; 10) = (68 - (14 + 10)) * 14 - 38 * 14 - \alpha = 84 - \alpha$$
$$\pi_B(14; 10) = (68 - (14 + 10)) * 10 - 38 * 10 - \gamma = 60 - \gamma$$

Calculados os lucros das empresas, A e B, a forma estratégica é preenchida com o *payoff* associado a cada estratégia.

Tabela 4.3 – Forma estratégica

		Emp. B			
		8	10	11	14
Emp. A	8	$(112 - \alpha; 112 - \gamma)$	$(96 - \alpha; 120 - \gamma)$	$(88 - \alpha; 121 - \gamma)$	$(64 - \alpha; 112 - \gamma)$
	10	$(120 - \alpha; 96 - \gamma)$	$(100 - \alpha; 100 - \gamma)$	$(90 - \alpha; 99 - \gamma)$	$(60 - \alpha; 84 - \gamma)$
	11	$(121 - \alpha; 88 - \gamma)$	$(99 - \alpha; 90 - \gamma)$	$(88 - \alpha; 88 - \gamma)$	$(55 - \alpha; 70 - \gamma)$
	14	$(112 - \alpha; 64 - \gamma)$	$(84 - \alpha; 60 - \gamma)$	$(70 - \alpha; 55 - \gamma)$	$(28 - \alpha; 28 - \gamma)$

Payoff (Emp. A; Emp. B)

ii) Não existem estratégias estritamente dominantes, para ambas as empresas, A e B.

iii) Pela análise da forma estratégica, o Equilíbrio de Nash é {10; 10}. Esse é também naturalmente o perfil de Equilíbrio de Nash-Cournot.

Pedagogicamente, pode-se confirmar este perfil de equilíbrio pela maximização das funções objetivo individuais, de cada uma das empresas como se segue. As funções lucro das empresas, A e B, são apresentadas por:

$$\pi_A(q_A; q_B) = (68 - q_A - q_B)q_A - 38q_A - \alpha,$$

$$\pi_B(q_A; q_B) = (68 - q_B - q_A)q_A - 38q_B - \gamma.$$

As condições de primeira ordem são:

$$\frac{\partial \pi_A}{\partial q_A} = 0 \rightarrow q_A = \frac{30 - q_B}{2} \Leftrightarrow q_A = 15 - \frac{1}{2}q_B,$$

$$\frac{\partial \pi_B}{\partial q_B} = 0 \rightarrow q_B = \frac{30 - q_A}{2} \Leftrightarrow q_B = 15 - \frac{1}{2}q_A.$$

Resolvendo o sistema com as duas FMR, com duas incógnitas:

$$\begin{cases} q_A = 15 - \frac{1}{2}q_B \\ q_B = 15 - \frac{1}{2}q_A \end{cases} \Leftrightarrow \cdots \Leftrightarrow \begin{cases} q_A = 10 \\ q_B = 10 \end{cases}.$$

Prova-se assim que, em equilíbrio, estável e auto-cumprido, cada uma das empresas produz $q_A = 10$ e $q_B = 10$.

4.3. Considere o seguinte duopólio na indústria de gelados, constituído pelas empresas, A e B. É sabido que estamos perante o modelo de concorrência pelos preços de Bertrand. A procura de gelados é dada por $Q = 20 - 2P$, onde P é o menor dos dois preços. O custo total de produção de cada empresa é $CT_i = 6q_i$, com $i = A, B$. É sabido ainda que as duas empresas decidem em simultâneo.

i) Apresente a forma estratégica deste jogo de Bertrand.

ii) Existe(m) estratégia(s) dominante(s) neste jogo? Se sim, qual(is)?

iii) Qual(is) o(s) perfil(is) de Equilíbrio de Nash – Bertrand?
iv) Verifica-se o Paradoxo de Bertrand? Justifique devidamente.

Resolução

i)   Em primeiro lugar é necessário determinar o preço máximo e mínimo de mercado. Sabe-se que o preço mínimo é igual ao custo marginal de cada empresa. Por sua vez, o preço máximo de mercado é o que está associado a uma quantidade de mercado procurada igual a zero. Então, o espaço de estratégias de cada empresa inclui todos os preços dentro no intervalo (fechado) entre o preço mínimo e o máximo. Assim, $P_{min} = c$, como $c = \frac{\partial CT}{\partial q} = 6 \Rightarrow P_{min} = 6$. A procura será zero, quando o preço máximo for 10, isto é, com $P = 10 \Rightarrow Q = 0$. Uma vez que, os custos marginais são iguais para as empresas, A e B, isto significa que ambas praticam o mesmo preço mínimo (6) e máximo (10). Assim sendo, as ações possíveis para cada empresa são $P \in \{6,...,10\}$.

Antes da forma estratégica, poderá ser útil apresentar a matriz das quantidades associadas a cada estratégia. Para esse efeito devem ser calculadas as quantidades associadas aos respetivos preços. Como visto no modelo de Bertrand, no caso de as empresas praticarem preços diferentes, a empresa com o preço inferior, satisfaz todo o mercado, pelo que, a empresa com o preço superior não vende nenhuma quantidade. Contrariamente, se ambas as empresas praticarem preços iguais, a quantidade de mercado é dividida de maneira uniforme pelas duas empresas. Considere que, $P_A = P_B = 6$, a quantidade vendida pelas mesmas é $q_A = q_B = \frac{8}{2} = 4$. Vejam-se mais alguns exemplos:

$$P = 6, Q(6) = 20 - 2*6 = 8 \rightarrow q_A = q_B = \frac{8}{2} = 4,$$
$$P = 7, Q(7) = 20 - 2*7 = 6 \rightarrow q_A = q_B = \frac{6}{2} = 3.$$

A matriz das quantidades resulta então em:

Tabela 4.4 – Matriz das quantidades

		Emp. B				
		6	7	8	9	10
	6	(4;4)	(8;0)	(8;0)	(8;0)	(8;0)
	7	(0;8)	(3;3)	(6;0)	(6;0)	(6;0)
Emp. A	8	(0;8)	(0;6)	(2;2)	(4;0)	(4;0)
	9	(0;8)	(0;6)	(0;4)	(1;1)	(2;0)
	10	(0;8)	(0;6)	(0;4)	(0;2)	(0;0)

Quantidades (Emp. A; Emp. B)

Com a matriz das quantidades preenchida, o próximo passo é calcular os *payoffs* associados às quantidades e respetivos preços. Perante a ausência de custos fixos, a função lucro genérica vem: $\pi = (P - c) * Q$. Mantendo o procedimento, apresentam-se alguns exemplos de cálculo. Na diagonal principal, $\pi_A = \pi_B = (6 - 6) * 4 = 0$; $\pi_A = \pi_B = (7 - 6) * 3 = 3$. Fora da diagonal principal, em que uma das empresas pratica preço superior ao da outra, e como tal tem lucro nulo, calcula-se apenas para a empresa que pratica preço mais baixo, $\pi = (6 - 6) * 8 = 0$; $\pi = (7 - 6) * 6 = 6$; $\pi = (8 - 6) * 4 = 8$.

Calculados os *payoffs* para as empresas, A e B, a forma estratégica é apresentada por:

Tabela 4.5 – Forma estratégica

		Emp. B				
		6	7	8	9	10
	6	(0;0)	(0;0)	(0;0)	(0;0)	(0;0)
	7	(0;0)	(3;3)	(6;0)	(6;0)	(6;0)
Emp. A	8	(0;0)	(0;6)	(4;4)	(8;0)	(8;0)
	9	(0;0)	(0;6)	(0;8)	(3;3)	(6;0)
	10	(0;0)	(0;6)	(0;8)	(0;6)	(0;0)

Payoff (Emp. A; Emp. B)

ii) As estratégias *7, 8* e *9* dominam fracamente as estratégias *6* e *10*, e as estratégias *7* e *8* dominam fracamente a estratégia *9*, para ambas as empresas (cf. análise de dominância no capítulo 2).

ECONOMIA INDUSTRIAL

iii) Através da forma estratégica da alínea i), pode-se observar as melhores respostas das empresas, às diversas estratégias. Portanto, os Equilíbrios de Nash-Bertrand são: {6; 6} e {7; 7}.

iv) O Paradoxo de Bertrand sugere que, com um número reduzido de empresas é possível um *outcome* competitivo no mercado. Neste caso, verifica-se o paradoxo, pois o perfil de equilíbrio {6; 6} garante lucro nulo para as empresas, exatamente no ponto em que o preço iguala o seu custo marginal. No entanto, tal como debatido previamente, a aplicação das técnicas de interação estratégica de Teoria dos Jogos permite resolver o paradoxo. De facto, confirma-se a existência de um outro perfil de equilíbrio, {7; 7}, em que o preço é superior ao custo marginal. Uma análise mais fina permite confirmar que este perfil domina o perfil {6; 6}. O *outcome* competitivo é assim dominado e esta é a razão pela qual, em mercado real, se observam empresas que concorrem pelo preço, com lucros positivos.

4.4. Considere ainda o mercado do aquecimento doméstico no país Longínquo, onde operam duas empresas, A e B. Sabe-se agora que, a Empresa A comporta-se como líder, e que esse mercado é caracterizado por $Q = 68 - P$, com $Q = q_A + q_B$, onde q_A representa a quantidade da Empresa A e q_B a quantidade da Empresa B. As suas funções custo são $CT_A(q_A) = \alpha + 38q_A$, $CT_B(q_B) = \gamma + 38q_B$, com $\alpha \neq \gamma$. Nestas condições:

i) Apresente as formas estratégicas e extensivas deste jogo dinâmico de Stackelberg.

ii) Existe alguma estratégia estritamente dominante para alguma das empresas? Qual(is)?

iii) Calcule o Equilíbrio Perfeito de Subjogo. Justifique.

Sugestão: Considere para a empresa líder as ações $q_A = 10$; $q_A = 15$. Para a empresa seguidora considere $q_B = 10$; $q_b = 7.5$; $q_B = 6$.

Resolução

i) O primeiro passo é calcular os *payoffs* para cada empresa, considerando as quantidades sugeridas no enunciado. Considere então as funções lucro: $\pi_A(q_A; q_B) = \big(68 - (q_A + q_B)\big) * q_A - (38q_A - \alpha)$, e $\pi_B(q_A; q_B) = \big(68 - (q_A + q_B)\big) * q_B - (38q_B - \gamma)$. O cálculo dos *payoffs*, processa-se da seguinte forma (apenas alguns exemplos):

$\pi_A(10; 10) = \big(68 - (10 + 10)\big) * 10 - 38 * 10 - \alpha = 100 - \alpha$;
$\pi_B(10; 10) = \big(68 - (10 + 10)\big) * 10 - 38 * 10 - \gamma = 100 - \gamma$;

$\pi_A(10; 7.5) = \big(68 - (10 + 7.5)\big) * 10 - 38 * 10 - \alpha = 125 - \alpha$;
$\pi_B(10; 7.5) = \big(68 - (10 + 7.5)\big) * 7.5 - 38 * 7.5 - \gamma = 93.75 - \gamma$;

$\pi_A(15; 6) = \big(68 - (15 + 6)\big) * 15 - 38 * 15 - \alpha = 135 - \alpha$;
$\pi_B(15; 6) = \big(68 - (15 + 6)\big) * 6 - 38 * 6 - \gamma = 54 - \gamma$.

A matriz de *payoffs* resulta então em:

Tabela 4.6 – *Payoffs*

		Emp. B		
		10	7.5	6
Emp. A	10	$(100 - \alpha; 100 - \gamma)$	$(125 - \alpha; 93.75 - \gamma)$	$(140 - \alpha; 84 - \gamma)$
	15	$(75 - \alpha; 50 - \gamma)$	$(112.5 - \alpha; 56.25 - \gamma)$	$(135 - \alpha; 54 - \gamma)$

Payoffs (Emp. A; Emp. B)

Dado que a Empresa A se comporta como líder no modelo de Stackelberg, significa que joga em primeiro lugar. Assim, na forma estratégica, as estratégias possíveis da Empresa A são *10* e *15*, e estão apresentadas em linha. Por sua vez, a Empresa B, joga em segundo lugar e as suas estratégias possíveis, são *6*, *7.5* e *10*. Na forma estratégica, as estratégias da Empresa B estão apresentadas em linha, num total de nove, correspondentes às suas estratégias que são as combinações das ações possíveis. A título de exemplo, considere a estratégia {10; 7.5} da Empresa B, que se lê da seguinte forma: quando a empresa A joga *10*, a Empresa B joga a sua ação *10*. Por sua vez, quando a Empresa A joga a sua estratégia *15*, a Empresa B responde jogando a sua estratégia *7.5*. A forma estratégica é representada por:

ECONOMIA INDUSTRIAL

Tabela 4.7 – Forma estratégica

		Emp. A	
		10	15
Emp. B	10;10	$(100 - \alpha; 100 - \gamma)$	$(75 - \alpha; 50 - \gamma)$
	10;7.5	$(100 - \alpha; 100 - \gamma)$	$(112.5 - \alpha; 56.25 - \gamma)$
	10;6	$(100 - \alpha; 100 - \gamma)$	$(135 - \alpha; 54 - \gamma)$
	7.5;10	$(125 - \alpha; 93.75 - \gamma)$	$(75 - \alpha; 50 - \gamma)$
	7.5;7.5	$(125 - \alpha; 93.75 - \gamma)$	$(112.5 - \alpha; 56.25 - \gamma)$
	7.5;6	$(125 - \alpha; 93.75 - \gamma)$	$(135 - \alpha; 54 - \gamma)$
	6;10	$(140 - \alpha; 84 - \gamma)$	$(75 - \alpha; 50 - \gamma)$
	6;7.5	$(140 - \alpha; 84 - \gamma)$	$(112.5 - \alpha; 56.25 - \gamma)$
	6;6	$(140 - \alpha; 84 - \gamma)$	$(135 - \alpha; 54 - \gamma)$

Payoffs (Emp. A; Emp. B)

Por sua vez a forma extensiva, é representada por:

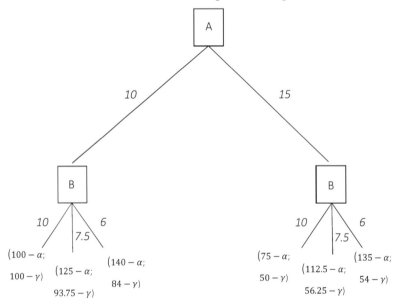

Payoffs (Emp. A; Emp. B)

ii) Não existem estratégias estritamente dominantes, para ambas as empresas, A e B.

iii) Para determinar o Equilíbrio Perfeito de Subjogo, deve-se aplicar o conceito de *Backward Induction*. Os possíveis perfis de equilíbrio são determinados através da forma estratégica, com a aplicação da noção de Equilíbrio de Nash. Então, os perfis de equilíbrio possíveis são: {10 (10; 10)}; e {15 (10; 7.5)}. Através da forma extensiva e da *Backward Induction*, conclui-se que, a melhor resposta de B, quando A joga 10, é 10. E quando A joga 15, a melhor resposta de B é 7.5. A forma reduzida da forma estratégica vem:

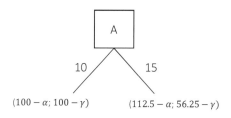

Payoffs (Emp. A; Emp. B)

Por fim, aplicando o mesmo raciocínio, a melhor resposta da Empresa A, ou seja, a estratégia que confere um *payoff* superior, é a estratégia 15. Logo, o perfil de Equilíbrio Perfeito de Subjogo é {15 (10; 7.5)}, com o *payoff* associado (112.5 − α; 56.25 − γ).

4.5. As empresas TripleAAA e DoubleBB produzem um produto homogéneo, cimento, com uma função custo médio individual dada por $CMe_i(q_i) = \frac{F}{q_i} + 10$, com $i = A, B$. A procura de cimento é representada por $Q(P) = 220 − P$. Cada uma dessas duas empresas pode cooperar ou concorrer e, portanto, as ações disponíveis de cada empresa são: − quantidade de cooperação corresponde à sua participação num cartel; − quantidade de concorrência num duopólio de Cournot. Cada etapa do jogo é de Cournot e é repetido em tempo infinito. O desvio em relação à cooperação significa que a empresa produz a sua quantidade de concorrência.
 i) Apresente a matriz de *payoffs*.
 ii) Existe Equilíbrio de Nash-Cournot de estratégias puras do jogo não cooperativo? Se sim, qual(is)?
 iii) Se as empresas optarem por cooperar, qual será o perfil de equilíbrio dessa cooperação? E qual o perfil de punição?
 iv) Admita que a empresa que foi trapaceada executa uma estratégia *trigger*. Calcule um valor $\delta^* \in\,]0, 1[$, tal que o perfil de cooperação

seja um Equilíbrio de Nash-Cournot, num jogo repetido em tempo infinito para todo $\delta^* \in \,]0, 1[$.

v) Na ausência de uma estratégia *trigger*, quando o número de rondas de punição aumenta, para que valor tende o δ^*?

vi) Admita agora 2 rondas de punição. Em que condições cooperar pode constituir-se como Equilíbrio de Nash?

Resolução

i) Se as empresas cooperarem (C), assume-se que elas participam em cartel, logo aplica-se a condição geral de maximização quando se trabalha com o mercado todo, como é o caso, $Rmg = Cmg$. Dado que, $RT = P * Q = (220 - Q) * Q$, então $Rmg = \frac{\partial RT}{\partial Q} = 220 - 2Q$.

Considerando que, $CT = CMe * q = 10q + F$, então $c = \frac{\partial CT}{\partial q} = 10$. Assim, $Rmg = c \Leftrightarrow 220 - 2Q = 10 \Leftrightarrow Q = 105$. Como $Q = q_A + q_B$, então $q_A = q_B = \frac{Q}{2} = \frac{105}{2} = 52.5$ e $P = 220 - (52.5 + 52.5) = 115$.

Logo, $\pi_A = \pi_B = P * q - CT = 115 * 52.5 - 10 * 52.5 - F = 5512.5 - F$.

Quando as empresas concorrem (não cooperam) (NC), os *payoffs* são calculados num quadro de concorrência *à la Cournot*, comportando-se como iguais. As funções lucro de ambas as empresas são as dadas por:

$$\pi_A(q_A; q_B) = (220 - (q_A + q_B))q_A - (10q_A + F),$$

e

$$\pi_B(q_A; q_B) = (220 - (q_A + q_B))q_B - (10q_B + F).$$

Respondendo à pergunta, nomeadamente, quanto deverá cada empresa produzir para maximizar o seu lucro, as condições de primeira ordem são as seguintes:

$$\max_{q_A} \pi_A(q_A; q_B) \Rightarrow \frac{\partial \pi_A}{\partial q_A} = 0 \Leftrightarrow 220 - 2q_A - q_B - 10 = 0 \Leftrightarrow q_A = \frac{210 - q_B}{2},$$

e

$$\max_{q_B} \pi_B(q_A; q_B) \Rightarrow \frac{\partial \pi_B}{\partial q_B} = 0 \Leftrightarrow 220 - 2q_B - q_A - 10 = 0 \Leftrightarrow q_B = \frac{210 - q_A}{2}.$$

Para se determinar as quantidades ótimas em concorrência resolve--se o seguinte sistema:

$$\begin{cases} q_A = \dfrac{210 - q_B}{2} \\ q_B = \dfrac{210 - q_A}{2} \end{cases} \Leftrightarrow \begin{cases} q_A = 70 \\ q_B = 70 \end{cases}.$$

Assim sendo, os *payoffs* das empresas, assumindo as quantidades ótimas em concorrência são: $\pi_A(70; 70) = \pi_B(70; 70) = (220 - (70 + 70)) * 70 - (10 * 70 + F) = 4900 - F$.

Considere agora que a TripleAAA se desvia, produzindo uma quantidade de concorrência, enquanto que a DoubleBB se mantém produzindo uma quantidade menor, associada ao acordo de cartel. Os *payoffs* obtidos são:

$\pi_A(70; 52.5) = (220 - (70 + 52.5)) * 70 - (10 * 70 + F) = 6125 - F$,

$\pi_B(70; 52.5) = (220 - (70 + 52.5)) * 52.5 - (10 * 52.5 + F)$
$= 4593.75 - F$.

A matriz de *payoff* resulta então em:

Tabela 4.8 – *Payoffs*

		DoubleBB	
		Cooperar (C)	Concorrer (NC)
TripleAAA	Cooperar (C)	(5512.5-F; 5512.5-F)	(4593.75-F; 6125-F)
	Concorrer (NC)	(6125-F; 4593.75-F)	(4900-F; 4900-F)

Payoffs (TripleAAA; DoubleBB)

ii) O Equilíbrio de Nash de estratégias puras é {NC; NC}.

iii) Se as empresas optarem por cooperar, o perfil de equilíbrio é o Ótimo de Pareto {C; C}, e o perfil de punição é {NC; NC}, coincidente com o Equilíbrio de Nash.

iv) Assuma que a DoubleBB é trapaceada pela TripleAAA e que o perfil de cooperação é {C; C}. Considerando que a empresa TripleAAA se desvia, fá-lo-á para o perfil {NC; C}. Tomando também a estratégia *trigger*, então as empresas não regressam à cooperação, pelo que sofrem punição em tempo infinito {NC; NC}, como se segue:

$$\sum_{t=0}^{\infty} \delta^t U_A(C;C) \geq U_A(NC;C) + \sum_{t=1}^{\infty} \delta^t U_A(NC;NC)$$

$$\Leftrightarrow \frac{1}{1-\delta} * (5512.5 - F) \geq (6125 - F) + \frac{\delta}{1-\delta}(4900 - F) \Leftrightarrow \delta \geq 0.5.$$

Para que o perfil de cooperação seja um Equilíbrio de Nash-Cournot, então $\delta \geq 0.5$.

v) Na ausência de uma estratégia *trigger*, à medida que número de rondas de punição aumenta, δ^* tende para $\frac{1}{2}$, dado que a própria estratégia *trigger* significa isso mesmo, ou seja, punição sempre.

vi) Para calcular δ, considerando duas rondas de punição, recorre-se a:

$$\sum_{t=0}^{\infty} \delta^t U(C;C) \geq U(NC;C) + \sum_{t=N}^{N+L-1} \delta^t U(NC;NC) + \sum_{t=L+1}^{\infty} \delta^t U(C;C).$$

Assim, analisando para a empresa TripleAAA:

$$\Leftrightarrow \sum_{t=0}^{\infty} \delta^t U_A(C;C) \geq U_A(NC;C) + \sum_{t=1}^{2} \delta^t U_A(NC;NC) + \sum_{t=3}^{\infty} \delta^t U_A(C;C)$$

$$\Leftrightarrow (5512.5 - F)\frac{1}{1-\delta} \geq (6125 - F) + (4900 - F)\left(\frac{\delta - \delta^3}{1-\delta}\right) + (5512.5 - F)(\frac{\delta^3}{1-\delta})$$

$$\Leftrightarrow \delta \geq 0.6180.$$

Para se considerar que a cooperação é Equilíbrio de Nash, com duas rondas de punição, o $\delta^* \geq 0.6180$. Uma última nota para salientar que este perfil será também um perfil de Equilíbrio Perfeito de Subjogo, dado estar-se na presença de um jogo do tipo Dilema dos Prisioneiros. Por outras palavras, o perfil de punição coincide com o Equilibro de Nash, que é estável e, como tal, nenhuma empresa tem aí incentivo ao desvio.

4.6. Considere o mercado dos eletrodomésticos de refrigeração, com a função procura dada por $Q(P) = 340 - 2P$, onde opera uma empresa dominante e uma faixa concorrencial constituída por pequenas empresas. As pequenas empresas são *pricetakers*, e oferecem uma quantidade agregada dada por $S(P) = P - 120$ ($P > 120$), onde P é definido pela empresa dominante (*pricemaker*), que satisfaz a restante procura.

Determine a solução ótima da empresa dominante quando o seu custo marginal é constante e dado por 120 e por 34.

Resolução

A função lucro da empresa dominante vem,
$$\pi_{Dm} = (P - c)(Q(P) - S(P)) = (P - c)(340 - 2P - (P - 120))$$
$$= (P - c)(460 - 3P).$$

A quantidade que a empresa dominante deverá produzir para maximizar o seu lucro, é dada pela condição de primeira ordem:

$$\max_{P} \pi_{Dm} \Rightarrow \frac{\partial \pi_{Dm}}{\partial P} = 0 \Leftrightarrow 460 - 6P - 3c = 0 \Leftrightarrow 6P = 460 - 3c \Leftrightarrow P = \frac{460 - 3c}{6}.$$

Se, $c = 34$, $P = \frac{460 - 3*34}{6} = 93.666(6)$, e se $c = 120$, $P = 136.666(6)$. Como com $P = 93.66$, $S(P) < 0$, logo a franja concorrencial não tem capacidade para querer participar no mercado. Portanto, a empresa dominante tornar-se-á monopolista. No caso de $c = 120$, $P = 145$, originando um preço de equilíbrio que provoca uma produção positiva das empresas da franja concorrencial.

Aplicações

Em Portugal é proibida a realização de acordos entre empresas para a prática de condições desiguais na prestação do mesmo serviço ou para fixação de preços e de quotas de produção, entre outras (*Lei nº 19/2012 de 8 de maio*). Estas práticas têm o objetivo de eliminar a concorrência e consequentemente prejudicam os consumidores, diminuindo o seu bem-estar, provocado essencialmente pelo efeito de aumento dos preços. A Autoridade da Concorrência (AdC) é a entidade responsável por investigar e condenar a existência de acordos de cartel. Atualmente, em Portugal, tal como na maioria dos países com regulação económica, existem diversos processos sob investigação, suspeitos de cooperarem em práticas anti concorrenciais.

O "cartel dos envelopes" é um dos mais recentes casos, investigado e condenado, por cooperação em práticas que visaram prejudicar a concorrência. A abertura da investigação ocorreu no ano de 2011, mantendo-se em segredo de justiça até ao ano de 2016, data da sua conclusão. A investigação deu-se por concluída quando a AdC confirmou que cinco empresas, Firmo Papéis e Papelarias, S. A; Copidata, S.A; Tompla – Indústria Internacional do Envelope, Lda.; Antalis Portugal, S.A.; e a Papelaria Fernandes – Indústria e Comércio, S.A; agiam em cartel no mercado dos envelopes. Estas empresas acordaram cooperar em conluio, agindo de forma combinada durante o período de 2007 a 2010 na produção e comercialização de envelopes para clientes de referência (*Comunicado 24/2016 da AdC*).

As propostas de fornecimento e comercialização de envelopes são geralmente efetuadas através de carta fechada, para que nenhuma das entidades concorrentes tenha conhecimento do preço proposto pelas outras. No entanto, o cartel determinava antecipadamente a empresa à qual o fornecimento seria adjudicado. Para tal, manipulavam as propostas de fornecimento, celebrando entre si acordos para a determinação dos preços a serem apresentados. Na verdade, a empresa à qual fosse adjudicado o fornecimento e comercialização, apresentava um preço inferior aos das restantes. Posto isto, podemos admitir que durante o período de 2007 a 2010, estas empresas jogaram um jogo do tipo Dilema dos Prisioneiros, uma vez que o Equilíbrio de Nash não era

Ótimo de Pareto. O Equilíbrio de Nash ocorria quando as mesmas concorriam no mercado, e o Ótimo de Pareto consistiu na cooperação em cartel. Como tal, o Ótimo de Pareto concedia lucros superiores à prática concorrencial, ou seja, ao Equilíbrio de Nash.

Exercícios Propostos

4.7. O duopólio de Stackelberg no mercado de ferramentas de corte de alta precisão, onde a empresa The Walt é líder, produz os seguintes *payoffs*:

Tabela 4.9 – *Payoffs*

		The Walt 8	The Walt 14
Ehiel	10	(80;76)	(65;88)
	12	(85;60)	(63;77)
	15	(90;50)	(60;55)

Payoffs (Ehiel; The Walt)

i) Defina Equilíbrio Perfeito de Subjogo.

ii) Sabendo que a The Walt decide em primeiro lugar, represente as formas extensiva e estratégica. Calcule o Equilíbrio Perfeito de Subjogo. Quanto produz a empresa Ehiel em equilíbrio?

iii) Altere os *payoffs* de forma a que o resultado em equilíbrio para a empresa The Walt dependa apenas da opção tomada pela Ehiel.

4.8. Considere o mercado de um produto homogéneo, Ânodo de Magnésio, no país Longínquo. A empresa TripleA é uma empresa instalada no mercado que está a ponderar entre internacionalizar a sua atividade ou, em alternativa, permanecer apenas no mercado doméstico desse país Longínquo. O esforço de internacionalização implica afetar alguns dos seus recursos para a prospeção de novos mercados. Uma outra empresa, DoubleB, pondera entrar nesse mercado do Ânodo de Magnésio no país Longínquo. Essa decisão da DoubleB será tomada apenas depois de observar se a TripleA internacionaliza a sua atividade. Depois de observada a decisão da DoubleB entrar ou não no mercado, a TripleA pode então decidir entre acomodar a entrada, comportando-se *à la Cournot*, ou lutar, através de uma estratégia de baixa de preços. Os *payoffs* para cada uma das empresas, em cada cenário, são apresentados na tabela seguinte:

Tabela 4.10 – *Payoffs*

Cenário	Payoffs TripleA	Payoffs DoubleB
1º	150	-45
2º	130	55
3º	380	0
4º	210	95
5º	230	160
6º	480	0

Em cada um dos cenários as empresas comportam-se como se segue:

Tabela 4.11 – *Payoffs*

Cenário	Payoffs
1º	TripleA internacionaliza a sua atividade; DoubleB entra no mercado; TripleA luta.
2º	TripleA internacionaliza a sua atividade; DoubleB entra no mercado; TripleA acomoda.
3º	TripleA internacionaliza a sua atividade; DoubleB não entra.
4º	TripleA não internacionaliza a sua atividade; DoubleB entra no mercado; TripleA luta.
5º	TripleA não internacionaliza; DoubleB entra no mercado; TripleA acomoda.
6º	TripleA não internacionaliza a sua atividade; DoubleB não entra.

ECONOMIA INDUSTRIAL

i) Apresente as formas estratégicas e extensivas deste jogo.

ii) Existe alguma estratégia estritamente dominante para alguma das empresas? Qual(is)?

iii) Apresente o(s) perfil(s) possíveis de Equilíbrio Perfeito de Subjogo.

iv) Apresente o perfil de Equilíbrio Perfeito de Subjogo.

4.9. As empresas, A e B formam um duopólio, no mercado do cimento, no país Longínquo. Cada uma dessas empresas pode produzir uma das seguintes quantidades (em toneladas): 25ton; 33.33ton ou 50ton. A função procura é $P = a - Q$. O custo marginal é constante e igual para cada empresa: $c = 20$, $i = A, B$. Os custos fixos são nulos.

Tabela 4.12 – Payoffs

		Emp. A		
		$Q_A = 25$	$Q_A = 33.33$	$Q_A = 50$
	$Q_B = 25$	(1250;1250)	(.....;.....)	(1250;625)
Emp. B	$Q_B = 33.33$	(.....;.....)	(1111.22;1111.22)	(.....;.....)
	$Q_B = 50$	(.....;.....)	(.....;.....)	(0;0)

i) Complete a matriz de *payoffs*.

ii) Calcule o Equilíbrio de Nash-Cournot.

iii) Quando a Empresa A decide em primeiro lugar, qual o perfil de Equilíbrio Perfeito de Subjogo?

iv) Existe algum custo de oportunidade para a Empresa B, pelo facto de não decidir em primeiro lugar? Justifique devidamente.

4.10. Duas empresas, A e B, operam num mercado, com procura dada por $Q(P) = 114 - P$. As suas funções custo totais são: $CT(q_i) + S$, com $i = A, B$.

i) Mostre que, para cada empresa, a quantidade de monopólio domina qualquer quantidade superior.

ii) Admita agora que as duas empresas jogam um jogo de Cournot, *one-shot*. Cada uma dessas empresas pode cooperar ou concorrer, isto é, as ações disponíveis de cada empresa são: – quantidade de cooperação correspondente à sua participação num cartel; – quantidade de concorrência no duopólio. Cada etapa do jogo é de Cournot e é repetido em tempo infinito. O desvio em relação à cooperação significa que a empresa produz a sua quantidade de concorrência. Apresente a matriz de *payoffs*.

iii) Qual o Equilíbrio de Nash de estratégias puras do jogo não cooperativo?

iv) Admita que a empresa que foi trapaceada relativamente à estratégia de cooperação no jogo repetido em tempo infinito, executa uma estratégia *trigger*. Calcule um valor $\delta^* \in\,]0, 1[$, tal que o perfil de cooperação seja um Equilíbrio de Nash-Cournot num jogo repetido infinitamente para todo $\delta \in [\delta^*, 1[$.

4.11. Duas empresas de panificação na cidade "Parvónia", que dista 100 kms da cidade mais próxima, produzem um produto homogéneo, com uma função custo $CT(q_i) = 10q_i$, com $i = 1, 2$. A procura desse produto é dada por $P(Q) = 130 - Q$. Cada etapa do jogo é de Cournot e é infinitamente repetido. Concorrendo à Cournot cada empresa produz $q = 40$ e $\pi = 1600$ e o conluio permite $q = 30$ e $\pi = 1800$. Por sua vez a estratégia de desvio provoca $q = 45$ e $\pi = 2025$.

i) Calcule o Equilíbrio de Nash de estratégias puras do jogo não cooperativo.

ii) Admitindo estratégia *trigger*, qual é o valor crítico do fator de desconto δ que garante que as empresas mantêm o acordo de colusão, quando as duas empresas têm quotas iguais do lucro de monopólio, dado que a punição é o regresso ao Equilíbrio de Nash-Cournot?

iii) Admita agora 3 rondas de punição. Em que condições cooperar pode constituir-se como Equilíbrio de Nash?

4.12. Duas empresas fornecedoras de tinteiros recarregáveis produzem um produto homogéneo, com uma função custo $CT(q_i) = 6q_i$, com $i = 1, 2$. A procura desse produto é dada por $P(Q) = 120 - Q$. Cada empresa tem duas ações disponíveis: coopera (conluio) ou não coopera (concorre *à la Cournot*). Cada etapa do jogo é de Cournot e é infinitamente repetido. O conluio permite $q = 28.5$ e $\pi = 1624.5$. Por sua vez a estratégia de desvio provoca $q = 44$ e $\pi = 1826$.

i) Calcule o Equilíbrio de Nash de estratégias puras do jogo não cooperativo.

ii) Admitindo estratégia *trigger*, qual é o valor crítico do fator de desconto δ que garante que as empresas mantêm o acordo de colusão, quando as duas empresas têm quotas iguais do lucro de monopólio, dado que a punição é o regresso ao Equilíbrio de Nash-Cournot?

iii) Admita agora 6 rondas de punição. Em que condições cooperar pode constituir-se como Equilíbrio de Nash?

4.13. Duas empresas, A e B, operam num mercado, com procura dada por $P(Q) = 112 - Q$. As suas funções custo totais são: $CT(q_i) = 12q_i + S$, com $i = A, B$.

i) Mostre que, para cada empresa a quantidade de monopólio domina qualquer quantidade superior.

ii) Admita agora que as duas empresas jogam um jogo de Cournot, *one-shot*. Cada uma dessas empresas pode cooperar ou concorrer, isto é, as ações disponíveis de cada empresa são: – quantidade de cooperação correspondente à sua participação num cartel; – quantidade de concorrência no duopólio. Cada etapa do jogo é de Cournot e é repetido em tempo infinito. O desvio em relação à cooperação significa que a empresa produz a sua quantidade de concorrência. Apresente a matriz de *payoffs*.

iii) Qual o Equilíbrio de Nash de estratégias puras do jogo não cooperativo?

iv) Admita que a empresa que foi trapaceada relativamente à estratégia de cooperação no jogo repetido em tempo infinito, executa uma estratégia *trigger*. Calcule um valor $\delta^* \in \,]0, 1[$, tal que o perfil de cooperação seja um Equilíbrio de Nash-Cournot num jogo repetido infinitamente para todo $\delta \in [\delta^*, 1[$.

4.14. Considere o seguinte duopólio de Cournot, respeitante a duas empresas de produção de teclados sem fios.

Tabela 4.13 – *Payoffs*

		Emp B	
		B_1	B_2
Emp A	A_1	(1;1)	(-1;2)
	A_2	(2;-1)	(0;0)

Payoffs (Emp. A; Emp. B)

i) Calcule o Equilíbrio de Nash de estratégias puras do jogo não cooperativo.

ii) Qual é o valor crítico do fator de desconto δ que garante que cooperar pode constituir-se como um Equilíbrio de Nash neste jogo de repetição, para cada um dos seguintes cenários:
    a.   Admitindo estratégia *trigger*;
    b.   Admitindo 2 rondas de penalização;
    c.   Admitindo 4 rondas de penalização.
(Nota: $Q^0 = (A_1, B_1)$; $Q^1 = Q^2 = (A_2, B_2)$).

4.15. As empresas, A e B, pretendem cooperar, para que o *payoff* de cada uma delas seja 2.

Tabela 4.14 – *Payoffs*

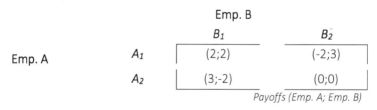

Payoffs (Emp. A; Emp. B)

i) Não cooperando, qual o *payoff* de cada empresa?

ii) Admitindo estratégia *trigger*, qual é o valor crítico do fator de desconto $\delta^* \in \,]0, 1[$, de modo a que, para todo $\delta \in [\delta^*, 1[$, cooperar é um Equilíbrio de Nash neste jogo de repetição em tempo infinito?

4.16. Duas empresas, 1 e 2, produzem um produto homogéneo, com uma função custo $CT(q_i) = 8q_i$, com $i = 1, 2$. A procura desse produto é dada por $P(Q) = 140 - Q$. Cada empresa tem duas ações disponíveis: coopera – C – (conluio) ou não coopera – NC – (concorre à la Cournot). Cada etapa do jogo é de Cournot e é infinitamente repetido. Na cooperação as duas empresas têm quotas iguais do lucro.

Tabela 4.15 – *Payoffs*

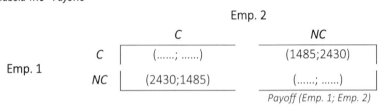

Payoff (Emp. 1; Emp. 2)

i) Calcule o Equilíbrio de Nash de estratégias puras do jogo não cooperativo.

ii) Admitindo estratégia *trigger*, qual é o valor crítico do fator de desconto δ que garante que as empresas mantêm o acordo de colusão, dado que a punição é o regresso ao Equilíbrio de Nash-Cournot, isto é, $Q^0 = (C; C)$; $Q^1 = Q^2 = (NC; NC)$.

iii) Admita agora 5 rondas de punição. Em que condições cooperar pode constituir-se como Equilíbrio de Nash?

4.17. Considere o seguinte duopólio na comercialização de cremes de rosto, constituído pelas empresas *Smooth* e *Care*. É sabido que as empresas concorrem pelos preços, ou seja, estamos perante o modelo de concorrência pelos preços de Bertrand. A procura de cremes de rosto é dada por $Q = 40 - 2P$, onde P é o menor dos dois preços. O custo total de produção de cada empresa é $CT_i = 7q_i$, com i = *Smooth, Care*. É sabido que as duas empresas decidem em simultâneo.

i) Apresente a forma estratégica deste jogo de Bertrand.

ii) Existe(m) estratégia(s) dominante(s) neste jogo? Se sim, qual(is)?

iii) Qual(is) o(s) perfil(is) de Equilíbrio de Nash – Bertrand?

4.18. A estrutura de mercado de perfuração no pré-sal, para extração de hidrocarbonetos, é um duopólio formado pelas empresas, A e B, sendo a Empresa A líder. Admita que esse mercado é caracterizado por
$P = \begin{cases} 160 - Q & se\ q_A + q_B < 160 \\ 0 & se\ q_A + q_B \geq 160 \end{cases}$, sendo q_A e q_B as quantidades das empresas, A e B, respetivamente. O custo fixo da operação, para cada empresa é de 120 u.m. e os custos variáveis são $CV_A(q_A) = 38q_A$ e $CV_B(q_B) = 40q_B$.

Nestas condições:

i) Apresente as formas estratégica e extensiva deste jogo de Stackelberg.

Sugestão: Considere para a empresa líder as ações {42, 62} e para a empresa seguidora as ações {29, 40, 42}.

ii) Existe alguma estratégia estritamente dominante para alguma das empresas? Se sim, qual(is)?

iii) Qual o perfil de equilíbrio perfeito de subjogo?

iv) Neste jogo de Stackelberg, para a Empresa B, é vantajoso decidir após ter observado a decisão de A, em lugar de decidir em primeiro lugar?

ECONOMIA INDUSTRIAL

4.7. i) Um Equilíbrio Perfeito de Subjogo é um perfil de estratégias que é Equilíbrio de Nash em cada um dos subjogos, selecionado através da *Backward Induction*.

ii)

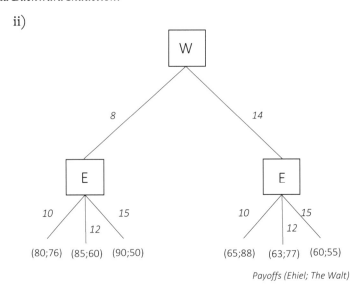

Payoffs (Ehiel; The Walt)

Tabela 4.16 – Forma estratégica

		The Walt 8	The Walt 14
	10;10	(80;76)	(65;88)
	10;12	(80;76)	(63;77)
	10;15	(80;76)	(60;55)
	12;10	(85;60)	(65;88)
Ehiel	12;12	(85;60)	(63;77)
	12;15	(85;60)	(60;55)
	15;10	(90;50)	(65;88)
	15;12	(90;50)	(63;77)
	15;15	(90;50)	(60;55)

Payoffs (Ehiel; The Walt)

Perfil de Equilíbrio Perfeito de Subjogo {14 (15; 10)}. Em equilíbrio, a empresa Ehiel produz 10 unidades.

iii)
Tabela 4.17 – *Payoffs*

		The Walt 8	The Walt 14
Ehiel	10	(80;76)	(65;<u>50</u>)
Ehiel	12	(85;60)	(63;77)
Ehiel	15	(90;50)	(60;55)

Payoffs (Ehiel; The Walt)

4.8. i)

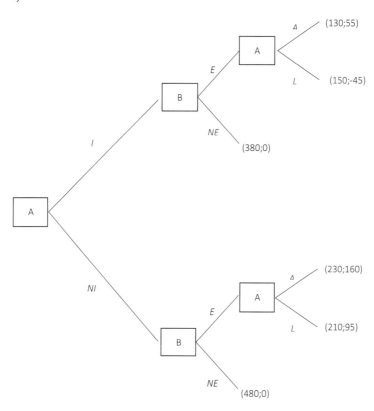

Payoffs (TripleA; DoubleB)

Tabela 4.18 – Forma estratégica

		DoubleB			
		E;E	E;NE	NE;E	NE;NE
TripleA	I;A;A	(130;55)	(130;55)	(380;0)	(380;0)
	I;A;L	(130;55)	(130;55)	(380;0)	(380;0)
	I;L;A	(150;-45)	(150;-45)	(380;0)	(380;0)
	I;L;L	(150;-45)	(150;-45)	(380;0)	(380;0)
	NI;A;A	(230;160)	(480;0)	(230;160)	(480;0)
	NI;A;L	(210;95)	(480;0)	(210;95)	(480;0)
	NI;L;A	(230;160)	(480;0)	(230;160)	(480;0)
	NI;L;L	(210;95)	(480;0)	(210;95)	(480;0)

Payoffs (TripleA; DoubleB)

ii) Não existem estratégias estritamente dominantes para nenhuma das empresas.

iii) Perfis possíveis de Equilíbrio Perfeito de Subjogo: $\{(I; L; A)(NE; E)\}$; $\{(I; L; L)(NE; E)\}$; $\{(NI; A; A)(E; E)\}$ e $\{(NI; L; A)(E; E)\}$.

iv) Equilíbrio Perfeito de Subjogo: $\{(I; L; A)(NE; E)\}$.

4.9. i) Equilíbrio de Nash-Cournot: {33.33; 33.33}.

ii) Equilíbrio Perfeito de Subjogo: {50 (33.33; 33.33; 25)}.

iii) Custo de oportunidade de 625. Quando A joga em primeiro lugar, B tem um *payoff* de 625. Quando B joga em primeiro lugar, B tem um *payoff* de 1250.

4.10. i) $\forall \delta > 0: \pi_M(q_M) > \pi_M(q_M + \delta) \Leftrightarrow \pi_M(q_M) > \pi_M(q_M) - \delta^2$.

ii)

Tabela 4.19 – *Payoffs*

		Emp. 2	
		C	NC
Emp. 1	C	(1250-S; 1250-S)	(1041.67-S; 1388.89-S)
	NC	(1388.89-S; 1041,67-S)	(1111.11-S; 1111.11-S)

Payoffs (Emp. 1; Emp. 2)

iii) Equilíbrio de Nash: {NC; NC}.

iv) $\delta \geq 0.49$.

4.11. i) Equilíbrio de Nash: {NC; NC}.

ii) $\delta \geq 0.5294$.

iii) Quando $\delta \geq 0.5842$.

4.12. i) Equilíbrio de Nash de estratégias puras: {NC; NC}.

ii) $\delta \geq 0.5275$.

iii) Quando $\delta \geq 0.5333$.

4.13. i) $\forall \delta > 0: \pi_M(q_M) > \pi_M(q_M + \delta) \Leftrightarrow \pi_M(q_M) > \pi_M(q_M) - \delta^2$.

ii)

Tabela 4.20 – *Payoffs*

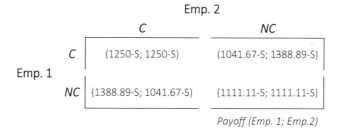

Payoff (Emp. 1; Emp.2)

iii) Equilíbrio de Nash: {NC; NC}.

iv) $\delta \geq 0.49$.

4.14. i) Equilíbrio de Nash: {A_2; B_2}.

ii)
   a) $\delta \geq 0.5$.

b) $\delta \geq 0.6180$.
c) $\delta \geq 0.5188$.

4.15. i) *Payoff* de 0 ou de 3.

ii) $\delta \geq 0.333$.

4.16. i) Equilíbrio de Nash: $\{NC; NC\}$.

ii) $\delta \geq 0.5101$.

iii) $\delta \geq 0.5198$.

4.17. i)
Tabela 4.21 – Forma estratégica

	7	8	9	10	11	12	13	14
7	(0;0)	(0;0)	(0;0)	(0;0)	(0;0)	(0;0)	(0;0)	(0;0)
8	(0;0)	(6;6)	(12;0)	(12;0)	(12;0)	(12;0)	(12;0)	(12;0)
9	(0;0)	(0;12)	(10;10)	(20;0)	(20;0)	(20;0)	(20;0)	(20;0)
10	(0;0)	(0;12)	(0;20)	(12;12)	(24;0)	(24;0)	(24;0)	(24;0)
11	(0;0)	(0;12)	(0;20)	(0;24)	(12;12)	(24;0)	(24;0)	(24;0)
12	(0;0)	(0;12)	(0;20)	(0;24)	(0;24)	(10;10)	(20;0)	(20;0)
13	(0;0)	(0;12)	(0;20)	(0;24)	(0;24)	(0;20)	(6;6)	(12;0)
14	(0;0)	(0;12)	(0;20)	(0;24)	(0;24)	(0;20)	(0;12)	(0;0)

Payoff (Smooth; Care)

Nota: a empresa Smooth joga em linha e a empresa Care joga em coluna.

ii) Para ambas as empresas, as estratégias *8, 9, 10, 11, 12* e *13* dominam fracamente as estratégias *7* e *14*. As estratégias *8, 9, 10, 11* e *12* dominam fracamente as estratégias *13*. As estratégias *9, 10* e *11* dominam fracamente as estratégias *12*. A estratégia *10* domina fracamente a estratégia *11*.

iii) Equilíbrio de Nash: $\{(7; 7)(8; 8)\}$.

4.18. i)

Tabela 4.22 – *Payoffs*

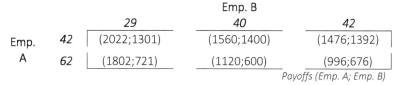

Payoffs (Emp. A; Emp. B)

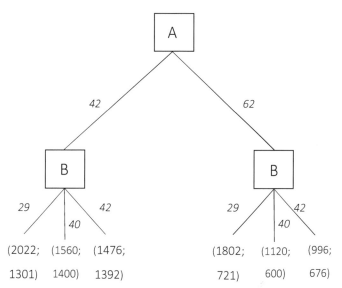

Payoffs (Emp. A; Emp. B)

ii) Não existem estratégias estritamente dominantes.

iii) Equilíbrio Perfeito de Subjogo: {62 (40; 29)}.

iv) Sim, pois obtém um *payoff* superior (1400 > 721).

PARTE III
COMPORTAMENTO ESTRATÉGICO

5.
Barreiras à concorrência, negociação e leilões

Este capítulo é dedicado à análise das barreiras à concorrência. Estudam-se barreiras à entrada, em que se distinguem as barreiras estratégicas das que não resultam de qualquer ação deliberada, isto é, as inocentes. Estudam-se também barreiras à mobilidade e à saída, bem como, a dificuldade que elas acrescentam em obter estruturas de mercado eficientes. A este propósito, decorre da Teoria da Contestabilidade, a necessidade de retirar eficácia às barreiras à entrada, bem como a necessidade de redução dos custos não recuperáveis ou afundados (*sunk costs*).

De facto, outras estruturas, que não a competitiva, poderão subsistir no mercado mediante a existência de barreiras à entrada. Debate-se, pois, a necessidade de regulação de monopólios, nomeadamente, monopólios naturais e a repartição do benefício económico com os consumidores. Este capítulo analisa ainda situações onde o poder de mercado é recíproco, quer na oferta quer na procura, isto é, refere-se a situações em que os modelos de concorrência imperfeita não oferecem *outcomes* satisfatórios. Por essa razão apresentam-se ferramentas de negociação, com e sem impaciência, bem como o mecanismo de leilões para afetação de propriedade de um bem ou serviço.

5.1 | BARREIRAS À ENTRADA, À MOBILIDADE E À SAÍDA

Considera-se que existe uma nova entrada no mercado quando se verifica, cumulativamente, a criação de uma nova entidade jurídica e quando é instalada capacidade produtiva adicional. Significa isto que a aquisição de uma empresa por parte de uma concorrente, já a operar no mercado por exemplo, não se define como nova entrada no mercado. Também não se trata de nova entrada quando uma empresa já instalada aumenta a sua capacidade instalada. A **entrada** no mercado pode ser **efetiva** ou **potencial**. Por outras palavras, a entrada efetiva acontece quando a empresa penetra de facto no mercado. A entrada potencial, cujo papel de disciplina de mercado foi substancialmente elevado com a Teoria da Contestabilidade como foi visto no capítulo 1, consiste na ameaça de uma nova entrada no mercado.

A entrada de empresas no mercado depara-se com obstáculos de diversa natureza, globalmente designadas de **barreiras à entrada**. Não existe uma definição única de barreiras à entrada (recordar debate no capítulo 1). Na linha de George Stigler, podem ser definidas como os custos que uma empresa potencial entrante tem de suportar, mas que a empresa instalada não tem. Assim sendo, é conferido à empresa instalada uma vantagem competitiva em relação às entrantes. Joe Bain aborda as barreiras à entrada numa perspetiva mais pragmática, sustentando que as barreiras correspondem à capacidade que as empresas instaladas têm de, no longo prazo, aumentar o preço acima dos seus custos mínimos de produção, sem com isso atraia novas empresas para o mercado.

As barreiras à entrada podem ser **inocentes** ou **estratégicas**. As inocentes resultam naturalmente, não decorrendo de uma intenção, atividade e/ou estratégia deliberada por parte da empresa instalada. Por sua vez, as barreiras estratégicas (ou intencionais) resultam de um planeamento por parte da empresa instalada, que delineia estratégias observando a concorrência, de modo a obstruir a entrada de novas empresas nesse mercado.

A entrada (ou a ameaça de entrada) de novas empresas num mercado tem efeitos diretos e indiretos no comportamento estratégico das empresas instaladas. Os comportamentos das empresas adaptam-se à estrutura de mercado em que estão inseridas, pelo que, num ambiente de tentativa de entrada de novas empresas, as estratégias das empresas instaladas irão projetar o impedimento dessa entrada. O objetivo geral das barreiras estratégicas, é tornar a entrada no mercado não atrativa. O **modelo do preço limite** (estudado com mais pormenor no capítulo 6) é um exemplo de uma barreira estratégica. Esse modelo retrata uma empresa instalada que procura esgotar o espaço de entrada de uma nova empresa no mercado, quer pela fixação de preço, quer acrescentando oferta no mercado por forma a reduzir o preço. Esta estratégia é não maximizadora do lucro, como se verá no próximo capítulo.

Na linha de Bain, são várias as fontes de barreiras à entrada, nomeadamente: as economias de escala (estudadas no capítulo 1), requisitos de capital, condições de acesso a financiamento, vantagens absolutas de custos, localização, contratos com rede de clientes e fornecedores, propriedade intelectual (como patentes e domínio de tecnologias), algum grau de diferenciação do produto, legais, históricas, reputação, entre outras fontes. Importa apenas salientar a importância das economias de escala como barreira à entrada. Podem ser apontadas como fontes de barreiras à entrada, entre outras, o efeito da especialização, o poder de mercado, os efeitos dos calibres mínimos, custos de Investigação & Desenvolvimento, vantagens nos custos financeiros ou de transporte. Naturalmente que outros fatores provocam deseconomias de escala, nomeadamente, fatores técnicos relacionados com a tecnologia usada na produção, ou mesmo dificuldades de coordenação próprias das organizações de maior dimensão.

Na presença de barreiras à entrada fica evidente que o aumento da escala de produção implica redução de custos médios. Essa redução de custos médios pode ser de enorme utilidade para o consumidor, se com ele for repartido parte do benefício económico. Quer isto dizer que custos médios mais baixos permitem à empresa praticar preços também mais baixos. Resta saber se o praticam. A função regulatória terá aqui uma área de intervenção privilegiada, assunto que será apresentado mais à frente no capítulo 8.

A dinâmica de mercado é afetada não apenas por barreiras à entrada, mas também por **barreiras à mobilidade**. Estas verificam-se essencialmente em empresas que se encontram instaladas num segmento de mercado ou área de negócio recorrendo a ativos com uma aplicação muito específica. A exclusividade do ativo pode comprometer a sua atuação em outro segmento, pelo que se constitui como uma barreira à mobilidade. Mas, para além das barreiras à entrada e à mobilidade, também as **barreiras à saída** são relevantes na análise da dinâmica de mercado. Uma vez mais, a natureza dos ativos e do investimento realizado é determinante na dinâmica de mercado. De facto, os **custos afundados** (*sunk costs*), podem ser percebidos como uma barreira à saída (sendo que, em algumas situações também podem ser considerados como uma barreira à entrada). Veja-se a distinção entre custo fixo e custo afundado.

Um custo fixo não é considerado irreversível. Pelo contrário, um custo fixo pode ser um custo evitável, bastando que a empresa cesse a sua atividade.

Considere como exemplo o aluguer de um armazém industrial, ou o próprio custo com o aluguer de contador e encargo de potência com eletricidade, onde uma empresa se encontra instalada. A cessação da atividade levará ao cancelamento do contrato de aluguer (eventualmente apenas na maturidade do contrato) bem como a supressão do fornecimento de eletricidade. Estes são custos fixos, que não dependem do nível de produção, e nem a devem influenciar. Há, de facto, que recordar que na condição de primeira ordem na maximização de uma função lucro o custo fixo não influencia o nível ótimo de quantidade.

Por seu turno, os custos afundados são tradicionalmente considerados custos não recuperáveis. Uma vez suportados, a empresa não os tem novamente em consideração em qualquer período económico posterior. Ora, uma análise mais fina da realidade mostra que eles podem ser recuperados, na totalidade ou apenas em parte, no momento da saída de empresas do mercado. A parte que não é recuperável deve-se fundamentalmente ao grau de especificidade desses ativos. É clássico o exemplo dos carris ferroviários. Depois de aplicados, o valor da remoção pode ser superior ao valor da sucata.

Outros exemplos de custos afundados, podem ser as campanhas publicitárias. Uma vez realizadas, esse investimento é *sunk* e a empresa não deverá considerá-lo em nenhum período económico posterior. No entanto, se a empresa com essas campanhas conseguir criar por exemplo uma marca, com reputação, no momento da saída poderá obter uma receita resultante da venda dessa marca, recuperando assim parte desse investimento. Note-se que as empresas não abandonam o mercado apenas em situação de falência. A saída do mercado pode fazer parte de uma estratégia natural, concorrencial, em que é definido um período de permanência, findo o qual a empresa pode decidir sair do mercado (para mais pormenores consultar Marques e Brandão (2010)). Essa saída pode ser feita de diversas formas, tais como por extinção ou por aquisição ou fusão. Resulta, como conclusão, que a empresa que entra no mercado deverá ser feita com ativos com o maior grau de flexibilidade possível. Por outras palavras, novas empresas no mercado devem procurar investir em ativos que permitam adaptar-se com grande facilidade a novas funções e/ou atividades. Esta é a melhor sugestão que poderá ser deixada a jovens ou menos jovens empreendedores que pretendam entrar no mercado com a sua própria empresa.

5.2 | MERCADOS CONTESTÁVEIS E ESTRUTURA INDUSTRIAL

No capítulo primeiro ficou evidente a importância da Teoria da Contestabilidade na evolução do pensamento em Economia Industrial. Quando se pensa em mercados contestáveis (ou disputáveis) e consequentemente em estrutura industrial, há que distinguir dois tipos de estruturas: a **configuração possível** e a **configuração sustentável**. O primeiro refere-se a uma estrutura de mercado em que o preço praticado, por uma empresa entrante e uma empresa instalada, não concede nem um ganho nem uma perda a ambas as empresas. Por sua vez, numa configuração sustentável, uma empresa entrante que produza o mesmo produto que a empresa instalada, não deve obter lucros se praticar preços mais baixos do que a empresa instalada. Considerando, no entanto, a possibilidade de existirem economias de escala, a entrante pode, de facto, penetrar o mercado com preço inferior, sendo que a instalada terá de se ajustar. O tipo de estrutura a que um mercado contestável se refere é ao de configuração sustentável.

Para uma estrutura industrial de configuração sustentável, contribuem a tecnologia de produção e a preferência da clientela. Significa, portanto, que a estrutura sustentável é aquela que passa também a considerar as características em termos de custos e de tecnologias de produção. Por outras palavras, o formato ótimo e normativo da concorrência pura e perfeita é substituído por outras configurações de equilíbrio, que são mais eficazes e determinadas de forma endógena em cada indústria. Significa isto que, de acordo com Baumol, Panzar e Willig (1982), as configurações sustentáveis são aquelas que permitem que, o número de empresas e o vetor de produção, minimizam o custo total da produção na indústria. Significa isto, então, que é possível observar um número variável de empresas nessas configurações sustentáveis.

Entende-se por mercado contestável (puro), aquele onde todas as empresas têm acesso à mesma tecnologia, independentemente das suas características. Nesses mercados, a entrada e a saída de empresas é livre, ou seja, uma dada empresa não incorre em custos associados à entrada e/ou à saída do mercado. Ora, isto implica que se deva reduzir a eficácia de barreiras à entrada, bem como a redução de custos não recuperáveis ou *sunk*. Saliente-se que, pese embora essa pureza nos mercados ser difícil de atestar, na verdade é possível verificar diferentes níveis, intensidades ou graus de contestabilidade nos mercados. Pode pensar-se que, sempre que se reduzem ou eliminam barreiras, introduzem-se características de contestabilidade ou aumenta-se o nível de contestabilidade nesse mercado.

Admitindo que não existe reação por parte da empresa instalada, o mercado ótimo para as novas empresas entrarem, será aquele que reúne características de contestabilidade. Quanto maior for o nível de contestabilidade, tanto mais exequível é a entrada. A prática de preços muito baixos e a saída do mercado sem consequências, destaca a estratégia de *"hit-and-run"*. Isto é, novas empresas entram no mercado livremente, eventualmente aproveitando economias de escala, praticando um preço mais baixo, o que lhes permite ganhar quota de mercado. As empresas instaladas reagem, retaliando. Ora, quando as entrantes se aproximam da obtenção de lucros próximos de zero, ou negativos, essas empresas optam por sair do mercado sem qualquer custo, podendo ainda recuperar o capital investido. A opção por uma estratégia de *"hit-and-run"*, revela que a empresa entrante poderá capturar todo o mercado, adquirindo lucros até à empresa instalada responder. Além disso, a empresa entrante tem a possibilidade de usufruir da hipótese, de mesmo antes de a empresa instalada responder, abandonar o mercado.

Em resumo, a **Teoria da Contestabilidade** não sujeita os comportamentos de um dado jogador às estruturas desse mercado, ligando-os com a concorrência potencial de outros jogadores não instalados nesse mercado. Esta teoria permite traçar linhas de orientação para os decisores de política e os reguladores promoverem mercados com maior grau de competitividade, e racionalidade nos investimentos, mesmo que isso provoque a permanência no mercado de apenas um pequeno número de empresas. Este contributo permite manter reservado à concorrência pura e perfeita, o lugar de referência teórico, de abstração, ao mesmo tempo que confere realismo à análise das indústrias.

5.3 | MONOPÓLIO NATURAL

Um **monopólio natural forte** é aquele em que se verificam custos médios de produção decrescentes com a quantidade produzida. Este tipo de estrutura de mercado, pese embora deva ser vista como exceção, pode de facto ser sustentável. De facto, não apenas as características da tecnologia, mas também a própria disponibilidade e concentração de um recurso natural, podem suportar a sua existência. A repartição do benefício do custo médio decrescente com o consumidor e a regulação desta estrutura são assuntos de particular relevo.

5.3.1 | ESCALA DE PRODUÇÃO E REPARTIÇÃO DE BENEFÍCIOS

A entrada de novas empresas no mercado pode ser impedida naturalmente ou, como visto anteriormente, poderão ser as barreiras inocentes a legitimar e a suportar a operação de apenas uma empresa no mercado. Considere-se, a produção de um determinado bem que apresenta exigência de investimentos elevados, mas que permitem custos marginais de produção baixos. Pode pensar-se, por exemplo, numa central nuclear de uso civil para geração de eletricidade num país de pequena dimensão.

O incentivo para novas empresas entrarem no mercado torna-se pouco atrativo individualmente, bem como pouco atrativo de ser promovido por política pública. Por um lado, as indústrias que requerem investimentos elevados apresentam ativos de grande especificidade e, portanto, pouco flexíveis e propensos a serem adaptados a outras indústrias. De facto, uma empresa que opere uma central nuclear e queira sair do mercado, não encontrará facilmente um mercado de ativos em segunda mão para os ativos específicos e especializados que instalou e em que investiu. Por outro lado, a acontecer a entrada, assumindo que a procura se mantém, então a escala de operação de cada uma das empresas reduzir-se-ia, o que significa que iria provocar um aumento do custo médio de operação e, logo, preços mais elevados e expulsão do mercado dos consumidores com menor disponibilidade a pagar pelo consumo desse bem.

A produção em escala elevada, de que o monopólio é expoente máximo, é na verdade um ponto de otimização de custos muito interessante e que, de resto, deve ser promovida numa economia. De facto, em indústrias que exibam rendimentos crescentes à escala é avisado que se permita a existência de empresas de grande dimensão, fundamentalmente com o objetivo de, delas beneficiar por operarem com custos médios baixos. É esta descida de custos médios que permite que as empresas baixem os preços dos seus produtos e, com isso, permitir o acesso ao consumo por parte de mais consumidores, nomeadamente dos menos favorecidos economicamente. Importa, pois, que a regulação tenha mestria suficiente para conseguir fazer repartir uma parte desse benefício privado da empresa com o consumidor.

5.3.2 | REGULAÇÃO DE MONOPÓLIO NATURAL

A regulação de um monopólio natural não é tarefa fácil. Desde logo porque existe um potencial problema informacional entre o regulado (empresa monopolista) e o regulador. Quando o regulador avança para uma regulação competitiva, fazendo coincidir o preço de mercado com o custo marginal, irá provocar prejuízo na empresa, dado que o seu nível de custo médio está acima do custo marginal. Esse prejuízo terá de ser recompensado, nomeadamente sobre a forma de um subsídio designado de indemnização compensatória. Ora esse subsídio terá de ser financiado, preferencialmente por impostos não destorcedores. No entanto, o subsídio pode provocar, por um lado, uma redução da propensão à eficiência na empresa. Por outro lado, esse subsídio tem associado um problema redistributivo para a sociedade como um todo, dado que passam a ser todos, mesmo os que não consomem o bem, a financiar esta empresa.

A alternativa a esta estratégia de *pricing* competitivo, que procura então repartir uma parte do benefício com o consumidor, é operar no ponto em que o preço iguala o custo médio. Nesta situação, a empresa garante que não terá prejuízo, ainda que possa ficar em causa a sua resiliência e qualidade no longo prazo, pois, irá reduzir a sua capacidade de realizar investimentos. Pode ainda pensar-se na alternativa conhecida como o *pricing* de Ramsey–Boiteux. Basicamente consiste numa regra de fixação de preço em monopólio natural que toma em consideração a sensibilidade dos consumidores ao preço (elasticidade preço procura). É uma solução de *second-best* e pode ser definida como a combinação de preços e de quantidades que maximiza o excedente total, sujeito à restrição que a empresa esteja pelo menos no seu ponto de *break even*, isto é, não apresente prejuízo. Isto em monopólio com mais do que um produto. Para uma empresa com um único produto, esta regra implica calcular o preço mais próximo possível de custo marginal, mas salvaguardando que permite à empresa o *break even point*.

Outro desafio que se coloca em monopólio natural, e de uma forma geral também em **monopólios fracos**, com custos marginais crescentes, é a forma como a empresa lida com o seu poder de mercado. De facto, ela pode ser tentada a abusar da sua posição dominante. Algumas dessas práticas, proibidas no quadro legal da defesa da concorrência, serão analisadas no derradeiro capítulo deste manual.

5.4 | PODER DE MERCADO RECÍPROCO E A NEGOCIAÇÃO COM E SEM IMPACIÊNCIA

Em geral, considera-se que os participantes num determinado mercado podem comportar-se como *pricemakers* ou *pricetakers*. A existência de poder de mercado permite à empresa algum grau de fixação de preço que lhe maximiza o lucro. O **poder de mercado** é usualmente analisado do lado da oferta, mas também do lado da procura pode ser observado. De facto, quando se verificam poucos ou apenas um participante do lado da procura, então esses ou esse terá poder para definir o preço a que está disposto a adquirir o bem ou serviço. A estrutura tradicional identificada com maior poder de mercado na oferta é o monopólio. Na procura, a estrutura correspondente é o monopsónio. Habitualmente, toma-se então como regra que o poder de mercado está apenas em um dos lados, na procura ou na oferta. O outro lado toma o preço como um dado.

O problema surge quando se considera que, nos dois lados, na oferta e na procura, os participantes não são *pricemakers*. Nestas situações, de poder de mercado repartido, os modelos de concorrência imperfeita não têm sido capazes de mostrar quais os *outcomes* mais prováveis no mercado. De facto, em situações que, nenhum dos participantes é considerado *pricemaker* ou *pricetaker*, o método de formação de preço baseia-se na negociação entre o vendedor e o comprador. A negociação torna-se assim um instrumento precioso porque, de alguma forma traduz o poder de mercado recíproco. A negociação ocorre quando, dois ou mais indivíduos (produtores e consumidores) se envolvem num processo de interação para concretizar uma troca. Claro está que a necessidade de recorrer a um processo de negociação, resulta da prévia falta de concordância nos termos dessa troca, entre as partes envolvidas.

A negociação pode ser concretizada entre participantes ou jogadores com ou sem preferência pelo fator tempo, dando origem à negociação **com impaciência** ou **sem impaciência**, respetivamente. Assim sendo, para os participantes numa negociação sem impaciência, o dia ou ronda de fecho da negociação não é relevante. As **rondas de jogo** referem-se aos momentos em que os jogadores negoceiam. Cada negociação estipula o seu número de rondas, pelo que não existe uma regra sobre quantas rondas devem ocorrer em cada jogo. Pode pensar-se, por exemplo, no mercado de trabalho, onde a concertação social reúne o lado da oferta (trabalhadores) e procura (empregadores), e promove a negociação. Nessa negociação define-se previamente, a data das reuniões, ou rondas, onde serão colocadas as propostas.

Veja-se o exemplo 5.1 e assuma que se está perante uma negociação sem impaciência, com duas rondas. O Joy é um indivíduo que pretende adquirir um automóvel. Após analisar os diversos modelos à sua disposição, o Joy decide qual o veículo que pretende comprar. Os participantes, Joy e Ive, fazem as suas propostas de compra e venda, respetivamente. Não existe, contudo, concordância entre os valores propostos (note-se que os valores propostos de ambas as partes são de conhecimento mútuo) e por essa razão entram num processo de negociação. Para que a negociação possa ser bem-sucedida, a **disponibilidade máxima a pagar do comprador** terá de exceder o **preço de reserva do vendedor**, isto é, o mínimo que estará disposto a receber pela cedência do bem ou serviço. No exemplo 5.1, a disponibilidade máxima do comprador para comprar o automóvel é de, admita-se, € 5000. Para o vendedor, o preço de reserva é o valor mínimo que pretende receber pelo carro, isto é, € 4000. O **potencial ganho** da negociação (ou **excedente**), é a subtração entre os preços de reserva de ambas as partes, que neste caso é € 1000.

A **negociação termina** quando um dos jogadores **aceita a proposta do outro**. No caso de o jogador não aceitar a proposta, na primeira ronda, então uma nova ronda deverá seguir-se, na qual é apresentada uma **contraproposta**, em ordem alternada. Nessa mesma ronda, o outro jogador deverá novamente decidir se aceita ou não, e assim sucessivamente até à última ronda do jogo. Se na última ronda da negociação não existir consenso nos valores propostos, o jogo termina atribuindo um *payoff* de 0 a cada um dos participantes, ou seja, a negociação não permitiu alterar a riqueza, o lucro, o grau de satisfação, ..., o que quer que se considere *payoff*. Caso contrário, se na última ronda da negociação, o Joy aceitar a proposta, diz-se que a Ive beneficia do efeito conhecido pela vantagem de jogar em segundo lugar (*second mover's advantage*). Assim sendo, uma vez na presença de um **número par e finito** de rondas, o jogador que joga em segundo lugar recolhe todo o excedente da negociação. Por outro lado, quando existe um **número ímpar e finito** de rondas, então verifica-se a vantagem de jogar em primeiro lugar (*first mover's advantage*) pelo que, neste caso, seria o Joy a recolher todo o excedente disponível na negociação.

5 · BARREIRAS À CONCORRÊNCIA, NEGOCIAÇÃO E LEILÕES

Exemplo 5.1

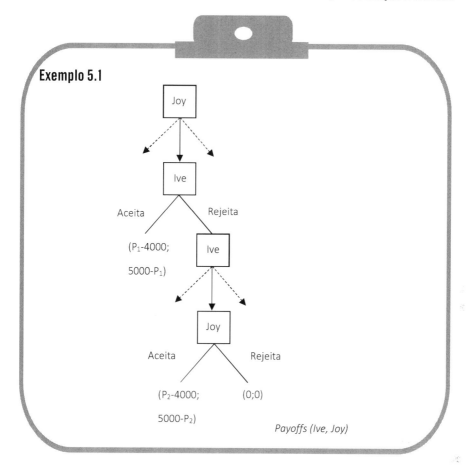

Payoffs (Ive, Joy)

A negociação com impaciência pode ainda ser tipificada em **simétrica** ou **assimétrica**. A impaciência simétrica verifica-se em situações em que a preferência pelo tempo é idêntica para o comprador e para o vendedor, ou seja, as taxas de impaciência são iguais. Esta impaciência implica a cobrança de um custo implícito de impaciência aos jogadores em cada uma das rondas, representado por δ. Importa salientar que o objetivo de qualquer negociação deverá ser a concretização da transação, consumindo nesse processo a menor quantidade de recursos possível, nomeadamente tempo. Assim, os participantes na negociação terão toda a vantagem em antecipar as decisões do outro jogador no final das rondas de negociação, através da conhecida ferramenta de *Backward Induction*. Tendo esse comportamento em mente, o objetivo será então perceber qual deverá ser a primeira proposta, na primeira ronda, de forma a que torne os participantes indiferentes entre aceitar, logo aí, essa proposta ou então irem até ao final das rondas de negociação, consumindo assim recursos de tempo evitáveis.

A negociação com impaciência pode ainda ser feita num quadro em que os participantes têm preferência pelo tempo assimétrica. Tome-se por exemplo um recém-licenciado que tem uma proposta de emprego, com início dentro de uma semana, sete dias. Essa proposta implica deslocações diárias, para as quais necessita de um automóvel. Esse recém-licenciado (vendedor da sua mão de obra, mas na negociação comprador de um automóvel) entra num processo de negociação com um *stand* (do lado da oferta, vendedor do automóvel). Pese embora o *stand* pretenda vender o automóvel já do que mais tarde, não tem de o fazer no período de tempo de sete dias. Pelo contrário, o comprador, recém-licenciado, necessita do automóvel dentro de sete dias. A sua impaciência pelo tempo será, portanto maior do que a do *stand*. Está-se, portanto, perante taxas de impaciência assimétricas. Note-se que, em rigor, para além da assimetria dessas taxas, pode pensar-se ainda que à medida que os dias passam e se aproximam do início do contrato de trabalho, o comprador ficará disponível para pagar mais pelo veículo pois a sua taxa de impaciência, para além de assimétrica, é também crescente dada a aproximação do prazo.

5.5 | LEILÕES: INGLÊS, HOLANDÊS, AMERICANO E DE VICKREY

Os leilões são também uma forma de lidar com a incapacidade dos modelos tradicionais de concorrência imperfeita definirem os *outcomes* mais prováveis. De facto, os **leilões** são mecanismos de afetação de propriedade, que se baseiam essencialmente na competição pelos preços. Assim é nos leilões unidimensionais, com apenas uma dimensão, usualmente os preços. Claro está que podem ser definidas outras dimensões como critério de vencedor do leilão, tais como: a qualidade do bem/serviço; o número de postos de trabalho criados; o montante de investimento e percentagem de incorporação de tecnologia nacional, prazos de entrega, entre outros critérios. Apesar de, no caso dos leilões, e ao contrário da negociação, não estarem em disputa a procura e a oferta com poder de mercado, em todos estes exemplos os modelos de concorrência imperfeita são de utilidade limitada na decisão de aquisição de um bem ou serviço que respeite essas características.

Em geral, a determinação de um preço para um dado bem pode, por vezes, ser difícil de estipular, sendo então os leilões (e a Teoria dos Jogos implícita porque envolve interação entre os jogadores) de grande utilidade nesse processo. Nos leilões, é necessário estipular previamente as regras do leilão, bem como conhecer o ambiente do mesmo. De facto, o promotor do leilão terá de definir as condições de acesso dos licitantes a esse leilão, a forma de colocação das propostas, a informação a divulgar a todos, o fecho do leilão, a forma de apuramento do vencedor e o mecanismo de formação de preço que deverá pagar. O promotor do leilão, usualmente define um preço de reserva, o que confere um preço (mínimo ou máximo, dependendo do contexto do leilão), para evitar a ocorrência de cooperação entre os licitadores, conluio esse designado de anel de licitação não prejudicando o vendedor (comprador), na medida em que o desobriga de vender (comprar) a qualquer preço.

Nos leilões, os vendedores (compradores) não determinam o preço, pelo que devem escolher qual o tipo de leilão que pretendem aplicar. Os leilões são caracterizados quanto ao seu **tipo de licitação, mecanismo** e **preço**, originando assim quatro tipos de leilões, conhecidos como leilão Inglês, Holandês, Americano e de Vickrey. Cada um com características e regras próprias, que se adaptam aos diferentes cenários. Note-se ainda que um leilão pode ser composto por mais do que um destes tipos. Quer isto dizer que pode observar-se, por exemplo, um leilão Americano para a seleção de dois ou três jogadores que passarão a uma segunda fase do leilão, fase essa onde se desenvolve por exemplo um leilão Inglês. Um resumo das principais características de cada um deles pode ser observado na tabela seguinte.

Tabela 5.1 – Tipos de leilão

Tipo	Lance	Mecanismo	Preço
Americano	Proposta Fechada (*Sealed Bid*)	*One-shot*	Primeiro Preço
Vickrey	Proposta Fechada (*Sealed Bid*)	*One-shot*	Segundo Preço
Inglês	Proposta Aberta (*Open-cry*)	Ascendente	Primeiro Preço
Holandês	Proposta Aberta (*Open-cry*)	Descendente	Primeiro Preço

O **tipo de licitação** dos leilões pode ser de **proposta fechada** (ou *sealed bid*) ou **orais/proposta aberta** (ou *open-cry*). Em leilões de proposta de fechada (com mecanismo *one-shot*), é apenas permitido apresentar uma licitação, sendo que, usualmente a mesma deve ser feita por escrito e em carta fechada por forma a preservar a natureza estática desse jogo. Neste tipo de jogos estáticos, pode estar-se perante um leilão de **primeiro** ou de **segundo preço**. Em concreto, quando um leilão é de primeiro preço, vence o que oferecer melhor proposta, sendo que o *payoff* final corresponde à diferença entre a sua disponibilidade máxima a pagar e o seu lance proposto. Por sua vez, o leilão de segundo preço, segue o mesmo critério para apuramento do vencedor, isto é, ganha o participante que coloca a melhor proposta. No entanto, o preço pago pelo vencedor corresponde ao melhor preço vencido, designado de segundo preço. O *payoff* final do vencedor corresponde então à subtração entre a sua disponibilidade máxima a pagar e o segundo lance de valor mais elevado, isto é, a melhor proposta entre os vencidos.

Nos leilões estáticos **Americano** e de **Vickrey**, as propostas são apresentadas uma única vez, dispondo de apenas uma (*one-shot*) oportunidade para vencer o leilão. Os leilões de *open-cry* podem assumir dois tipos de mecanismos, **ascendente** e **descendente**, sendo então leilões dinâmicos ou sequenciais. Quando o mecanismo é ascendente está-se perante um leilão **Inglês**, enquanto que quando o mecanismo é descendente designa-se de leilão **Holandês**. Os leilões de tipo Inglês são muito frequentes, sendo os de tipo Holandês menos usuais. Um exemplo deste último é a negociação do pescado feita em lota. O leiloeiro seleciona os lotes de pescado e inicia o leilão anunciando um preço elevado, que vai baixando progressivamente até ao momento em que um dos licitadores decide aceitar o preço anunciado pelo leiloeiro. Se o lote atinge um preço demasiado baixo, definido como preço de reserva, então o leiloeiro retira-o do leilão. Em sentido contrário, o leilão Inglês, sendo de mecanismo ascendente, continua enquanto todos aceitam o preço anunciado pelo leiloeiro e termina quando todos passam o preço, com exceção de um que aceita. Esse é o ponto do equilíbrio perfeito de subjogo.

Neste tipo de leilões, com informação perfeita, a receita recebida pelo vendedor é a mesma. Também em jogos Bayesianos, com jogadores neutros ao risco, é possível provar que o preço esperado pago no leilão (receita do vendedor) é o mesmo nos leilões de primeiro e de segundo preço. Não obstante, os leilões de segundo preço têm a vantagem clara dos jogadores manifestarem a valorização real que atribuem ao bem ou serviço, conhecido como princípio da valorização verdadeira de valorizações. Neste tipo de leilões, de segundo preço, licitar de forma verdadeira, é uma estratégia dominante para cada jogador.

Exercícios Resolvidos

5.1. No mercado de transporte de mercadorias existe uma empresa atualmente a operar e uma outra interessada em integrar o mercado. A procura total é representada por $Q + q = 100 - P$, com Q a quantidade da empresa atualmente no mercado e q da empresa entrante. É sabido ainda que $CT(Q) = 40Q$. A empresa entrante tem de incorrer num custo "afundado" se entrar no mercado, tendo como função custo total $CT(q) = S + 40q$.

i) Em que condições não é considerada uma nova entrada no mercado?

ii) Qual a procura residual da empresa entrante quando ela observa a quantidade da instalada $\bar{Q}$ e espera que esta mantenha esse nível?

iii) Como varia a quantidade limite com o montante de custos recuperáveis do investimento inicial? Interprete economicamente.

iv) Ocorrendo a entrada, o custo S poderá ser encarado como uma barreira à saída da empresa? Explique como. Qual deverá ser então a opção da empresa entrante?

Resolução

i) Não é considerada uma entrada no mercado quando não se verificam, cumulativamente, duas condições: capacidade produtiva adicional e nova entidade jurídica, com centro de decisão autónomo.

ii) Na resposta a esta questão deverá ter-se em consideração o Postulado Sylos-Labini, isto é, a empresa entrante assume que a empresa instalada mantém a sua decisão de produção ao nível da pré--entrada. Neste contexto, a procura residual da empresa entrante será $P = (100 - \bar{Q}) - q$, onde q representa a quantidade da empresa entrante. Concretizando, quando a empresa instalada permanece sozinha no mercado, comporta-se como monopolista e o equilíbrio de mercado correspondente calcula-se como se segue, $\pi_I = (100 - Q)Q - 40Q$.

Pela condição de primeira ordem (CPO):

$$\frac{\partial \pi_I}{\partial Q} = 0 \Leftrightarrow 100 - 2Q - 40 = 0 \Leftrightarrow Q = 30.$$

Assim, o preço de mercado é, $P = 100 - 30 = 70$, originando um lucro à empresa monopolista de $\pi = P * Q - CT = 70 * 30 - 40 * 30 = 900$.

Calculando agora a FMR da empresa entrante. A sua função objetivo é, $\pi_E = (100 - q_I - q_E)q_E - S - 40q_E$.

Pela CPO,

$$\frac{\partial \pi_I}{\partial q_E} = 0 \Leftrightarrow 100 - q_I - 2q_E - 40 = 0,$$

A FMR$_E$ vem, $q_E = 30 - \frac{1}{2}q_I$.

Assim, pelo Postulado de Sylos-Labini, a empresa toma a produção da instalada como um dado, logo substituindo a quantidade da empresa instalada ($q_I = 30$), obtém-se, $q_E = 30 - \frac{1}{2} * 30 = 15$.

A empresa entrante entraria então neste mercado produzindo $q_E = 15$.

iii) Os custos de entrada, S, favorecem a empresa instalada, devido ao facto de se constituírem como uma barreira à entrada neste mercado. Trata-se inclusive de uma barreira à entrada inocente, na perspetiva da empresa instalada. Ora, quanto maior for o valor desse custo de entrada, então tanto maior será a barreira à entrada e logo tanto mais a empresa instalada estará 'protegida' de novas entradas. Considerando que a quantidade limite faz parte de uma estratégia de 'inundar' o mercado com oferta de quantidades elevadas para fazer baixar o preço e com isso reduzir a atratividade da entrada, então S e a quantidade limite variam em sentido contrário (retomar-se-á esta estratégia no capítulo 6).

iv) Sim, sem dúvida. Pese embora S poder ser considerado um custo afundado, ele não deixa de ser um investimento que criará uma barreira efetiva a uma eventual saída do mercado. Neste contexto, a empresa tenderá a perpetuar a sua permanência no mercado.

Em algumas circunstâncias, como é o caso de indústrias em reestruturação, a barreira à saída provocada por esses custos pode inclusive motivar programas de intervenção pública, por exemplo através de incentivos a fusões ou aquisições (analisadas no capítulo 7). Essas fusões podem em parte permitir uma recuperação, ainda que parcial, desse custo. A opção da empresa entrante entrar no mercado deve, pois, ser feita recorrendo a investimento em ativos com grande flexibilidade e com elevado grau de adaptabilidade desses ativos a outras atividades/modelos de negócio por forma a reduzir barreiras à saída.

5.2. Num dado sector, considere: $\begin{cases} 200 - P \; ; P < 200 \\ 0 \quad\quad\quad\; ; P \geq 200 \end{cases}$ e $CT(q_i) = 190 + 10q_i$. O Governo não sabe quantas licenças emitir, e por isso, pede dois pareceres à entidade responsável pela concorrência desse país:

i) No primeiro parecer o Governo quer saber, no máximo, quantas empresas podem estar neste sector;

ii) No segundo parecer, o Governo quer conhecer o número de licenças a emitir de modo a maximizar o bem-estar social.

iii) Admita agora que o custo de manutenção da tecnologia usada nesta indústria aumentou significativamente, passando de 190 u.m. para 300 u.m. O número de empresas que podem estar neste sector aumenta ou diminui? Justifique.

Resolução

i) Para determinar o número máximo de empresas que podem estar no sector, é necessário calcular para que número de empresas o lucro é zero ou negativo. Assim é necessário calcular os equilíbrios para um número crescente de empresas (N).

Exemplificando, para $N = 1$, as condições são:

$$\pi_{Individual} = \pi_{Total} = P * Q - CT \Rightarrow (200 - Q) * Q - 190 - 10Q.$$

Pela condição de primeira ordem:

$$\frac{\partial \pi}{\partial Q} = 0 \Leftrightarrow 200 - 2Q - 10 = 0 \Leftrightarrow Q = 95.$$

ECONOMIA INDUSTRIAL

O preço é, $P = 200 - 95 = 105$. Por sua vez o lucro é, $\pi = 105 * 95 - 190 - 10 * 95 = 8835$.

Assim o EC vem:

$$EC = \frac{95 * (200 - 105)}{2} = 4512.5$$

Associado vem um bem-estar social $W = 8835 + 4512.5 = 13374.5$.

Agora para, $N = 2$, as condições são:

$$q_i^* = \frac{a-c}{b(N+1)} = \frac{200-10}{1*(2+1)} = 63.3(3)$$

$$Q = 126.6(6);$$

$$P = 200 - 126.6(6) = 73.3(3);$$

$$\pi_{individual} = 73.3(3) * 63.3(3) - 190 - 10 * 63.3(3) = 3821.1(1);$$

$$\pi_{Total} = 3821.1(1) * 2 = 7642.2(2);$$

$$EC = \frac{126.6(5) * (200 - 73.3(3))}{2} = 8022.2(2);$$

$$W = 7642.2(2) + 8022.64 = 15664.86$$

E assim sucessivamente até obter um lucro individual negativo ou zero.

N	q_i	Q_{Total}	P	$\pi_{Individual}$	π_{Total}	EC	Bem-estar social
1	95	95	105	8835	8835	4512.5	13347.5
2	63.3333	126.6667	73.3333	3821.111	7642.222	8022.222	15664.44
3	47.5	142.5	57.5	2066.25	6198.75	10153.13	16351.88
4	38	152	48	1254	5016	11552	16568
5	31.6667	158.3333	41.6667	812.7778	4063.889	12534.72	**16598.61**
6	27.1429	162.8571	37.1428	546.7347	3280.408	13261.22	16541.63
7	23.75	166.25	33.75	374.0625	2618.438	13819.53	16437.97
8	21.1111	168.8889	31.1111	255.679	2045.432	14261.73	16307.16
9	19	171	29	171	1539	14620.5	16159.5
10	17.2727	172.7273	27.2727	108.3471	1083.471	14917.36	16000.83
11	15.8333	174.1667	25.8333	60.6944	667.6389	15167.01	15834.65
12	14.6153	175.3846	24.6154	**23.6095**	283.3136	15379.88	15663.2
13	13.5714	176.4286	23.5714	-5.81633	-75.6122	15563.52	15487.91

Conclui-se que o número máximo de empresas que podem estar no sector são 12 empresas.

ii) Recorrendo aos cálculos da alínea anterior, o número de licenças que maximiza o bem-estar social é 5, considerando que com mais uma empresa ($N = 6$) o bem-estar social atinge o ponto de inflexão e inicia uma trajetória decrescente. Esta é pois a ideia de estrutura sustentável, que garante o máximo de bem-estar social.

iii) O número de empresas do sector diminui, porque os lucros possíveis diminuem com o aumento dos custos fixos. Por outras palavras, as empresas no mercado necessitam de operar com maior dimensão para poderem diluir nos custos médios o aumento dos custos fixos.

5.3. A Comissão de Festas da Parvónia (CFP) quer contratar um palco a uma empresa de estruturas metálicas (Estruturada) para apresentar um novo modelo de carro híbrido, uma vez que, a chegada do carro foi adiada devido à greve dos transitários. O objetivo imediato da CFP é a apresentação do novo modelo de carro híbrido na feira das atividades económicas da Parvónia, que também foi adiada. A CFP organiza diversos eventos e, para eles, seria importante poder contar com o palco, não apenas no curto prazo, mas também para outras iniciativas no futuro. É do conhecimento dos dois jogadores que a CFP está disposta a pagar € 2500 pelo palco e a Estruturada não irá aceitar menos de € 2100. As partes decidem que a negociação será feita em quatro rondas de negociações e o primeiro a apresentar a proposta de preço é a empresa vendedora Estruturada. Os negociadores não são impacientes e assume-se que a proposta é aceite sempre que um negociador é indiferente entre aceitar ou rejeitar. Nestas condições:
i) Represente na forma extensiva esta negociação.
ii) Calcule o equilíbrio e os respetivos *payoffs* resultantes desta negociação, para cada uma das empresas.
iii) Existe alguma vantagem da empresa que decide em primeiro lugar (*first mover's advantage*)? Interprete.

> **Resolução**

i) Está-se perante uma negociação sem impaciência e, como tal, para os negociadores é indiferente a data em que o negócio se concretiza. A empresa Estruturada (E) é a primeira a jogar, fazendo uma proposta, desempenhando esta o papel de vendedor na negociação, e sendo um agente económico racional, quererá maximizar o seu lucro. Assim sendo, a sua primeira proposta consiste na disponibilidade máxima a pagar da empresa compradora (CFP). Por sua vez, a CFP joga em segundo lugar, pelo que, pode aceitar ou rejeitar a proposta feita pela E. No caso de aceitar, a negociação acaba e a transação é concretizada. No caso de rejeitar a proposta, pode fazer então uma contraproposta. O processo desenrola-se até à última ronda. Nessa, a proposta é feita pela CFP que, conhecedora de não haver mais rondas, quererá conseguir todo o excedente possível. Assim, irá propor contratar o palco pelo preço de reserva da vendedora. Está-se, portanto, a aplicar o processo de *Backward Induction*, antecipando a forma de comportamento na última ronda. A forma extensiva desta negociação é a seguinte:

5 · BARREIRAS À CONCORRÊNCIA, NEGOCIAÇÃO E LEILÕES

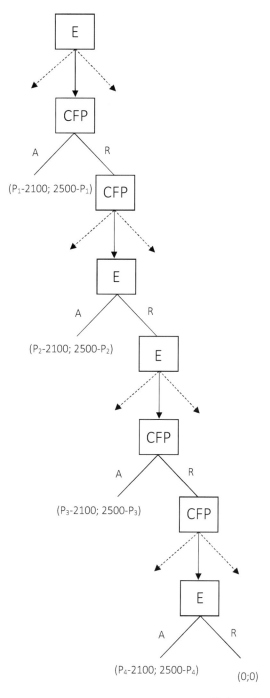

Payoffs (E; CFP)

ii) O equilíbrio desta negociação é $P_4 = 2100$. A E irá obter um *payoff* de € 0, dado que vende o palco ao seu preço de reserva, e a empresa CFP um *payoff* de € 400, correspondente à diferença entre a disponibilidade máxima a pagar pelo palco e o preço efetivamente pago.

iii) Não. Pelo contrário, verifica-se vantagem para quem joga em segundo lugar, a CFP, ou seja, verifica-se a *second mover's advantage*. Considerando que o número de rondas desta negociação é par e finito, confirma-se, portanto, que a empresa que retira vantagem desta ordem é a que decide em segundo lugar.

5.4. A Comissão de Festas da Almar (CFA) quer contratar um palco a uma empresa de estruturas metálicas (Metal). Para isso acertam negociar durante catorze dias, acontecendo em cada dia uma ronda de negociação. O objetivo imediato da CFA é a apresentação do novo modelo de carro híbrido na feira das atividades económicas da Almar, a realizar dentro de 6 dias. A CFA organiza diversos eventos e para eles seria importante poder contar com o palco, não apenas no curto prazo, mas também para outras iniciativas no futuro. Dado que a prioridade é ter o palco disponível na próxima feira o custo de protelar o acordo uma ronda para a CFA é de 8% até ao dia da feira (6 dias), sendo que a partir daí a prioridade diminui e a sua impaciência passa a ser de 1%. A empresa Metal tem um custo constante de protelar o acordo uma ronda, de 4%. A disponibilidade a pagar e a receber é de conhecimento geral. Admita ainda que serão realizadas 14 rondas de negociação e na última a proposta é feita pela empresa Metal.

i) Admita que a disponibilidade máxima a pagar da CFA é de € 2000 e da Metal de € 2100. Qual a melhor proposta inicial?

ii) A CFA recebeu, entretanto, um patrocínio da marca do híbrido e a sua disponibilidade máxima a pagar é agora de € 2500. Aplique a *Backward Induction* a esta negociação e encontre a melhor proposta inicial.

iii) Existe nesta negociação alguma vantagem da empresa que decide em último lugar? Como irá ser feita a repartição do excedente? Justifique.

5 · BARREIRAS À CONCORRÊNCIA, NEGOCIAÇÃO E LEILÕES

> Resolução

i) A disponibilidade máxima a pagar da CFA (compradora) é inferior ao preço de reserva estipulado pela empresa Metal (vendedora). Então, os requisitos para que se possa proceder com a negociação não estão verificados. Em suma, considerando os preços de reserva enunciados, a negociação não ocorre.

ii) Uma vez que são realizadas 14 rondas de negociação e a última proposta é feita pela empresa Metal (vendedora), a primeira proposta é realizada pela CFA, uma vez que esta negociação tem um número par e finito de rondas.

Tendo em conta que se trata de uma negociação com impaciência assimétrica, sabe-se que: a empresa CFA tem uma percentagem de impaciência de 8% até à ronda 6, e nas rondas seguintes a sua impaciência diminui para 1%. Por sua vez, a empresa Metal tem uma impaciência de 4% durante todas as rondas da negociação.

Considera-se o subjogo que se inicia na ronda 14, ou seja, a proposta final da empresa Metal. Nessa ronda a empresa vendedora pretende maximizar o seu excedente e, como tal apresenta uma proposta de € 2500. Esta proposta será aceite uma vez atingida essa ronda, dado que para a CFA, aceitar ou rejeitar lhe confere um *payoff* de zero. Na ronda precedente (ronda 13) é a CFA (compradora), a apresentar a sua proposta. Nessa proposta, a CFA retira ao excedente da Metal, a sua taxa de impaciência, de forma a torná-la indiferente entre aceitar logo a proposta ou protelar o acordo até à ronda seguinte. Na prática, a CFA atualiza (reduz) o excedente da empresa Metal a uma taxa de impaciência de 4%. Na ronda prévia (12), a empresa Metal apresenta uma proposta, na qual atualizará o ganho que a CFP ganharia na ronda 13, tendo em consideração a sua taxa de impaciência. Neste caso, a Metal reduz o excedente da CFA em 1%. Este raciocínio mantém-se sucessivamente até se obter a melhor proposta inicial (ronda 1), completando as 14 rondas de negociação.

Exemplificando, na ronda 13 a proposta é elaborada da seguinte forma, o ganho da CFP: 0 + 400 * 0.04 = 16; % do comprador:

$\frac{16}{400}$ = 4%; proposta da CFP: 2500 − 16 = 2484. Por sua vez, o ganho da Metal: 400 − 16 = 384, % do vendedor: $\frac{384}{400}$ = 94%.

Na ronda 12 a proposta é elaborada da seguinte forma, o ganho da Metal: 384 + 16 ∗ 0.01 = 384.16; % da compradora: $\frac{384.16}{400}$ = 96.04%; proposta da CFP: 2100 + 384.16 = 2484.16. Logo, o ganho da CFA: 400 − 384.16 = 15.84 €, do vendedor: $\frac{15.84}{400}$ = 3.96%.

Seguindo o raciocínio anteriormente descrito, a negociação desenvolve-se da seguinte forma:

Tabela 5.2 – Negociação

Ronda	Metal Proposta	Metal % Vendedor	Metal Ganho	CFA Proposta	CFA % Comprador	CFA Ganho
14	2500	100.00%	400	0	0.00%	0
13		96.00%	384	2484	4.00%	16
12	2484.16	96.04%	384.16		3.96%	15.84
11		92.20%	368.7936	2468.7936	7.80%	31.2064
10	2469.1057	92.28%	369.1057		7.72%	30.8943
9		88.59%	354.3414	2454.3414	11.41%	45.6586
8	2454.7980	88.70%	354.7980		11.30%	45.2020
7		85.15%	340.6061	2440.6061	14.85%	59.3939
6	2445.3576	86.34%	345.3576		13.66%	54.6424
5		82.89%	331.5433	2431.5433	17.11%	68.4567
4	2437.0198	84.25%	337.01984		15.75%	62.9802
3		80.88%	323.5391	2423.5391	19.12%	76.4609
2	2429.6559	82.41%	329.6559		17.59%	70.3441
1		79.12%	316.4697	2416.4697	20.88%	83.5303

Importa salientar que o somatório dos ganhos, dos dois jogadores, terá de ser sempre igual ao montante de excedente total a repartir. Notar também que em cada ronda a empresa que nela faz a proposta atualiza apenas o ganho da outra empresa. O ganho da própria, nessa ronda, é obtido pela diferença entre o excedente total e o ganho atualizado.

Tal como notado previamente, os recursos são escassos, como o tempo. O objetivo é, portanto, que a negociação se conclua logo na primeira ronda. Nessa ronda a melhor proposta inicial é de € 2416.4697, apresentada pela CFA, que colocará os jogadores indiferentes entre aceitar já o acordo, procedendo à transação ou, pelo contrário consumir recursos e ir até ao final das rondas da negociação.

iii) Sabendo que a empresa que decide em último lugar é a empresa Metal, a empresa que faz a primeira proposta é a empresa CFA. Considerando que esta negociação possui um número de rondas par e finito, e sendo a média da taxa de impaciência igual para ambas as empresas, a empresa Metal beneficia de *second mover's advantage*. Isso mesmo confirma-se na repartição de excedente, que é feita da seguinte forma: 79.12% para a Metal e 20.88% para a compradora CFA.

5.5. A Comissão de Festas da Parvónia (CFP) ainda não desistiu de contratar um palco a uma empresa de estruturas metálicas (Estruturada) para apresentar um novo modelo de carro híbrido uma vez que a chegada do carro foi adiada devido à greve dos transitários. O objetivo imediato da CFP é a apresentação do novo modelo de carro híbrido na feira das atividades económicas da Parvónia que também foi adiada. A CFP organiza diversos eventos e para eles seria importante poder contar com o palco, não apenas no curto prazo, mas também para outras iniciativas no futuro. O custo de protelar o acordo reduz os ganhos da transação em 2% para a empresa vendedora (Estruturada) e de 0% para a CFP. É do conhecimento das duas empresas que a CFP está disposta a pagar € 2500 pelo palco e a Estruturada não irá aceitar menos de € 2100. Admita ainda que serão realizadas 10 rondas de negociação e, na última, a proposta é feita pela empresa CFP.

i) Aplique a *Backward Induction* a esta negociação e encontre a melhor proposta inicial. Como vai ser feita a repartição do excedente?

ii) Admita agora que na última ronda a proposta é feita pela empresa Estruturada. Qual a melhor proposta inicial? Como vai ser feita agora a repartição do excedente? Interprete.

Resolução

i) A presente negociação tem as seguintes características: 10 rondas, a empresa que faz a última proposta é a compradora (CFP), e os níveis de impaciência são 0% para a CFP e 2% para a Estruturada. Significa, portanto, que a CFP não é impaciente nesta negociação, sinalizando que irá conseguir reter uma grande fatia do excedente total a repartir. No contexto em que a última proposta é feita pela CFP, não sendo ela impaciente, então irá recolher todo o excedente, ou seja, a melhor proposta inicial será igual à última, e a repartição do excedente será 100% para a compradora, CFP e 0% para a vendedora, Estruturada. Isto deve-se ao facto de na última ronda (ronda 10), aplicando a *Backward Induction,* a CFP (compradora) apresenta uma proposta de € 2100, correspondendo ao preço de reserva que a vendedora está disposta a aceitar. No subjogo que começa na ronda anterior (ronda 9), a Estruturada faz a proposta. A proposta da vendedora deverá consistir numa redução do excedente da compradora com o nível de impaciência da mesma. No entanto a impaciência da compradora é 0%, logo a empresa vendedora, não consegue reduzir o ganho/*payoff* da CFP em nenhuma ronda de negociação. Mantem-se assim a repartição de excedente de 100% para a CFP e 0% para a Estruturada desde a primeira ronda (ronda 1) até à última ronda (ronda 10).

ii) Sabendo que é a empresa Estruturada a fazer a última proposta, a negociação processa-se da seguinte forma (tal como descrito nos exercícios anteriores):

Tabela 5.3 – Negociação

Ronda	Proposta	% do Vendedor	Ganho	Proposta	% do Comprador	Ganho
10	2500	100.00%	400	0	0.00%	0
9		98.00%	392	2492	2.00%	8
8	2492	98.00%	392		2.00%	8
7		96.04%	384.16	2484.16	3.96%	15.84
6	2484.16	96.04%	384.16		3.96%	15.84
5		94.12%	376.4768	2476.4768	5.88%	23.5232
4	2476.4768	94.12%	376.4768		5.88%	23.5232
3		92.24%	368.9473	2468.9473	7.76%	31.0527
2	2468.9473	92.24%	368.9473		7.76%	31.0527
1		90.39%	361.5683	2461.5683	9.61%	38.4317

Alterada a ordem de apresentação de propostas, a melhor proposta inicial será de € 2461.5683 feita pela CFP, compradora. A repartição do excedente é de 9.61% para a compradora, CFP, e de 90.39% para a vendedora, Estruturada.

5.6. O Palácio do Conde Quadrado vai ser leiloado através de um leilão de Vickrey. Três empresas de turismo rural, A, B e C, estão disponíveis para licitarem o Palácio nesse leilão. A disponibilidade máxima a pagar de A é maior que a de B e esta maior que a da empresa C. Nestas condições:

i) Admita que é o(a) vendedor(a) do imóvel. Quais as empresas que deverão ser aceites no leilão? Justifique.

ii) Considerando apenas as empresas aceites na alínea anterior, e admitindo que a valorização (em euros) da Empresa A é 100000, a de B 90000 e a de C 85000, apresente a forma estratégica do leilão. Indique a licitação de cada empresa em equilíbrio, quem ganha o leilão e qual o seu *payoff*.

Nota: Admita que os lances são colocados com intervalo de € 5000.

Resolução

i) Nos leilões de Vickrey, a admissão de jogadores merece especial cuidado. Na verdade, sendo um leilão de segundo preço, é conveniente que os participantes tenham alta disponibilidade a pagar pelo bem. Ou pelo menos que duas empresas tenham essa capacidade. Note que, se o vendedor admitir no leilão apenas as empresas, A e C, então o preço a pagar será o equivalente à disponibilidade de C, que é um valor inferior ao de B. Assim, as regras do leilão deverão permitir que a empresa com menor disponibilidade a pagar não seja incluída no leilão. Em suma, os jogadores que devem participar no leilão são as empresas, A e B.

ii) Sendo um leilão de segundo preço, os lucros dos participantes são calculados da seguinte forma:

$$\pi_A = 100000 - b_B; \text{ se } b_B < b_A,$$
$$\pi_B = 90000 - b_A, \text{ se } b_B > b_A,$$

onde π_A representa o *payoff* da empresa A e b_B o lance ou proposta colocada pela empresa B. Neste tipo de leilões, a empresa que licita o valor mais alto ganha o leilão, no entanto, paga o valor da licitação da empresa imediatamente vencido. Portanto, se a empresa A licitar

90000 e a empresa B licitar 85000, a empresa A vence o leilão com a licitação de 90000, mas paga apenas (o segundo preço) 85000.

O lucro de um licitador quando vence um leilão é calculado subtraindo à disponibilidade máxima a pagar da própria empresa, a licitação da outra empresa (quando for inferior à sua). Nas situações em que os lances propostos b_A e b_B forem iguais, verifica-se então um empate. Nesses casos recorre-se a um mecanismo aleatório para atribuição de vitória, como por exemplo o lançamento ao ar de uma moeda não viciada. Dessa forma calcula-se o valor esperado, considerando a probabilidade de vitória e de derrota. Para a empresa A vem:

$$E\pi_A = 0{,}5 * (100000 - b_A) + 0{,}5 * 0,$$

onde $E\pi_A$ representa o *payoff* esperado da empresa A. Nas combinações em que os lances são diferentes, a empresa com a licitação mais baixa perde o leilão, e tem lucro de zero pelo facto de o perder. Admite-se, portanto, que não altera o seu estado ou riqueza inicial.

Tendo em conta o que foi previamente mencionado, considerando o intervalo: [85000;105000], e uma progressão/escala de € 5000 a forma estratégica deste leilão é a seguinte:

Tabela 5.4 – Forma estratégica

		Emp. B				
		85000	90000	95000	100000	105000
Emp. A	85000	(7500;2500)	(0;5000)	(0;5000)	(0;5000)	(0;5000)
	90000	(15000;0)	(5000;0)	(0;0)	(0;0)	(0;0)
	95000	(15000;0)	(10000;0)	(2500;-2500)	(0;-5000)	(0;-5000)
	100000	(15000;0)	(10000;0)	(5000;0)	(0;-5000)	(0;-10000)
	105000	(15000;0)	(10000;0)	(5000;0)	(0;0)	(-2500;-7500)

Payoffs (Emp. A; Emp. B)

Para facilitar a compreensão sobre como é determinada a forma estratégica exposta na tabela 5.4, em seguida são apresentados dois exemplos do cálculo dos lucros dos licitantes. Na diagonal principal, admitindo $b_A = b_B = $ € 85000, o *payoff* esperado com o lançamento da moeda não viciada resulta então em $E\pi_A = 0{,}5 * (100000 - 85000) + 0{,}5 * 0 = 7500$. Para a empresa B, $E\pi_B = 0{,}5 * (90000 - 85000) + 0{,}5 * 0 = 2500$.

Fora da diagonal principal, onde $b_A \neq b_B$, por exemplo para $b_A = 90000$ e $b_B = 85000$, os *payoffs* vêm $\pi_A = (100000 - 85000) = 15000$ e $\pi_B = 0$ dado que $b_A > b_B$.

Neste leilão estático, verificam-se múltiplos perfis de equilíbrio sendo que, pela análise da dominância, o perfil de Equilíbrio de Nash é {100000; 90000}. Recorda-se que em leilões de segundo preço cada empresa revela as suas valorizações verdadeiras. A empresa que ganha o leilão do Palácio é a empresa A e tem um *payoff* de 10000. Este *payoff* resulta da disponibilidade máxima a pagar da empresa, 100000, menos o lance inferior ao da jogada vencedora, ou seja, o lance da empresa que perdeu o leilão que foi de 90000.

5.7. O automóvel de serviço do Presidente de uma Autarquia vai ser leiloado através de um leilão de proposta fechada de primeiro preço. Duas empresas de *rent-a-car* reúnem os requisitos impostos pela Autarquia para poderem concorrer ao Leilão: a empresa Carlos Rent-a-Car (C) e a empresa Santana Rent-a-Car (S). A disponibilidade máxima a pagar é de C e S respetivamente empresa Carlos e Santana, com $C > S$ e $C, S > 0$. A Santana Rent-a-Car conhece a sua própria valorização, mas não conhece a valorização (tipo) da Carlos Rent-a-Car, admitindo que C e S são igualmente prováveis. É sabido que o lance mínimo da Carlos Rent-a-Car é S.

Nota: Em caso de empate é usada uma moeda não viciada.

i) Qual o lance mínimo para a Santana Rent-a-Car?

ii) Considere que a Carlos Rent-a-Car submete um lance mais elevado no montante l_C e a probabilidade do seu lance ser superior l_S é P. Apresente a forma estratégica deste jogo, sob a perspetiva da Santana rent-a-car, antes de proceder à Transformação de Harsanyi.

iii) Transforme o jogo de informação incompleta num jogo de informação completa mas imperfeita. Apresente a sua forma estratégica.

iv) Calcule a probabilidade P com a qual a Santana Rent-a-Car irá vencer quando joga a ação l_S.

> **Resolução**

i) Parte-se do pressuposto que todos os jogadores que participam no leilão querem vencê-lo. Então, considerando que a disponibilidade máxima a pagar de Santana Rent-a-Car é inferior à disponibilidade máxima a pagar de Carlos Rent-a-Car, o lance mínimo de Santana Rent-a-Car é S.

ii) Sob a perspetiva da Santana Rent-a-Car, significa que este jogador não conhece a valorização do outro jogador. Assim sendo a empresa Carlos Rent-a-Car pode assumir duas valorizações, S e C. São construídas duas matrizes de *payoffs*, uma para cada valorização da empresa Carlos Rent-a-Car. A empresa Santana Rent-a-Car conhece a sua própria valorização e devido a isso, assume apenas uma valorização S em ambas as matrizes.

Considerando que este leilão é de primeiro preço, a empresa paga o seu lance. Assim, o lucro de cada empresa é calculado através da diferença entre a sua disponibilidade máxima a pagar e o seu lance. Quando os lances são iguais mantem-se o mecanismo de atribuição de propriedade com base na moeda não viciada. Quando os lances são diferentes, a empresa que perde tem *payoff* de 0 e a empresa que ganha obtém um *payoff* igual ao seu lucro, correspondente à diferença entre a sua valorização e a sua proposta. Por favor note que, se a proposta ou lance for igual à própria valorização, então nesse caso o *payoff* é zero, sendo interpretado como excedente nulo. Por outras palavras, se a empresa está a pagar pela posse ou consumo de um dado bem exatamente a valorização que lhe atribui resultante da utilidade implícita, então o seu excedente é de facto nulo.

Importa ainda referir que, sendo o lance mais baixo S e sendo este um leilão de primeiro preço, interessa aos seus participantes vencerem oferecendo apenas o estritamente necessário para o vencerem, dado terem de pagar as suas propostas. É esse o sentido dos lances l_C e l_S que, em ambos os casos são superiores a S. Assim sendo, a matriz de *payoffs* é preenchida da seguinte forma:

Tabela 5.5 – *Payoffs*

		Carlos			
		S		C	
		S	l_C	S	l_C
Santana	S	(0; 0)	(0; S − l_C)	$\left(0; \dfrac{C-S}{2}\right)$	(0; C − l_C)
	l_S	(S − l_S; 0)	((1 − P)(S − l_S); P(S − l_C))	(S − l_S; 0)	((1 − P)(S − l_S); P(C − l_C))

Payoffs (Santana Rent-a-Car; Carlos Rent-a-Car)

Quando as duas empresas assumem a valorização S:

– Se ambas as empresas licitarem S, obtêm *payoff* de 0, isto porque o seu lance é igual à sua disponibilidade máxima a pagar, logo o *payoff* é 0 (noção de excedente previamente explicada);

– Se os lances forem l_S e S, a empresa com lance S, obtém *payoff* 0, como explicado anteriormente, dado que l_S > S. A empresa que propõe l_S, obtém um *payoff* resultante da diferença entre a sua disponibilidade máxima a pagar, S, menos o seu lance, l_S, sendo, portanto, $\pi_S = S - l_C$. O mesmo raciocínio é seguido quando os lances são S e l_C.

– Se os lances colocados forem l_C e l_S, respetivamente pela empresa C e pela empresa S, as empresas têm *payoffs* resultantes da diferença da disponibilidade a pagar menos o seu próprio lance multiplicado pela probabilidade de ganhar, ou seja, pela probabilidade de a sua licitação ser superior à da outra empresa.

iii) A partir das matrizes de *payoffs* pode obter-se a seguinte forma estratégica:

Tabela 5.6 – Forma estratégica

		Carlos			
		S; S	S; l_C	l_C; S	l_C; l_C
Santana	S	0 $\left(0; \dfrac{C-S}{2}\right)$	0 (0; C − l_C)	0 $\left(\dfrac{S-l_C;}{\dfrac{C-S}{2}}\right)$	0 (S − l_C; C − l_C)
	l_S	S − l_S (0; 0)	$\dfrac{2-P}{2}(s-l_s)$ (0; P(C − l_C))	$\dfrac{2-P}{2}(s-l_s)$ (P(S − l_C); 0)	(1 − P)(s − l_s) (P(S − l_C); P(C − l_C))

{Santana (Carlos:S; Carlos:C)}

iv) Os perfis: $\{l_s(S; l_c)\}$, $\{l_s(l_c; S)\}$, e $\{l_s(l_c; l_c)\}$, são possíveis perfis de equilíbrio. Tendo em conta que é pedido para que a empresa S ganhe com a jogada l_s, o intervalo de P calculado seguidamente representa o intervalo que permite à empresa S vencer o leilão, jogando a sua ação l_s.

$$\frac{2-P}{2} \geq S - l_s \Leftrightarrow P \leq (l_s + 1 - S) * 2.$$

Em suma, para que a empresa S vença o leilão com o lance l_s, o intervalo de P é $P \leq (l_s + 1 - S) * 2$.

5.8. A crise financeira provocou dificuldades no cumprimento dos rácios de solvabilidade no Banco Próspero Português (BPP). O Banco estuda duas alternativas para cumprir as exigências do regulador, Banco de Portugal: ou realiza um aumento de capital ou é adquirido e fundido com outro Banco. A primeira alternativa não se afigura viável no curto prazo dado que os seus acionistas estão descapitalizados. Para uma aquisição estão disponíveis dois outros bancos, o IPB (*International Portuguese Bank*) e o PTB (*Portuguese Trust Bank*). Para decidir qual o comprador, o BPP promove um leilão de Vickrey, admitindo propostas dos dois bancos interessados, IPB e PTB. A valorização que o IPB faz do BPP é 20% mais elevada que a valorização que o PTB faz dos mesmos ativos, apesar desta informação ser privada, i.e., cada um destes dois bancos compradores não conhecem a valorização que o outro atribui ao BPP. Têm apenas uma expectativa de que, com igual probabilidade, o outro tem valorização mais alta ou mais baixa.

Cada um dos bancos compradores submete um *sealed bid* e, no caso de empate o vencedor é decidido através de uma moeda não viciada. As propostas possíveis são as valorizações. Sabendo que os acionistas do BPP pretendem maximizar o valor a receber pelo seu banco:

i) Analise este leilão com os instrumentos dos jogos estáticos com informação incompleta, sob a perspetiva do PTB. Represente o jogo nas suas formas extensiva e estratégica.

Nota: Resolva na perspetiva do PTB, i.e., admitindo que este não conhece a valorização do IPB.

ii) Existirá alguma estratégia dominante para o PTB? Qual? Justifique.

iii) Admitindo que o PTB valoriza o BPP em € 750M, qual o montante que os acionistas do BPP irão receber?

Resolução

i) Considerando que este leilão tem mecanismo de segundo preço, a empresa que vence o leilão paga o lance vencido. Assim sendo, o lucro da empresa é determinado através da diferença da sua disponibilidade máxima a pagar e o lance vencido. Quando os lances são iguais mantém-se o mecanismo de atribuição de propriedade com base na moeda não viciada. Quando os lances são diferentes a empresa que perde tem *payoff* de 0 e a empresa que ganha obtém um *payoff* igual ao seu lucro, correspondente à diferença entre a sua valorização máxima e a proposta vencida (da outra empresa). Por favor note que, se a proposta ou lance pago for igual à própria valorização, então, neste caso o *payoff* é zero, sendo interpretado com excedente nulo. Importa ainda referir que, sendo o lance mais baixo θ e sendo este um leilão de segundo preço, interessa aos participantes oferecer a sua disponibilidade máxima, para garantir a vitória no leilão considerando que pagam a proposta vencida, isto é, pagam um lance menor que a sua valorização. Assim sendo, a matriz de *payoffs* é preenchida da seguinte forma:

Tabela 5.7 – *Payoffs*

		IPB			
		\multicolumn{2}{c}{1.2θ}	\multicolumn{2}{c}{θ}
PTB		θ	1.2θ	θ	1.2θ
	θ	$\left(\frac{1.2\theta - \theta}{2}; 0\right)$	$(0.2\theta; 0)$	$(0; 0)$	$(0; 0)$
	1.2θ	$(0; 0)$	$\left(0; \frac{\theta - 1.2\theta}{2}\right)$	$(0; 0)$	$\left(\frac{\theta - 1.2\theta}{2}; \frac{\theta - 1.2\theta}{2}\right)$

Payoffs (IPB; PTB)

Quando o IPB e PTB licitam propostas iguais, os *payoffs* são calculados pela diferença da própria valorização e o lance efetuado, multiplicado pela probabilidade de $\frac{1}{2}$ (desempate através da moeda não viciada). Exemplificando, se ambos licitam θ (IPB com valorização 1.2θ) o lucro de IPB será: $(1.2\theta - \theta) * \frac{1}{2}$. Por sua vez, o lucro do PTB é calculado por: $(\theta - \theta) * \frac{1}{2} = 0$.

Quando os lances são diferentes, o *payoff* é determinado pela própria valorização menos a proposta do adversário, sendo a mesma menor. Exemplificando, se IPB licitar 1.2θ (IPB com valorização 1.2θ) e PTB licitar θ, o lucro de IPB será dado por: 1.2θ - θ. O lucro do PTB é 0 porque perde o leilão.

A forma extensiva apresenta-se do seguinte modo:

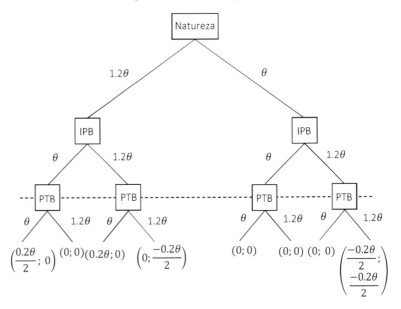

Payoffs (IPB; PTB)

E a forma estratégica:

Tabela 5.8 – Forma estratégica

		IPB $\theta;\theta$	IPB $\theta;1.2\theta$	IPB $1.2\theta;\theta$	IPB $1.2\theta;1.2\theta$
PTB	θ	$0\left(\frac{0.2\theta}{2};0\right)$	$0\left(\frac{0.2\theta}{2};0\right)$	$0\,(0.2\theta;0)$	$0\,(0.2\theta;0)$
PTB	1.2θ	$0\,(0;0)$	$\frac{-0.1\theta}{2}\,(0;-0.2\theta)$	$\frac{-0.1\theta}{2}\,(0;0)$	$-0.1\theta\left(0;\frac{-0.2\theta}{2}\right)$

{PTB (IPB:1.2θ; IPB:θ)}

ii) Para o PTB, a estratégia θ domina fracamente a estratégia 1.2θ.

iii) Os acionistas do BPP irão receber € 750M. Porque PTB oferece € 750M, mas IPB ganha o leilão com € 900M, no entanto, paga o lance inferior.

Aplicações

1. A empresa Energias de Portugal (EDP) foi monopolista em todos os processos desde a produção até a comercialização de eletricidade, até setembro de 2006. Quando num mercado, uma empresa se assume como monopolista, isto é, quando existe apenas uma empresa responsável por fornecer um bem ou serviço, a mesma tem a capacidade de fixar o preço acima dos custos marginais. Este poder no controlo do preço poderá afetar diretamente os consumidores, reduzindo o seu bem-estar. De forma a atenuar este efeito de redução de bem-estar, o Governo intervém desempenhando um papel crucial na regulação de monopólios, nomeadamente dos monopólios naturais.

   O mercado de comercialização de eletricidade encontra-se num processo de liberalização desde setembro de 2006. Os fornecedores de eletricidade têm de competir pelo maior número de clientes com vista a aumentar a quantidade de eletricidade vendida. Contudo, perante a presença de poder de mercado, a competitividade pode ser reduzida. No mercado liberalizado de eletricidade, a EDP Comercial detém um alto poder de mercado, que pode ser capaz de criar barreiras à entrada de novos comercializadores. Neste mercado destaca-se o entrave à mudança de fornecedor. A obtenção de uma carteira significativa de clientes, que compense os custos de entrada é, de facto, uma tarefa árdua para os pequenos fornecedores. Nesse aspeto, a EDP Comercial possui uma vantagem comparativa, uma vez que já estava instituída junto dos consumidores. Na verdade, por vezes os consumidores acomodam-se aos fornecedores já conhecidos, por falta de predisposição para obter mais informações sobre todas as possibilidades de consumo. Para reduzir esta barreira, foi criado o "Poupa Energia", uma plataforma de simulação dos preços da eletricidade e gás natural, para facilitar a escolha dos consumidores. Assim, os consumidores conseguem facilmente conhecer preços praticados por todos os fornecedores disponíveis e escolher o mais adequado ao seu perfil de consumo. Este facilitador de mudança de fornecedor, visa aumentar a contestabilidade no mercado do fornecimento de eletricidade e de gás natural, reduzindo as barreiras à mobilidade dos consumidores e consequentemente as barreiras à entrada de novos fornecedores.

A liquidez financeira necessária para operar no mercado, é também considerada uma barreira à entrada. Além disso, pode também ser uma dificuldade que compromete a permanência das pequenas empresas no mercado. Neste contexto, os pequenos comercializadores deparam-se com vários desafios que já levaram alguns ao incumprimento das obrigações. Segundo noticiado pelo jornal Expresso a 15 de novembro de 2017, a Entidade Reguladora dos Serviços Energéticos (ERSE) anunciou a exclusão de duas pequenas empresas comercializadoras de eletricidade, por incumprimento no pagamento das tarifas de acesso à rede. O pagamento pela utilização das linhas de distribuição é, de facto, uma barreira relevante que compromete a capacidade de pagamento dos pequenos comercializadores. Isto ocorre porque, os fornecedores têm de pagar uma taxa de utilização da rede a dezassete dias. Contudo, apenas recebem dos seus clientes a trinta ou sessenta dias. Isto coloca os pequenos comercializadores sob pressão, que pode obrigá-los a recorrer a financiamento externo, aumentando os seus custos. Para aumentar o poder competitivo dos pequenos fornecedores, o diferencial entre as datas de pagamento das taxas de utilização da rede e a data em que recebem os pagamentos dos seus clientes deve ser suprimido. Isto é, para evitar os custos de financiamento externo, os fornecedores devem pagar as tarifas de acesso à rede apenas após receberem dos seus clientes.

2. No dia 23 de junho de 2017, deu-se início ao concurso para subconcessão do metro do Porto para o período de 2018 a 2025. Este concurso decorreu até ao dia 25 de setembro de 2017 (data limite para a apresentação de candidaturas). Segundo o noticiado pelo Metro do Porto, o concurso teve como objetivo impor um regime público-privado para abranger toda a operação regular do metro do Porto, que inclui serviços: de segurança, apoio ao cliente, revisões da frota e manutenção dos sistemas técnicos e de bilheteira. Todas as empresas que pretenderam concorrer a esta parceria procederam ao levantamento do caderno de encargos, para apresentar a sua proposta.

O preço de referência para esta adjudicação estava estabelecido no valor de cerca de € 221M, correspondendo ao máximo que o Conselho de Administração da Metro do Porto, SA, estaria disposto a pagar pelo serviço.

Um concurso público com as características mencionadas anteriormente, representa um leilão Americano de proposta fechada e com mecanismo *one shot*. Todas as propostas apresentadas são conhecidas ao mesmo tempo. Os ofertantes sabem qual o caderno de encargos, o critério de seleção (preço mais baixo), bem como o preço de referência. No entanto, não sabem qual será a proposta dos concorrentes. Tendo em conta que este concurso é de primeiro preço, e sabendo que o objetivo é obter o orçamento com o menor valor possível, vence o leilão quem oferecer o preço mais baixo, sendo a subconcessão adjudicada pelo preço vencedor (primeiro preço). Este leilão terminou com a vitória da empresa Barraqueiro, SGPS. Esta empresa apresentou a proposta mais baixa (€ 204.339M), tendo-lhe sido atribuída a subconcessão do Metro do Porto pelo período definido (2018-2025).

Exercícios Propostos

5.9. A empresa Tecnologia Beirã (TB) pretende concorrer à instalação de fibra ótica na região das beiras. A entrega das propostas deverá ser feita no máximo até 12 dias. A empresa TB pensava já contratar um engenheiro de telecomunicações, mas decide antecipar essa contratação na medida em que é uma condição essencial para concorrer a essa instalação. Entra assim num processo de negociação com o engenheiro que acordam previamente, terá de estar concluído no máximo de duas semanas (14 dias) podendo ser colocada uma proposta em cada dia. É do conhecimento dos dois jogadores que a TB tem uma disponibilidade máxima a pagar de salário de € 2000 e o engenheiro ganha atualmente € 1700, não estando disposto a baixar o seu ordenado. Nos primeiros 12 dias a taxa de impaciência da empresa TB é de 4%, sendo que nos últimos 2 dias de negociação essa taxa é de 0%. Por seu turno o engenheiro tem um custo de protelar o acordo uma ronda de 2%. A primeira proposta é apresentada pela TB, sendo que cada proposta é aceite sempre que um jogador é indiferente entre aceitar ou rejeitar.

i) Aplique a *Backward Induction* a esta negociação e encontre a melhor proposta inicial. Como vai ser feita a repartição do excedente?

ii) Se o prazo para entrega das propostas apenas pudesse ser feito no máximo nos primeiros cinco dias, com tudo o resto constante, o excedente reservado ao engenheiro desta negociação iria aumentar ou diminuir em relação à alínea anterior? Justifique.

5.10. O *stand* de automóveis BomeCar tem uma encomenda do cliente Bonifácio para um automóvel modelo Popel. Aquele *stand* sabe que o seu concorrente, o *stand* CarGood, tem esse automóvel Popel em *stock*. Esses dois *stands* entram num processo de negociação que, acordam previamente, terá de estar concluído no prazo máximo de dez dias, podendo ser colocada uma proposta em cada dia. É do conhecimento dos dois jogadores que o *stand* BomeCar está disposto a pagar € 3000 pelo Popel. O preço de reserva do vendedor (CarGood) é 4/5 da disponibilidade máxima a pagar do comprador. Os dois *stands* desejam efetuar o negócio o mais rápido possível, sendo que a taxa de impaciência de ambos é 2%. A primeira proposta é apresentada pelo BomeCar, sendo que cada proposta é aceite sempre que um jogador é indiferente entre aceitar ou rejeitar.

   i) Aplique a *Backward Induction* a esta negociação e encontre a melhor proposta inicial. Como vai ser feita a repartição do excedente?

   ii) Se os dois jogadores não forem impacientes, para o *stand* BomeCar é vantajoso ser ele a apresentar a primeira proposta? Justifique devidamente.

5.11. A fibra ótica encontra-se em expansão e a empresa Tecnologia Beirã (TB) pretende concorrer à sua instalação na região das beiras. A entrega das propostas deverá ser feita no máximo até 12 dias. A empresa TB pensava já contratar um engenheiro de telecomunicações, mas decide antecipar essa contratação na medida em que é uma condição essencial para concorrer a essa instalação. Entra assim num processo de negociação com o engenheiro que acordam previamente, terá de estar concluído no prazo máximo de duas semanas (14 dias) podendo ser colocada uma proposta em cada dia. É do conhecimento dos dois jogadores que a TB tem uma disponibilidade máxima a pagar de salário de € 2000 e o engenheiro ganha atualmente € 1700, não estando disposto a baixar o seu ordenado. Nos primeiros 12 dias a taxa de impaciência da empresa TB é crescente, sendo de 1% na segunda ronda e aumentando 1 ponto percentual em cada ronda enquanto o período de entrega das propostas decorre, sendo que nos últimos 2 dias de negociação essa taxa é de 0%. Por seu turno o engenheiro tem um custo de protelar o acordo de 3% por ronda. A primeira proposta é apresentada pela TB, sendo que cada proposta é aceite sempre que um jogador é indiferente entre aceitar ou rejeitar.

   i) Aplique a *Backward Induction* a esta negociação e encontre a melhor proposta inicial. Como vai ser feita a repartição do excedente?

   ii) Com tudo o resto constante, admitindo que para o engenheiro o custo de protelar o acordo é de 3% nas primeiras 6 rondas e de 4%

nas restantes, o excedente reservado ao engenheiro desta negociação iria aumentar ou diminuir em relação à alínea anterior? Justifique.

5.12. A fibra ótica encontra-se em expansão e a empresa Miwo (M) pretende concorrer à sua instalação na região das beiras. A entrega das propostas deverá ser feita, no máximo até 10 dias. A empresa M pensava já contratar um engenheiro de telecomunicações, mas decide antecipar essa contratação na medida em que é uma condição essencial para concorrer a essa instalação. Entra assim num processo de negociação com o engenheiro que acordam previamente, terá de estar concluído no máximo de duas semanas (14 dias) podendo ser colocada uma proposta em cada dia. É do conhecimento dos dois jogadores que a M tem uma disponibilidade máxima a pagar de salário 40% superior ao salário atual do engenheiro, que é de € 1000, não estando disposto a baixar o seu ordenado. Nos primeiros 10 dias a taxa de impaciência da empresa M é de 5%, sendo que nos últimos 4 dias de negociação essa taxa é de 0%. Por seu turno, o engenheiro tem um custo de protelar o acordo uma ronda de 2%. A primeira proposta é apresentada pelo engenheiro, sendo que cada proposta é aceite sempre que um jogador é indiferente entre aceitar ou rejeitar.

i) Aplique a *Backward Induction* a esta negociação e encontre a melhor proposta inicial. Como vai ser feita a repartição do excedente?

ii) Com tudo o resto constante, admitindo que para o engenheiro o custo de protelar o acordo é de 0.5%, o excedente reservado ao engenheiro desta negociação iria aumentar ou diminuir em relação à alínea anterior? Justifique.

5.13. A empresa ETP (E) quer comprar um milhão de contadores inteligentes à empresa WATTCUT (W). Para isso, essas duas empresas entram num processo de negociação que, acordam previamente, terá de estar concluído no prazo máximo de dez dias, podendo ser colocada uma proposta em cada dia. É do conhecimento dos dois jogadores que a ETP está disposta a pagar € 475 pelo contador. O preço de reserva do vendedor é € 350. Para ambas as empresas a taxa de impaciência é constante e igual a 2%. A primeira proposta é apresentada pela empresa vendedora W, sendo que cada proposta é aceite sempre que uma empresa é indiferente entre aceitar ou rejeitar.

Apresente as 10 rondas de negociação. Aplique a *Backward Induction* a esta negociação e encontre a melhor proposta inicial. Como vai ser feita a repartição do excedente?

5.14. A empresa ETP quer comprar 120 transformadores de terceira geração à empresa CUTWATT (C). Para isso, essas duas empresas entram num processo de negociação que, acordam previamente, terá de estar concluído no prazo máximo de dez dias, podendo ser colocada uma proposta em cada dia. Para a empresa vendedora, a taxa de impaciência cresce 1 ponto percentual (pp) em cada ronda, nas primeiras cinco rondas, sendo na segunda ronda de 1%. A partir da sexta ronda, inclusive, a taxa de impaciência da empresa vendedora cresce 30% por ronda. A compradora não é impaciente na primeira ronda, bem como não é impaciente nas rondas sete até à décima, inclusive. No entanto, na ronda dois a impaciência da compradora é de 2%, aumentando 1 pp em cada ronda até à sexta ronda, inclusive. A primeira proposta é apresentada pela empresa compradora ETP, sendo que cada proposta é aceite sempre que uma empresa é indiferente entre aceitar ou rejeitar.

i) É do conhecimento dos dois jogadores que a ETP está disposta a pagar € 37 por cada transformador de terceira geração. É também sabido que a diferença positiva para o preço de reserva do vendedor é de € 4.5, por transformador. Qual a melhor proposta inicial para o conjunto dos 120 transformadores? Como vai ser feita a repartição do excedente?

ii) Admita agora 11 rondas, em lugar de 10, com tudo o resto constante. Na ronda 7 como seria feita a repartição do excedente?

5.15. O *stand* de automóveis Movil tem uma encomenda do cliente Bonifácio para um automóvel modelo Seta. No entanto, o cliente está disposto a adquirir o automóvel apenas se o *stand* Movil lho conseguir no prazo de 8 dias. Esse *stand* sabe que o seu concorrente, o stand Tobil, tem esse automóvel Seta em *stock*. Esses dois *stands* entram num processo de negociação que, acordam previamente, terá de estar concluído no prazo máximo de duas semanas (14 dias), podendo ser colocada uma proposta em cada dia. É do conhecimento dos dois jogadores que, o *stand* Movil está disposto a pagar € 3000 pelo Seta. O preço de reserva do vendedor (Tobil) é 2/3 da disponibilidade máxima a pagar do comprador. Mesmo não conseguindo adquirir o carro nos primeiros 8 dias, o *stand* Movil continua interessado no carro. Nos primeiros 8 dias a taxa de impaciência do comprador é 2%, (dada a urgência do Sr. Bonifácio), após o que essa taxa é de 0%. Por seu turno, o Tobil tem um custo de protelar o acordo uma ronda de 1%. A primeira proposta é apresentada pelo Tobil, sendo que cada proposta é aceite sempre que um jogador é indiferente entre aceitar ou rejeitar.

   i) Aplique a *Backward Induction* a esta negociação e encontre a melhor proposta inicial. Como vai ser feita a repartição do excedente?

   ii) Se o Bonifácio estiver sempre interessado em adquirir o automóvel, i.e., durante todo o período de negociação, com tudo o resto constante, o excedente reservado ao *stand* Tobil iria aumentar ou diminuir em relação à alínea anterior? Justifique.

5.16. O *stand* de automóveis Stand4rodas tem uma encomenda do cliente Bonifácio para um automóvel modelo Benzu. Aquele *stand* sabe que o seu concorrente, o *stand* CarMoto, tem esse automóvel Benzu em *stock*. Esses dois *stands* entram num processo de negociação que, acordam previamente, terá de estar concluído no prazo máximo de dez dias, podendo ser colocada uma proposta em cada dia. É do conhecimento dos dois jogadores que o *stand* Stand4rodas está disposto a pagar € 3000 pelo Benzu. O preço de reserva do vendedor (CarMoto) é 4/5 da disponibilidade máxima a pagar do comprador. Os dois *stands* desejam efetuar o negócio o mais rápido possível. Assim, para cada jogador, a taxa de impaciência cresce 1 ponto percentual em cada ronda, sendo na segunda ronda de 1%. A primeira proposta é apresentada pelo Stand4rodas, e cada proposta é aceite sempre que um jogador é indiferente entre aceitar ou rejeitar.

   i) Aplique a *Backward Induction* a esta negociação e encontre a melhor proposta inicial. Como vai ser feita a repartição do excedente?

   ii) Com tudo o resto constante, se em cada ronda a impaciência do CarMoto aumentar 1.4 pontos percentuais, o seu excedente aumenta em comparação com o obtido na alínea anterior? Justifique devidamente.

5.17. Dois clubes, o Polton (P) e o Mancester (M), participam num leilão *one-shot*, de primeiro preço de um ativo de um clube de futebol que precisa de receitas extraordinárias imediatas. A disponibilidade a pagar por cada um dos jogadores é de P e M respetivamente do Polton e do Mancester, com P > M, com P, M > 0. O Polton conhece a valorização que ele próprio atribui ao jogador do clube, mas desconhece quanto vale, para o Mancester, esse ativo desportivo. Admite apenas que P e M são igualmente prováveis. É sabido ainda que o lance mínimo do Polton é M e, em caso de empate, a atribuição da propriedade é feita através de uma moeda não viciada.

Nestas condições:

i) Qual é o lance mínimo para o jogador Mancester? Justifique.

ii) Considere que o Polton submete um lance mais elevado b_P e a probabilidade do seu lance ser superior a b_M é δ. Apresente as matrizes de *payoff* deste jogo, na perspetiva do jogador Mancester, considerando que ele pode ser do tipo P ou do tipo M.

iii) Transforme agora o jogo de informação incompleta num jogo de informação completa mas imperfeita. Apresente as formas extensiva e estratégica.

iv) Qual a probabilidade δ do Polton adquirir o passe do jogador de futebol quando joga a sua ação b_P?

5 · BARREIRAS À CONCORRÊNCIA, NEGOCIAÇÃO E LEILÕES

✓ **Soluções**

5.9. i) Proposta: € 1964.5919.
Repartição do excedente: 11.74% para a TB e 88.26% para o engenheiro.

ii) O excedente do engenheiro iria diminuir. Com número de rondas ímpar, mantendo tudo o resto constante, a primeira e última propostas são feitas pela empresa TB.

5.10. i) Proposta inicial: € 2944.5675.
Repartição do excedente: 9.24% para o comprador BomeCar e 90.76% para o vendedor CarGood.

ii) Com número de rondas par e finito, e sem impaciência, existe *second mover advantage*, logo, para o *stand* BomeCar não é vantajoso de apresentar a primeira proposta.

5.11. i) Proposta inicial: € 1948.8536.
Repartição do excedente: 17.05% para a empresa TB, e 85.95% para o engenheiro.

ii) O excedente do engenheiro diminui. Devido ao facto de a sua taxa de impaciência aumentar, a empresa TB consegue retirar uma percentagem superior ao excedente do engenheiro.

5.12. i) Proposta inicial é: € 1087.1198.
A repartição dos excedentes é 21.78% para o engenheiro e 78.22% para a empresa M.

ii) Proposta inicial é: € 1089.6333.
A repartição dos excedentes é 22.41% para o engenheiro e 77.59% para a empresa M.

5.13. Repartição do excedente: 90.76% para a ETP, e 9.24% para a W.

5.14. i) Proposta inicial: € 4331.2722.
Repartição do excedente: 20.13% para a ETP e 79.87% para a C.

ii) Repartição do excedente, ronda 7: 16.37% para a ETP e 83.63% para a C.

5.15. i) Proposta inicial: € 2076.4945.
Repartição do excedente: 7.65% para o Tobil e 92.35% para o Mobil.

ii) O excedente do Tobil aumenta porque consegue retirar mais excedente ao Movil pela impaciência em todas as rondas de negociação.

5.16. i) Proposta inicial: € 2898.621.
Repartição do excedente: 83.10% para o CarMoto e 16.90% para o Stand4rodas.

ii) O seu excedente diminui porque a sua taxa de impaciência aumenta, logo o outro *stand* consegue retirar mais excedente ao CarMoto.

5.17. i) O lance mínimo de Mancester é M. Considerando que a disponibilidade máxima a pagar de Mancester é inferior à disponibilidade máxima a pagar de Polton.

ii)
Tabela 5.9 – *Payoffs*

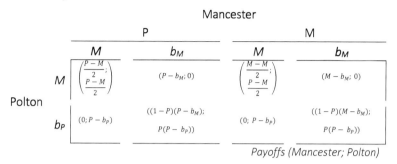

iii)

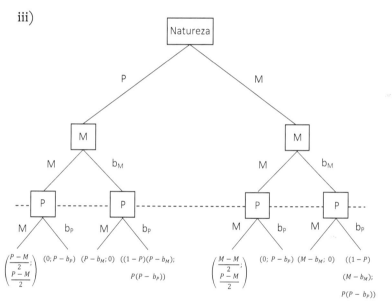

Payoffs (Mancester; Polton)

Tabela 5.10 – Forma estratégica

iv) $(P+1)(\frac{P-b_P}{2}) \geq \frac{P-M}{4} \Leftrightarrow P \geq \frac{6P-2M-4b_P}{4(P-b_P)}$.

6.
Oligopólio e interação estratégica

Este capítulo dedica-se a um conteúdo crucial em Economia Industrial, que é o do comportamento estratégico. Analisam-se, confrontam-se e discutem-se diversas opções de comportamento de empresas em quadro de concorrência em mercado. Distingue-se diferenciação real e apercebida, horizontal e vertical. Recorre-se à modelização com Teoria dos Jogos para a apresentação da estratégia de preço-limite e de criação de reputação. Aqui admitem-se tipos diferenciados para os jogadores instalados e mostra-se a importância da reputação num jogo de dissuasão à entrada com informação imperfeita. Aplica-se a transformação de Harsanyi e calculam-se os equilíbrios de Nash Bayesiano. Realizam-se aplicações e resolvem-se exercícios de cálculo de intervalos de estratégias ótimas para as empresas instaladas e entrantes.

Este capítulo alberga também a estratégia da publicidade. Destacam-se as especificidades da publicidade, presente e passada, e também na criação de ativos intangíveis cujo custo poderá ser parcialmente recuperado no momento da saída. Calcula-se a estratégia de publicidade maximizadora da função objetivo da empresa e recorre-se à condição de Dorfman-Steiner para o cálculo da intensidade ótima de publicidade. Analisa-se a expulsão de empresas do mercado recorrendo à estratégia de preços predatórios e a um jogo com duas etapas. Contextualiza-se esta estratégia, na necessidade de o jogador dispor de poder de mercado em algum dos mercados que opera, de forma a suportar esta estratégia não maximizadora de lucro no curto prazo. Apresenta-se ainda a estratégia de entrada em pequena escala, sendo esta uma das estratégias mais seguidas por empresas na hora de entrar em mercados reais. Finalmente, o capítulo aborda a importância do investimento em Investigação & Desenvolvimento.

6.1 | DISSUASÃO À ENTRADA

As empresas têm como objetivo fundamental a maximização dos seus lucros. Esse lucro será máximo se a empresa operar sozinha no mercado, em monopólio. Decorre naturalmente que, a ameaça de entrada de novas empresas no mercado, pode implicar uma redução do lucro dessas mesmas empresas. Deste modo, as empresas instaladas executam estratégias para obstaculizar a entrada de potenciais concorrentes, executando estratégias que, globalmente, se designam de **estratégias de dissuasão à entrada**. O princípio fundamental é fazer com que, na perspetiva dos potenciais entrantes, o mercado não seja atrativo ou lucrativo para efetivar a entrada.

As empresas podem executar um menu diversificado de estratégias e comportamentos que criam barreiras à entrada, tais como: criação de reputação; diversificação de produto e ocupação de todos os segmentos de mercado; preços limite e preços predatórios (para expulsão de uma empresa já instalada); ou publicidade. Algumas dessas estratégias de dissuasão à entrada são agressivas e podem inclusive, acarretar penalizações à empresa que as implementa. É disso exemplo a estratégia de preços predatórios, ainda que seja difícil provar.

Para serem bem-sucedidas, é indispensável que as estratégias sejam credíveis. Registe-se que, essas estratégias de dissuasão não são maximizadoras do lucro. São por isso estratégias não ótimas no curto prazo. E porque são então executadas? Precisamente para que no médio e longo prazo a empresa instalada, que executa essas estratégias, consiga maior poder de mercado, reduzindo a concorrência, almejando inclusive poder vir a ser monopolista. O custo dessas estratégias não é despiciendo para a empresa que as executa. Em alguns casos, o custo é de tal forma elevado (sob a forma de perda de lucros) que a empresa instalada decide acomodar a entrada, desde que ela não seja uma ameaça no que à dimensão diz respeito. Frequentemente, quando uma empresa de pequena dimensão quer entrar no mercado, a empresa instalada abdica de uma parte pequena do mercado, para continuar a comportar-se como monopolista ou dominante na restante (maior) parte do mercado.

Importa ainda tornar claro que, a dissuasão à entrada pode não implicar o uso de apenas uma estratégia. Na verdade, a empresa pode fazer uso de várias estratégias, em conjunto, ou de forma sequencial. Pode inclusive associar essas estratégias a outras práticas, como é o caso de operações de concentração através de fusões ou aquisições (a que será dedicado o capítulo 7). Os exercícios aplicados que se apresentam pretendem precisamente concretizar essa complexidade de comportamentos.

6.1.1 | A REPUTAÇÃO

A criação de reputação é uma das preocupações de cada empresa que opera num mercado. Essa reputação pode significar qualidade, competência, inovação, eficiência, custos baixos, capacidade competitiva, entre outros atributos. As formas de conseguir ganhar reputação são muito variadas. Podem passar, por exemplo, por presença em eventos mediáticos como feiras, por inovação em produto ou em processo, por campanhas de publicidade, registo de patentes ou por entrar em disputas e em dissuasão direta à entrada de novas empresas. A reputação é, pois, um valor em si, que todas as empresas pretendem granjear, mesmo as que, sendo mais fracas, reúnem condições menos favoráveis.

Considere o seguinte jogo da reputação. Num mercado opera uma empresa instalada, que pode ser do tipo fraco ou forte, dependendo da sua estrutura de custos. Se a empresa suporta custos elevados de produção, fruto da tecnologia obsoleta, é pouco eficiente ou pouco competitiva, designando-se de instalada de tipo fraco. Essa empresa enfrenta a ameaça de entrada de uma concorrente no mercado, que apenas tem como opções de decisão, entrar ou não entrar. A empresa instalada tem de decidir o seu comportamento entre lutar (dissuadir a entrada) ou acomodar essa nova empresa.

Atente ao exemplo 6.1. em que existem duas empresas, a Instalada (I) e a Entrante (E). A Instalada, pela tecnologia de que dispõe, pode ser do tipo fraco (com custos de produção altos) ou do tipo forte (com custos baixos). As ações disponíveis para a Instalada são *lutar* ou *acomodar*. A Entrante pode decidir entre entrar (*in*) ou sair do mercado (*out*). Apesar disso, a empresa Entrante acredita que, a probabilidade da Instalada ser do tipo fraco é igual à probabilidade de ser do tipo forte (note que *X>1; (2/5)<Y<1)*.

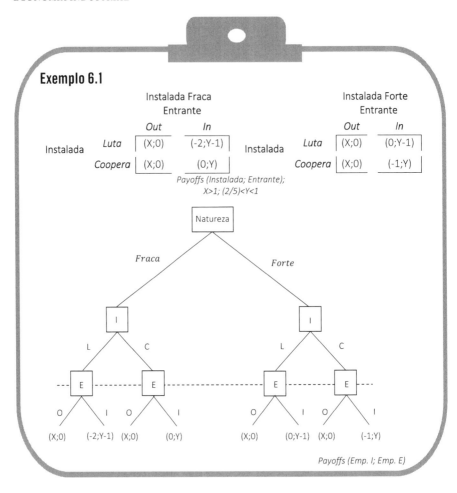

Independentemente de qual seja o tipo da Instalada, isto é, do tipo forte ou fraca, o lucro Entrante, caso esta siga a estratégia de não entrar é zero. Contudo, se a Entrante entrar e a Instalada lutar, então a Entrante obtém um lucro negativo. No caso, de a Entrante entrar e a Instalada acomodar, a Entrante obtém lucros.

O lucro da Instalada , se a Entrante não entrar, é positivo, e se a Entrante entrar e a Instalada lutar, a Instalada obtém um lucro nulo ou negativo. Como se pode observar na forma estratégica (sugestão: elaborar de acordo com o ilustrado no capitulo 3), neste tipo de estratégia de reputação, uma empresa instalada, mesmo que seja fraca tem incentivos a lutar, isto é, a dissuadir a entrada. Isto pelo menos nos primeiros períodos, porque lutando pode criar a reputação de ser forte. A criação dessa reputação funciona como um fator de dissuasão para novas empresas que queiram entrar no mercado.

6.1.2 | DIFERENCIAÇÃO DE PRODUTO

A **diferenciação de produto** tem várias motivações. Ela pode ser consequência da vontade da empresa em conquistar a preferência dos consumidores, face ao produto das empresas concorrentes. A empresa poderá pretender fidelizar esses consumidores com produtos exclusivos. Será também uma forma de criar valor, aumentando o seu poder de mercado e as suas taxas de *markup*. Mas é também, com certeza, uma forma de comportamento estratégico que consiste em ocupar o espaço de entrada de potenciais concorrentes.

Ao diversificar o produto, a empresa instalada pretende satisfazer todos os segmentos de mercado, tornando-se tarefa difícil para a empresa entrante perceber qual segmento ainda estará livre para satisfazer. Pode pensar-se no exemplo clássico dos cereais de pequeno-almoço, que preenchem por completo as prateleiras dos supermercados. Face à diversidade de cereais (*light*, com e sem açúcar, integrais, formas diferenciadas, aditivados, com frutos secos, apenas milho, ...) é difícil para novas empresas identificarem que tipo de cereais o mercado poderá ainda procurar. Outro exemplo é o mercado de sumos e refrigerantes. Eles estão disponíveis em combinações que revelam uma imaginação ímpar.

A diferenciação do produto pode ser **real** ou simplesmente **apercebida**. Será real quando as características objetivas dos produtos justificam, de facto essa diferenciação, como a qualidade, garantia, fiabilidade, durabilidade e utilidade. Será apercebida quando a diferenciação resulta apenas de atributos físicos como a embalagem, a cor ou o *design*. A diferenciação pode ainda distinguir-se entre horizontal e vertical. A **diferenciação horizontal** é compatível com a coexistência de diversos produtos, que apresentam variedades distintas, tais como champôs, cremes e produtos de limpeza, detergentes. Na **diferenciação vertical** verifica-se o reconhecimento da hierarquização entre a variedade dos produtos. Os consumidores são unanimes quanto à preferência e à disponibilidade máxima a pagar pelo bem. Por outras palavras, todos os consumidores preferem o bem A relativamente ao bem B.

Retomando o exemplo dos cereais de pequeno-almoço, está-se perante uma situação de diferenciação horizontal, dado que os consumidores não têm a mesma preferência. Já no mercado do chocolate em pó, praticamente todos os consumidores têm preferência por uma marca em comparação com outras marcas disponíveis. Chega-se a confundir o produto com a própria marca. Neste caso, dado que é possível ordenar a preferência dos consumidores, está-se, portanto, perante diferenciação vertical.

6.1.3 | CRIAÇÃO DE EXCESSO DE CAPACIDADE

A **criação de excesso de capacidade** é também uma forma de dissuasão à entrada. A empresa instalada procura desincentivar a entrada de possíveis concorrentes através de uma ameaça competitiva, instalando para isso capacidade adicional, capaz de satisfazer toda a procura existente no mercado. A empresa entrante observa e, de acordo com o **Postulado de Sylos-Labini**, admite que a empresa instalada usará toda a sua capacidade, sendo assim dissuadida de entrar nesse mercado. Note-se que, uma vez mais, esta é uma estratégia não ótima, na medida em que não é maximizadora do lucro. O problema maior é que esta estratégia obriga à instalação de capacidade adicional que tornará mais difícil, no médio e longo prazo, a empresa retornar ao seu ponto de otimização, tal como acontece nas outras estratégias.

O modelo de Dixit (1980) examina a possibilidade de a empresa instalada investir em excesso de capacidade, para deter a penetração de concorrentes no mercado. Suponha um mercado com uma empresa monopolista, a empresa Instalada (I), no período t, em que a sua função custo total é dada por: $CT_I(K_I) = RK_I$, onde R é o preço/custo de cada unidade de capacidade, e K_I é a capacidade produtiva. Posteriormente, no período $t+1$, a empresa Entrante, (E), decide entre entrar no mercado ou ficar de fora. Caso a entrada se verifique, as empresas concorrem *à la Cournot*.

A empresa Instalada pode produzir uma quantidade superior a K_I, para dissuadir a entrada, suportando um custo de R por cada unidade adicional. Em contrapartida, pode produzir uma quantidade inferior, isto é, a quantidade de concorrência, que corresponderá à utilização parcial da capacidade K_I. Tal como referido previamente, importa realçar que se a empresa Instalada optar por esta estratégia, não poderá diminuir a capacidade instalada, dado que os custos de investimento em capacidade instalada são afundados (recordar debate prévio sobre afundamento de custos). Posto isto, a função custo total da empresa Instalada, no período $t+1$, é descrita por:

$$CT_{I,t+1}(K_I; q_I) = \begin{cases} F_I + wq_I + RK_I + R(q_I - K_I) &, se\ q_I > K_I \\ F_I + wq_I + RK_I &, se\ q_I \leq K_I \end{cases}, \quad (6.1)$$

onde, $CT_{I,t+1}(K_I; q_I)$ representa os custos totais da empresa I, no período $t+1$, F_I representa os custos fixos da empresa I, wq_I denota o custo do fator produtivo, em que w é o custo de cada unidade de trabalho utilizada para produzir uma unidade do bem, q_I é a quantidade produzida pela empresa I. A função custo total da empresa entrante é dada por:

$$CT_{E,t+1}(q_E) = F_E + (w + R)q_E. \quad (6.2)$$

onde, $CT_{E,t+1}(q_E)$ denota os custos totais da empresa E, no período $t+1$, F_E representa os custos fixos da empresa E, q_E representa a quantidade produzida pela empresa E. Admitindo uma função inversa da procura genérica, linear, dada por $P = a - b(q_I + q_E)$, as funções melhor resposta de ambas as empresas são as seguintes:

Função melhor resposta da empresa I:

$$q^*_{I,t+1} = \begin{cases} \dfrac{A-w}{2B} - \dfrac{q_E}{2} &, se\ q_I \leq K_I \\ \dfrac{A-(w+R)}{2B} - \dfrac{q_E}{2} &, se\ q_I > K_I \end{cases}. \quad (6.3)$$

A função melhor resposta da empresa E vem então,

$$q^*_{E,t+1} = \frac{A-(w+R)}{2B} - \frac{q_I}{2}. \quad (6.4)$$

Por fim, para definir a capacidade ótima da empresa I, no período $t+1$, é necessário comparar o lucro da empresa Instalada, em duas soluções: (i) a empresa Instalada não decide de forma estratégica, escolhendo a capacidade que maximiza o lucro de monopólio independentemente da entrada da concorrente, ou (ii) a empresa Instalada decide de forma estratégica, de modo a que, a empresa Entrante não obtenha lucros positivos.

Importa ainda notar que a estratégia de criação de excesso de capacidade pode constituir-se também como uma das formas de criação de reputação. A empresa que instala essa capacidade procura passar uma mensagem ao mercado de grande poderio económico. Essa reputação dissuade a entrada, mas contraria o princípio de que *small is beautiful*. Não são raros os exemplos de empresas que, aumentando a sua capacidade provocaram ineficiências graves resultantes das baixas taxas de utilização da capacidade. No limite, algumas das que executaram esta estratégia, tiveram, elas próprias de abandonar o mercado.

6.1.4 | ESTRATÉGIA DE PREÇO-LIMITE

A **estratégia de preço-limite** consiste numa forma de comportamento que tem como objetivo a dissuasão da entrada de uma nova empresa no mercado, através de uma estratégia de produção (e de preço) que esgote o espaço de entrada da empresa entrante. O critério de entrada no mercado de qualquer empresa é a perceção de oportunidades de realizar lucro, ou *payoff* positivo. A estratégia de preço-limite, desenvolve-se num quadro de jogo dinâmico onde a empresa instalada procura tornar o lucro da empresa entrante nulo. Para isso, apenas poderá controlar as variáveis que lhe dizem respeito, isto é, a sua quantidade e consequentemente influenciar o preço no mercado. É também uma estratégia não maximizadora do lucro no momento da sua execução. O objetivo é ser bem-sucedida na dissuasão à entrada de novos concorrentes, com o intuito de, no futuro obter o lucro de monopólio.

O modelo do preço-limite foi proposto por Bain (1956) e Sylos-Labini (1962) e descreve a estratégia de preços que desincentivam a entrada de novos concorrentes. A ideia é que a empresa instalada irá produzir uma quantidade, tal que, torne a curva de custos médios da empresa entrante tangente à sua curva de procura residual, resultando, pois, num lucro nulo para essa empresa. O valor do preço resultante dessa estratégia é designado por preço-limite. Será, portanto, o preço mais alto possível, abaixo do qual não se verificará entrada no mercado.

Considere um mercado, com uma procura linear, na sua forma inversa, dada por $P(Q) = a - Q$, onde $Q = q_I + q_E$, sendo q_I a quantidade produzida pela empresa Instalada (I), e q_E a quantidade produzida pela empresa Entrante (E). A função custo variável é igual para ambas as empresas, ou seja, $CVT_i = cq_i$, com $i = I; E$, onde c denota os custos marginais, constantes. Admita-se um custo de entrada S, a suportar pela empresa Entrante. O objetivo é então provocar lucro nulo na empresa Entrante e, com isso, evitar a entrada. Na primeira etapa, a empresa Instalada antecipa qual é a FMR da empresa Entrante e, com ela, define a função lucro da Entrante apenas dependendo da quantidade da empresa Instalada. Assim, a FMR_E é,

$$\max_{q_E} \pi_E(q_I; q_E) = (a - q_I - q_E)q_E - cq_E - S \qquad (6.5)$$

da condição de primeira ordem, $\frac{\partial \pi_E}{\partial q_E} = 0$, resulta

$$q_E^* = \frac{a-c}{2} - \frac{1}{2}q_I.$$

Logo, o lucro da empresa Entrante apenas como função de q_I é:

$$\pi_E(q_I) = \left(a - q_I - \left(\frac{a-c}{2} - \frac{1}{2}q_I\right)\right)\left(\frac{a-c}{2} - \frac{1}{2}q_I\right) - c\left(\frac{a-c}{2} - \frac{1}{2}q_I\right) - S.$$

A estratégia consiste, pois, em tornar o lucro nulo, isto é $\pi_E(q_I) = 0$. Colocando em evidência a quantidade,

$$\pi_E(q_I) = 0 \Leftrightarrow \left(a - \frac{a+c}{2} - q_I + \frac{1}{2}q_I - c\right)\left(\frac{a-c}{2} - \frac{1}{2}q_I\right) = S.$$

Simplificando, $\left(\frac{a-c}{2} - \frac{1}{2}q_I\right)^2 = S \Leftrightarrow \frac{a-c}{2} - \frac{1}{2}q_I = \sqrt{S}$, donde, a expressão da quantidade limite é:

$$q_I^{lim} = a - c - 2\sqrt{S}. \qquad (6.6)$$

Importa salientar que S, representa um custo de entrada, usualmente afundado. A empresa considera-o apenas no momento da entrada. Na prática, funciona como uma barreira à entrada. Da expressão da quantidade limite (6.6) pode confirmar-se a intuição já apresentada anteriormente. De facto, quanto maior for o custo de entrada (neste exemplo, S), então, tanto menor terá de ser a quantidade limite capaz de dissuadir a entrada, i.e., $\frac{\partial q_I^{lim}}{\partial S} < 0$.

A expressão genérica da quantidade limite permite calcular o intervalo, dentro do qual, a melhor estratégia para a empresa é bloquear a entrada. Assim, substituindo essa quantidade na função lucro da empresa Instalada, e simplificando, o lucro da empresa Instalada quando dissuade a entrada vem $\pi_i = (a - c - 2\sqrt{S})(2\sqrt{S})$.

Da comparação entre esse lucro da dissuasão e o lucro que a empresa Instalada obtém quando acomoda a entrada, calcula-se o custo de entrada S_L, abaixo do qual a melhor estratégia para a empresa Instalada é acomodar a entrada em lugar de a bloquear. Por outro lado, facilmente se percebe que existirá um custo de entrada, de tal forma elevado (por exemplo a instalação de carril ferroviário ou redes de transporte de energia), representado por S^H, que a empresa poderá comportar-se como monopolista, sem com isso atrair novas entradas. Esse nível de custo S^H calcula-se pelo ponto de indiferença entre produzir a quantidade limite ou a quantidade de monopólio. Assim, em resumo, quando:

- $S > S^H \rightarrow$ entrada está naturalmente bloqueada;
- $S \in]S_L, S^H[\rightarrow$ melhor estratégia é bloquear a entrada;
- $S < S_L \rightarrow$ a empresa deverá acomodar a entrada.

Em todas as situações considera-se intervalo aberto, na medida em que nos pontos de indiferença pode admitir-se que a empresa acomoda ou luta. O fecho do intervalo depende do pressuposto que se tome. Uma última nota para salientar que o limite inferior, S_L está dependente das condições em que a acomodação seja processada. Assim, se a acomodação é feita *à la Cournot* esse limite será inferior comparativamente à acomodação feita com liderança da instalada, isto é, $S_L^{Cournot} < S_L^{Stackelberg}$. Os exercícios resolvidos dedicarão atenção a esta prova.

6.2 | PUBLICIDADE

A publicidade distingue-se de outros *inputs* que a empresa adquire no mercado porque consegue atuar na curva da procura, movendo-a para a direita, enquanto os outros *inputs* atuam na função de produção. A publicidade pode ser tipificada em informativa e persuasiva. Ambos os tipo de publicidade implicam custos, e causam aumento da procura do bem publicitado. A **publicidade informativa** consiste em informar, partilhar conhecimento sobre um bem ou serviço, tal como o seu preço, características ou (novas) funcionalidades. A **publicidade de persuasão** tem como função induzir aos consumidores que determinado bem é diferente e necessário, aumentando o consumo compulsivo e a fidelização do consumidor. Assim sendo, este tipo de publicidade visa criar/despertar necessidades no consumidor de forma a aumentar a procura do bem.

Considere-se então que o investimento em publicidade tem um efeito positivo na curva da procura (deslocando-a para a direita). Então a quantidade procurada passa a ser uma função não apenas do preço P mas também da publicidade no passado A_p e no presente A, isto é $Q(A_p + A; P)$.

Por simplificação admite-se que a publicidade passada e presente têm o mesmo efeito na quantidade procurada. A função lucro da empresa, supondo que os custos marginais são constantes, é então:

$$\pi = P * Q(A_p + A; P) - c * Q(A_p + A; P) - P^A * A - F, \qquad (6.7)$$

onde, c denota o custo marginal, e F são os custos fixos. Neste contexto há duas perguntas para as quais a empresa procura reposta. A primeira é, quanto deverá produzir para maximizar o seu lucro. Ora, maximizando o lucro da empresa em ordem à quantidade obtém-se:

$$\max_{Q} \pi \Leftrightarrow \frac{\partial \pi}{\partial Q} = 0 \Leftrightarrow P\Delta Q + \Delta P Q - c\Delta Q = 0 \Leftrightarrow (P - c)\Delta Q = -\Delta P Q. \qquad (6.8)$$

Simplificando e rearranjando, $\frac{P-c}{P} = \frac{-\Delta P}{\Delta Q} * \frac{Q}{P} \Leftrightarrow \frac{P-c}{P} = \frac{1}{\varepsilon_{QP}}$, onde ε_{QP} representa a elasticidade preço procura. Esta expressão é já conhecida, e calcula o Índice de Lerner em monopólio, dado que se está a assumir que se trata de uma empresa monopolista. Note-se que, para que uma empresa monopolista possa produzir mais, e essa quantidade maior continue a ser uma estratégia ótima, então a procura tem de se expandir. É exatamente isso que a publicidade permite.

A segunda pergunta para a qual a empresa tem de providenciar resposta é, qual o nível de publicidade ou qual o investimento ótimo em publicidade que deve ser executado para garantir o lucro máximo? Assim, maximizando o lucro em ordem à publicidade, obtém-se a condição ótima de publicidade conhecida como a **condição de Dorfman-Steiner**:

$$\max_{A} \pi \Leftrightarrow \frac{\partial \pi}{\partial A} = 0 \Leftrightarrow P\Delta Q - c\Delta Q - P^A \Delta A = 0$$

Simplificando e rearranjando,

$$\Leftrightarrow \frac{P-c}{P} = \frac{P^A}{A} * \frac{\Delta A}{\Delta Q} * \frac{Q}{P} * \frac{A}{Q} \Leftrightarrow \frac{P-c}{P} = \frac{P^A * A}{P * Q} * \varepsilon_{QA}^{-1},$$

Logo, a condição de Dorfman-Steiner é:

$$\frac{P-c}{P} * \varepsilon_{QA} = \frac{P^A * A}{PQ}, \qquad (6.9)$$

onde, $P^A * A$ é o montante aplicado em publicidade, $P * Q$ é o volume de vendas, e ε_{QA} é a elasticidade procura-publicidade, calculada por $\varepsilon_{QA} = \frac{\Delta Q}{\Delta A} * \frac{A}{Q}$.

A **condição de Dorfman-Steiner**, equação (6.9), designa a **intensidade ótima de publicidade**. Pela expressão $\frac{P^A * A}{P * Q}$ determina-se a percentagem do volume de vendas que deve ser dedicada em publicidade, isto é, a opção ótima na relação entre o montante de publicidade e o volume de vendas. Uma análise mais fina da condição mostra que, à medida que os consumidores se revelam mais sensíveis à publicidade, então a intensidade ótima de publicidade aumenta. Assim sendo, a empresa deverá aumentar o seu investimento em publicidade dado que essa publicidade é efetiva nos consumidores. Observa-se ainda que, quanto maior for o poder de mercado da empresa, tanto maior será o peso do investimento em publicidade nas vendas. Como visto, maior poder de mercado dará à empresa maior capacidade de elevar o preço e logo, acomodar aumentos de despesa em publicidade.

6.3 | GUERRA DE PREÇOS E PREÇOS PREDATÓRIOS

Ao contrário das estratégias de dissuasão à entrada, a **estratégia de preços predatórios** visa expulsar uma empresa já instalada no mercado, ou mesmo uma franja de pequenos concorrentes. Para executar essa estratégia, a empresa predadora quer certificar-se que a empresa alvo não consiga sequer compensar parte dos seus custos fixos de operação. A intuição económica resulta da avaliação frequente de empresas no mercado, que perpetuam a sua permanência, enquanto o seu lucro, pese embora negativo, suporta ainda uma parte dos custos fixos. Pois bem, a estratégia de preços predatórios é uma estratégia violenta, no sentido em que força a empresa alvo a sair em menor tempo, dado que, nem sequer parte dos seus custos fixos consegue compensar. Na prática é como pensar-se que o lucro variável é zero e o prejuízo é equivalente a todo o montante de custo fixo.

Esta estratégia é 'violenta' sob o ponto de vista de custo para a empresa que a executa porque implica não apenas abdicar da trajetória de maximização do lucro, como também suportar um custo elevado pela descida acentuada de preço. Daqui pode resultar não apenas uma perda de lucros, como resulta, mas inclusive lucros negativos. Por esta razão, esta estratégia, ainda mais do que as outras, apenas poderá ser encarada como executável em períodos curtos e, normalmente, com estrutura de apoio da empresa em conglomerado. De facto, os conglomerados, ao operarem em diferentes negócios e áreas de atividade, permitem suporte financeiro para que numa determinada área, essa estratégia possa ser executada. Claro está que, por razões óbvias, quando a empresa alvo integra também um conglomerado, então a estratégia de predação será bem menos atrativa. Uma vez mais, o objetivo da predação deve ser analisado no médio e longo prazo, procurando a empresa predadora granjear poder de mercado e ser monopolista de facto, após a saída da empresa alvo.

Por tudo isto, na ponderação de execução desta estratégia, a empresa predadora deverá ter em conta não apenas o lucro no período, mas sim o lucro esperado num horizonte temporal definido. Calcula por isso o **Valor Presente Descontado** (VPD) que não é mais do que o lucro atualizado ao momento presente dessa estratégia. Admita-se uma taxa de atualização constante, representada por *r*, que pode ser interpretada como o custo de oportunidade do capital, ou a rentabilidade de uma aplicação ou investimento alternativo. Considera-se ainda serem necessários *t* períodos para que a saída da empresa alvo se efetive. Finalmente, assuma que em todos os períodos da predação a empresa predadora tem capacidade produtiva instalada suficiente para aumentar substancialmente a sua produção. Neste contexto, o valor presente descontado do lucro esperado é:

$$VPD = -\pi_{pred} - \frac{\pi_{pred}}{1+r} - \cdots - \frac{\pi_{pred}}{(1+r)^T} + \frac{\pi_{mon}}{(1+r)^{T+1}} + \cdots, \quad (6.10)$$

onde, π_{pred} representa o lucro da empresa predadora (assumindo aqui ser negativo) e π_{mon} o lucro da empresa em monopólio, obtido após a expulsão da empresa alvo. Assim, a empresa executará esta estratégia de preços predatórios se, e só se, o valor presente descontado for maior ou igual a zero ($VPD \geq 0$).

Dada a complexidade desta estratégia, importa aprofundar a reflexão acerca do que ela significa. Em primeiro lugar, no cálculo do *VPD* a empresa pode considerar não os lucros absolutos de cada período (predação e posterior monopólio), mas o custo de oportunidade respetivo em cada período. No caso da predação, a diferença de lucros entre repartição do mercado e predação e, já monopolista, a diferença ente o lucro de monopólio e continuar seguindo repartindo o mercado com a outra empresa. Em segundo lugar importa salientar que, esta estratégia testa a fronteira da legalidade. De facto, a empresa alvo da predação poderá recorrer da legalidade da estratégia, sendo frequentes os processos litigiosos sobre o assunto. Tanto quanto é do conhecimento dos autores, não existe jurisprudência para todas as situações, havendo lugar quer ao reconhecimento da legalidade da medida quer da sua ilegalidade.

Em terceiro lugar, deverá estar claro que esta estratégia é tanto menos atrativa quanto menores forem as barreiras à entrada. Quer isto dizer que, a empresa predadora sente-se menos avocada a executar preços predatórios quanto mais fácil (no que a custos diz respeito) for entrar novamente no mercado. Ou que outras empresas entrem no mercado, porque o custo de entrada é baixo. Assim sendo, em mercados contestáveis ou com grau elevado de contestabilidade (leia-se com barreiras à entrada reduzidas), a prática de preços predatórios não é atrativa. Finalmente, mas não menos importante, importa tornar claro que, ao contrário do que poderá ser pensado por todos, dado que está em causa descida de preços, a estratégia de preços predatórios poderá provocar reduções relevantes do bem-estar total. De facto, esse custo para a sociedade como um todo, que resulta da predação pode intuitivamente ser entendido como os limites que uma tecnologia impõe à descida de preço. Percebe-se que, por exemplo, um produto projetado para ter uma determinada duração, não poderá ter um preço inferior a outro projetado para ter metade dessa duração. Os preços predatórios podem por isso constituir-se como um forte entrave à inovação, bem como um incentivo ao desemprego e à redução dos padrões de qualidade. Fica aqui pois este exemplo de que a *"rule of thumb"* de que mais barato ou preço mais baixo é melhor para todos, nem sempre se confirma.

6.4 | ENTRADA EM PEQUENA ESCALA

Esta estratégia de entrada em pequena escala é também conhecida como estratégia judo-económica. Do judo recolhe a ideia do uso da inteligência, no sentido da empresa utilizar não apenas a sua força competitiva, mas também aproveitar as fraquezas da rival a seu favor. A ideia de base é a seguinte. Considerando que a empresa entrante pretende entrar no mercado com uma escala reduzida, o custo que a instalada teria para bloquear essa entrada seria superior à acomodação, permitindo que essa empresa entrante opere numa parte pequena do mercado, correspondente à sua pequena dimensão. No restante mercado, a empresa instalada poderá comportar-se como monopolista. Esta estratégia permite ainda à empresa instalada reduzir a propensão à entrada de novas empresas, de dimensão mais igualitária, dado que uma parte do mercado (usualmente com algum grau de diferenciação de produto) fica já ocupado. A empresa instalada beneficia das características da entrante.

Exemplificando, considere um mercado, em que a procura é dada por D. Neste mercado, opera uma empresa com capacidade para satisfazer toda a procura de mercado. A empresa instalada, monopolista, tem um custo de produção c_I. A empresa que pondera entrar no mercado e que quer perceber a capacidade ótima a instalar para entrar no mercado, tem um custo marginal de c_E. Considerando que $c_I < c_E$, então a empresa entrante apresenta-se com uma desvantagem competitiva relativamente à empresa instalada.

Figura 6.1 – Entrada em pequena escala

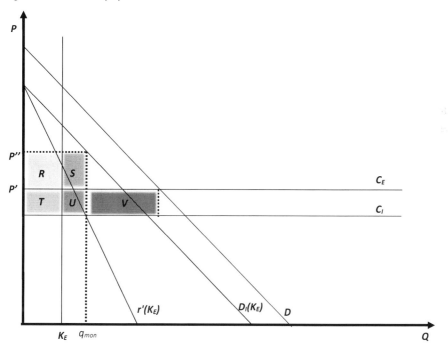

Perante a ameaça de entrada, a empresa instalada tem duas alternativas. A primeira é lutar, isto é, bloquear a entrada. Para isso fixa o preço no mercado ligeiramente inferior ao custo da entrante, $c_E - \gamma$, com $\gamma \to 0$. Neste cenário, o lucro da empresa entrante tende para zero e, como tal, a empresa não entra. Com $P = c_E \Rightarrow \pi_E = 0$. A empresa instalada obtém um lucro correspondente às áreas $T + U + V$. A alternativa para a empresa instalada é calcular a procura residual própria, pela diferença $D - K_E = D_I(K_E)$. Esse é o mercado onde vai comportar-se como monopolista, produzindo q_{mon}. Nesta alternativa, deixa a empresa entrante entrar com a capacidade de K_E e obtém, com essa estratégia, o lucro correspondente às áreas $R + S + T + U$. Na ponderação das duas estratégias a empresa instalada compara os dois lucros. Assim, se $R + S > V$, então a empresa instalada acomoda esta entrada. Como facilmente se pode observar, quanto menor for a capacidade a instalar pela entrante, tanto maior será a propensão para a empresa instalada executar a estratégia de acomodação.

6.5 | INVESTIGAÇÃO & DESENVOLVIMENTO

O investimento em Investigação & Desenvolvimento pode também ser encarado como uma forma de comportamento estratégico, nomeadamente pela diversificação do produto que pode promover e suportar. Neste sentido, a literatura tem estudado a relação entre estruturas de mercado, dimensão das empresas e a atividade de Investigação & Desenvolvimento. A este propósito podem distinguir-se os padrões de Schumpeter *Mark I* e Schumpeter *Mark II*. Esta distinção é uma das mais conhecidas para descrever, de forma sucinta, as diferenças de padrões e de inovações entre sectores. No primeiro padrão, Schumpeter *Mark I*, que corresponde à primeira abordagem à inovação de Schumpeter e provavelmente a mais conhecida, o ambiente nas indústrias é turbulento e existem poucas barreiras à entrada. Novas empresas são os principais motores de inovação, dando origem ao fenómeno conhecido pela **destruição criativa**, de acordo com o qual, novas empresas inovadoras substituem as empresas instaladas no mercado. Por sua vez, no padrão Schumpeter *Mark II* as indústrias revelam ambientes mais estáveis, com relevantes barreiras à entrada, sendo que as inovações resultam e são desenvolvidas essencialmente da atividade das grandes empresas instaladas. Neste caso, observa-se o fenómeno conhecido por **acumulação criativa**, onde as empresas instaladas acrescentam inovação num processo de consolidação das suas competências tecnológicas.

A notória hipótese Schumpeteriana, que tem motivado e continua a motivar uma numerosa investigação empírica, propõe que a dimensão acrescida das empresas é propensa a maior inovação. De facto, na linha de *Mark II*, maior dimensão e poder de monopólio são necessários, por forma a assegurar lucro económico para financiar as atividades de Investigação & Desenvolvimento. A verificação da hipótese Schumpeteriana pode trazer várias consequências para cada indústria em particular, nomeadamente, no que respeita à forma como se deve encarar a concentração no mercado. Ao contrário das preocupações naturais que a concentração no mercado pode despertar, maior concentração pode ser também um estímulo crucial para a inovação. Assim sendo, as políticas de concorrência e de regulação deverão internalizar esse facto. Uma das áreas de intervenção de excelência é a apreciação de operações de concentração, horizontal e vertical, que constituem o inserto do capítulo seguinte.

Exercícios Resolvidos

6.1. No mercado de estruturas metálicas de elevada resistência, existe uma empresa Instalada (I) e uma empresa Entrante (E). O produto produzido pelas duas empresas é homogéneo, e para produzir uma unidade de *output* (metro linear de estrutura metálica) elas necessitam de usar uma unidade de capacidade (custo unitário r) e uma unidade de trabalho (custo unitário w). Nesta indústria existe um custo de investimento inicial F, que já foi suportado pela empresa Instalada num período passado. No segundo período a empresa Entrante observa a decisão da empresa Instalada e toma a sua decisão de entrar ou não no mercado. Se a entrada acontece ela incorre num custo F, e a concorrência pós-entrada é feita pelas quantidades, com liderança da empresa Instalada.

É sabido que a procura é representada por $Q = 68 - P$; $r = 38$ e $w = 2$. Nestas condições:

i) Qual o lucro da empresa Instalada se a entrada não acontecer?

ii) Admita $F = 4$ e $F = 25$. Para cada um destes valores de custo de entrada qual deverá ser a estratégia ótima da empresa Instalada?

iii) Calcule o montante de custos F que torne a entrada nesta indústria naturalmente bloqueada. Interprete.

Resolução

i) Se não ocorrer entrada, a empresa Instalada permanece monopolista. De acordo com a informação fornecida, r representa o custo por unidade de capacidade e w o custo por unidade de trabalho, pelo que, com a soma de r e w obtém-se o custo marginal. Ou seja, o custo marginal é igual a 40, logo a função custo total é dada por: $CT(Q) = 40Q$.

Assim sendo, o equilíbrio de mercado em monopólio é calculado da seguinte forma:

pela CPO:
$$\pi_I = (68 - Q)Q - 40Q,$$

$$\frac{\partial \pi_I}{\partial Q} = 0 \Leftrightarrow 68 - 2Q - 40 = 0 \Leftrightarrow Q = 14.$$

Assim, o preço é, $P = 68 - 14 = 54$. E o lucro de monopólio é, $\pi = 54 * 14 - 40 * 14 = 196$.

Em suma, se a entrada não acontecer, o preço pago pelos consumidores é de 54 e o lucro da empresa monopolista é 196.

ii) Para identificar a estratégia ótima para a empresa Instalada, é útil calcular desde já o intervalo de F, dentro do qual, a melhor estratégia é bloquear a entrada. O limite superior é representado por F^H, sendo que, para todos os custos de entrada acima desse limite, a entrada está naturalmente bloqueada. O limite inferior é representado por F_L, sendo este o nível de custo de entrada, abaixo do qual a empresa prefere acomodar a entrada do que bloqueá-la. Depois deste intervalo calculado, facilmente se identifica qual a melhor estratégia para cada um dos níveis de custo de entrada apresentados. Em concreto, se esses custos de entrada apresentados estiverem entre estes dois valores calculados, então a empresa Instalada deve lutar para retirar o espaço de entrada no mercado. Importa acrescentar que, este procedimento de cálculo do intervalo de luta não é o único que permite resolver o exercício. Não obstante ser o indicado, poder-se-á calcular para cada nível de custo os respetivos *payoffs* de acomodar, de lutar e depois tomar a decisão.

Mantendo-se então o procedimento de cálculo do intervalo de F. Para obter o valor do custo F_L, começa-se por calcular o lucro de acomodar. Note-se que, o exercício refere que a acontecer entrada, a empresa Instalada exerce liderança. Assim, calcula-se o equilíbrio no modelo de duopólio de Stackelberg como estratégia de acomodação. Calculando a FMR da empresa Entrante e seguidora, $\pi_E = (68 - q_I - q_E)q_E - 40q_E$.

Pela CPO,
$$\frac{\partial \pi_E}{\partial q_E} = 0 \Leftrightarrow 68 - q_I - 2q_E - 40 = 0.$$

Logo, a FMR_E vem, $q_E^* = 14 - \frac{1}{2}q_I$.

Substituindo na função objetivo da empresa Instalada, líder:

$$\pi_I = \left(68 - q_I - \left(14 - \frac{1}{2}q_I\right)\right)q_I - 40q_I = \left(54 - \frac{1}{2}q_I\right)q_I - 40q_I.$$

Maximizando em ordem à quantidade e simplificando, resulta, pela CPO:

$$\frac{\partial \pi_I}{\partial q_I} = 0 \Leftrightarrow 54 - q_I - 40 = 0 \Leftrightarrow q_I = 14.$$

Perante a quantidade da líder igual a 14, a seguidora reagirá produzindo, $q_E = 14 - \frac{1}{2} * 14 = 7$.

Como resultado da oferta total neste mercado, o preço será: $P = 68 - 14 - 7 = 47$.

Finalmente calculam-se os lucros das empresas líder (I) e seguidora (E):

$$\pi_I = 47 * 14 - 40 * 14 = 98;$$

$$\pi_E = 47 * 7 - 40 * 7 = 49.$$

Sabe-se agora então que, se a empresa Instalada acomodar a entrada, obterá um lucro de 98.

Para o cálculo do limite inferior, F_L, é necessário ainda conhecer o lucro da empresa Instalada quando esta decide bloquear a entrada da nova empresa. Para tal, a empresa Instalada adota uma estratégia de preço-limite. Assim, o lucro de bloquear está associado ao preço e quantidade limite. O lucro de bloquear e, consequentemente, a quantidade e preço-limite são calculados no ponto em que a empresa Instalada esgota o espaço de entrada, isto é, faz com que $\pi_E = 0$:

$$\pi_E = 0 \Rightarrow (68 - q_I - q_E)q_E - 40q_E - F = 0.$$

Substitui-se q_E, pela função FMR_E calculada previamente, por forma a que o lucro da empresa entrante venha simplesmente em função da quantidade produzida pela Instalada. Assim, a expressão anterior vem,

$$\Leftrightarrow \left(68 - 14 + \frac{1}{2}q_I - q_I\right)\left(14 - \frac{1}{2}q_I\right) - 40\left(14 - \frac{1}{2}q_I\right) = F,$$

simplificando,

$$\Leftrightarrow \left(14 - \frac{1}{2}q_I\right)\left(14 - \frac{1}{2}q_I\right) = F \Leftrightarrow \left(14 - \frac{1}{2}q_I\right)^2 = F \Leftrightarrow 14 - \frac{1}{2}q_I = \sqrt{F}$$
$$\Leftrightarrow 14 - \sqrt{F} = \frac{1}{2}q_I.$$

Logo, a quantidade limite, que depende do nível de custo de entrada é dada por: $28 - 2\sqrt{F} = q_I^{lim}$.

Calculando agora o lucro da empresa Instalada quando bloqueia a entrada, começa-se por verificar o preço resultante da quantidade limite, $P = 68 - 28 + 2\sqrt{F} = 40 + 2\sqrt{F}$.

Uma vez calculado o preço, o lucro da empresa Instalada de bloquear a entrada da nova empresa, como função de F, é dado por:

$$\pi_{bloquear} = \left(40 + 2\sqrt{F}\right)\left(28 - 2\sqrt{F}\right) - 40\left(28 - 2\sqrt{F}\right) = 2\sqrt{F}\left(28 - 2\sqrt{F}\right).$$

Está-se agora em condições de calcular o valor inferior de F, representado por F_L. Assim, quando $\pi_{bloquear} = \pi_{acomodar}$:

$$2\sqrt{F}\left(28 - 2\sqrt{F}\right) = 98 \Leftrightarrow F_L = 4.2035.$$

O limite superior do intervalo, isto é, F^H, calcula-se pelo ponto de indiferença entre produzir a quantidade limite ou a quantidade de monopólio (calculada na alínea i)). Assim, a $q_{lim} = q_{mon}$ quando, $28 - 2\sqrt{F} = 14 \Leftrightarrow 14 = 2\sqrt{F} \Leftrightarrow \sqrt{F} = 7 \Leftrightarrow F^H = 49$.

Em suma, a empresa deverá bloquear a entrada, lutando, no intervalo $F \in \,]4.2035; 49[$.

Tomando então em consideração os valores apresentados no exercício, conclui-se que, para um F = 4 a empresa Instalada deve acomodar a entrada. Para um F = 25, a empresa Instalada deve lutar, para retirar o espaço de entrada no mercado à nova empresa.

Como foi referido previamente, o exercício poderia ser resolvido calculando para cada valor do custo de entrada, os respetivos *payoffs*. Ficam aqui pois esses lucros. Com F = 4, o lucro de lutar é 96, que é inferior ao lucro de acomodar (98). Para F = 25, o lucro de bloquear é 180, claramente superior ao lucro de acomodar com liderança. Assim sendo, para F = 25, a empresa Instalada deve dissuadir a entrada.

iii) O montante de custos de entrada que bloqueia naturalmente a entrada é F = 49. Esse nível de custo é já de tal forma elevado que, a empresa poderá comportar-se como monopolista sem com isso atrair novas empresas para esse mercado.

6.2. Admita que a InDel decidiu lançar um novo processador revolucionário, podendo escolher de entre duas tecnologias de produção: a primeira, a tecnologia Alfa, que é exclusiva e patenteada pela empresa permitindo custos fixos muito baixos, e são representados por $CT^{Alfa} = 10 + 8q$; a segunda, a tecnologia Gama, que já é uma tecnologia aberta, do domínio público, representada por $CT^{Gama} = 60 + 2q$. A procura dessa nova geração de processadores é estimada em $P = 20 - Q$, sendo Q a produção total do sector.

i) Admitindo que a InDel seria monopolista no mercado, qual das duas tecnologias deveria escolher para produzir o novo processador?

ii) Suponha agora que a sua maior rival, a AMT, também quer estar nesse mercado. A AMT tem acesso apenas à tecnologia aberta Gama. Se a AMT entrar no mercado, as duas empresas jogarão um jogo de Cournot. Nestas circunstâncias, qual das tecnologias deverá a InDel adotar? Interprete e justifique devidamente.

Nota: A AMT continua a ter acesso apenas à tecnologia aberta, Gama.

iii) Mostre que só uma das tecnologias é compatível com a existência de duas empresas neste mercado.

iv) Admitindo que a InDel usa a sua nova tecnologia Alfa, quanto deverá produzir para dissuadir a entrada da sua concorrente nesse mercado?

Resolução

i) Para determinar qual das tecnologias deve a empresa InDel escolher, é necessário calcular o lucro associada a cada tecnologia, considerando que a empresa instalada é monopolista. Para a tecnologia Alfa, $\pi_{I_\alpha} = (20 - Q)Q - 10 - 8Q$, pela CPO,

$$\frac{\partial \pi_I}{\partial Q} = 0 \Leftrightarrow 20 - 2Q - 8 = 0 \Leftrightarrow Q = 6.$$

A empresa deverá então produzir 6, resultando num preço de mercado de $P = 20 - 6 = 14$, e consequentemente obterá um lucro de $\pi_{I_\alpha} = 14 * 6 - 10 - 8 * 6 = 26$.

Com a tecnologia Alfa, a empresa tem um lucro de 26. Avalie-se agora a tecnologia Gama, $\pi_{I_\gamma} = (20 - Q)Q - 60 - 2Q$.
Da mesma forma, após a CPO, obtém-se $Q = 9$; $P = 11$ e $\pi_{I_\gamma} = 21$.

Comparando, a empresa InDel, sendo monopolista, deverá optar pela tecnologia Alfa, dado que o lucro a ela associado é maior do que o de Gama, isto é $\pi_{I_\alpha} > \pi_{I_\gamma}$.

ii) Admita que as duas empresas concorrem *à la Cournot* e que a empresa entrante tem apenas acesso à tecnologia Gama. Então, é necessário calcular os lucros para cada uma das empresas em dois cenários: a) quando ambas usam a tecnologia Gama; e b) quando a instalada usa a tecnologia Alfa e a entrante a tecnologia Gama.

*Cenário **a**)* Ambas usam a tecnologia Gama.

Considerando a simetria das empresas, calcula-se a função objetivo apenas para uma delas. Para a entrante, $\pi_{E_\gamma} = (20 - q_E - q_I)q_E - 60 - 2q_E$.
Pela CPO,

$$\frac{\partial \pi_E}{\partial q_E} = 0 \Leftrightarrow 20 - 2q_E - q_I - 2 = 0.$$

Logo a FMR$_E$ vem, $q_E^* = 9 - \frac{1}{2}q_I$. Pela simetria, $q_I^* = 9 - \frac{1}{2}q_E$.

Assim, resolvendo o sistema e simplificando, $q_E = 9 - \frac{1}{2}\left(9 - \frac{1}{2}q_E\right) \Leftrightarrow q_E = 4.5 + \frac{1}{4}q_E \Leftrightarrow \frac{3}{4}q_E = 4.5 \Leftrightarrow q_E = q_I = 6$.

Provocando um preço de mercado de $P = 20 - 6 - 6 = 8$. E um *payoff* de $\pi_I = \pi_E = 8 * 6 - 60 - 2 * 6 = -24$.

*Cenário **b**)* – AMT usa tecnologia Gama e InDel com tecnologia Alfa:

Está-se agora perante um duopólio assimétrico, sendo, portanto, necessário focar-se na função objetivo de cada uma das empresas, como se segue:

$$\pi_{I_\alpha} = (20 - q_E - q_I)q_I - 10 - 8q_I;$$

$$\pi_{E_\gamma} = (20 - q_E - q_I)q_E - 60 - 2q_E.$$

Respetivamente empresa InDel e AMT. Aplicando as condições de primeira ordem, calculam-se as respetivas FMR:

$$\frac{\partial \pi_I}{\partial q_I} = 0 \Leftrightarrow 20 - 2q_I - q_E - 8 = 0 \Leftrightarrow q_I = 6 - \frac{1}{2}q_E \;;$$

$$\frac{\partial \pi_E}{\partial q_E} = 0 \Leftrightarrow 20 - 2q_E - q_I - 2 = 0 \Leftrightarrow q_E = 9 - \frac{1}{2}q_I \;;$$

Resolvendo o sistema, $q_I = 6 - \frac{1}{2}\left(9 - \frac{1}{2}q_I\right) \Leftrightarrow \frac{3}{4}q_I = \frac{3}{2} \Leftrightarrow q_I = 2$ e $q_E = 8$.

O preço de mercado é então, $P = 20 - 2 - 8 = 10$. E finalmente os lucros das empresas são:

$$\pi_I = 10 * 2 - 10 - 8 * 2 = -6,$$

$$\pi_E = 10 * 8 - 60 - 2 * 8 = 4.$$

Comparando os dois cenários verifica-se que, se ambas usarem a tecnologia aberta Gama, este mercado não acomoda duas empresas (recordam-se do exposto sobre a Teoria da Contestabilidade?). No cenário b), em que a empresa AMT usa tecnologia Gama e InDel usa a Alfa verifica-se que apenas a AMT obtém lucro positivo. Significa isto então que, a empresa InDel deverá escolher a tecnologia Alfa, ainda que lhe provoque um lucro negativo. Uma vez mais, verifica-se que este mercado dificilmente acomodará um duopólio, no contexto atual de acesso às tecnologias.

iii) Na alínea anterior foram já calculados dois cenários possíveis e, em ambos, fica provado que este mercado não comporta duas empresas. Falta então avaliar o terceiro cenário, admitindo que a tecnologia Alfa seria aberta e passaria a estar disponível também para a AMT. Assim, pelo procedimento já descrito de duopólio simétrico,

$$\pi_{I_\alpha} = (20 - q_E - q_I)q_I - 10 - 8q_I \;;$$

$$\pi_{E_\alpha} = (20 - q_E - q_I)q_E - 10 - 8q_E \;.$$

As FMR vêm,

$$q_I^* = 6 - \frac{1}{2}q_E \text{ e } q_E^* = 6 - \frac{1}{2}q_I \;.$$

O que provoca $q_I = q_E = 4$; $P = 12$. Daqui resultam os lucros: $\pi_I = \pi_E = 12*4 - 10 - 8*4 = 6$.

Observando-se que ambas as empresas têm um lucro positivo com a tecnologia Alfa, isto significa que apenas a tecnologia Alfa é compatível com a existência das duas empresas no mercado. Pode, portanto, concluir-se que se o fazedor de políticas sectoriais pretender que haja um duopólio como estrutura industrial sustentável, então deverá diligenciar no sentido da tecnologia Alfa passar a ser de acesso possível também à empresa AMT.

iv) Mantendo as condições de acesso às tecnologias definidas inicialmente, para dissuadir a entrada da nova empresa AMT, é necessário calcular a quantidade limite que a InDel deve produzir, quando a entrante apenas pode usar a tecnologia Gama.

$$\pi_E = 0 \Leftrightarrow (20 - q_E - q_I)q_E - 60 - 2q_E = 0 \Leftrightarrow$$

Substitui-se $q_E = 9 - \frac{1}{2}q_I$, resulta em:

$$\Leftrightarrow \left(20 - \left(9 - \frac{1}{2}q_I\right) - q_I\right)\left(9 - \frac{1}{2}q_I\right) - 60 - 2\left(9 - \frac{1}{2}q_I\right) = 0,$$

simplificando,

$$\Leftrightarrow \left(9 - \frac{1}{2}q_I\right)\left(9 - \frac{1}{2}q_I\right) = 60 \Leftrightarrow \left(9 - \frac{1}{2}q_I\right)^2 = 60 \Leftrightarrow 9 - \frac{1}{2}q_I = \sqrt{60},$$

E logo, a quantidade limite vem $\Leftrightarrow q_I = (9 - \sqrt{60})*2 \Leftrightarrow q_I^{limite} = 2.51$,

Resumindo, se a InDel produzir 2.51 milhões de processadores com a tecnologia Alfa, a empresa AMT fica fora do mercado.

6.3. O Hotel Dorme&Dorme (D&D), de 4 estrelas, é o único hotel em funcionamento em toda a região autónoma da Parvónia. A procura estimada neste mercado é $P = 170 - Q$. Uma outra empresa pretende construir um Hotel na Parvónia, que passará a ser o Hotel Sleep&Sleep (S&S). A função custo variável de produção disponível para os dois hotéis é $CV(Q) = 10Q$. Não existem barreiras legais à entrada nesse mercado, outras que não o licenciamento. É do conhecimento comum que o custo do licenciamento de um novo Hotel é de Z, e esse custo é definido pelo Governo da região autónoma da Parvónia.

i) Se o Hotel D&D se mantiver monopolista, qual é o custo de licenciamento implícito da entrada de um novo Hotel?

ii) O Governo da região fixa o custo do licenciamento em $Z = 900$. A empresa instalada (D&D) analisa esse custo de entrada e ajusta a sua estratégia. Para este valor do custo de entrada, qual é o preço pago pelos consumidores nessa unidade hoteleira?

iii) Não satisfeito com o resultado da sua política, o Governo da região decide baixar ainda mais o custo do licenciamento, de acordo com dois objetivos: a) permitir a efetiva entrada da empresa Sleep&Sleep; b) permitir que apenas a liderança da empresa instalada D&D seja vantajosa. Para isso, esse novo custo de licenciamento deve situar-se em que intervalo?

Resolução

i) Para que o Hotel D&D se mantenha monopolista, sem qualquer intervenção do hotel já instalado, então isso significa que o custo de novas entradas é elevado. Calcula-se por isso o custo Z^H, uma vez que, acima do mesmo, o mercado fica naturalmente bloqueado. Para isso calcula-se o valor da quantidade de monopólio e a quantidade limite. Recorda-se que a quantidade limite é obtida através do lucro da empresa instalada bloquear a entrada.

O primeiro passo é então calcular a quantidade de monopólio. A função objetivo é: $\pi = (170 - Q)Q - 10Q$, e logo, pela CPO,

$$\frac{\partial \pi}{\partial Q} = 0 \Leftrightarrow 160 = 2Q \Leftrightarrow Q = 80.$$

Enquanto monopolista, o Hotel D&D produz 80, que poderá ser visto como o número de camas ou de quartos disponíveis para o mercado. De seguida, calcula-se a FMR da empresa entrante, considerando concorrência *à la Cournot*. Salienta-se que, sempre que o exercício for omisso acerca da forma de acomodação, admite-se que é feita *à la Cournot* dado que neste quadro se admite que as empresas se comportam como iguais e com decisão simultânea. Não esquecer que a generalização do modelo de Cournot a N empresas conduz ao modelo concorrencial.

Calcule-se então a FMR do Hotel S&S:

$$\pi_{S\&S} = (170 - q_{S\&S} - q_{D\&D})q_{S\&S} - 10q_{S\&S} - Z,$$

Pela CPO, a FMR$_{S\&S}$ vem:

$$q^*_{S\&S} = 80 - \frac{1}{2}q_{D\&D},$$

Tornando então nulo o lucro do Hotel entrante S&S, $\pi_{S\&S} = 0$, então,

$$(170 - q_{D\&D} - q_{S\&S})q_{S\&S} - 10q_{S\&S} - Z = 0 \Leftrightarrow$$

Substituindo $q_{S\&S} = 80 - \frac{1}{2}q_{D\&D}$,

$$\Leftrightarrow \left(170 - q_{D\&D} - 80 + \frac{1}{2}q_{D\&D}\right)\left(80 - \frac{1}{2}q_{D\&D}\right) - 10\left(80 - \frac{1}{2}q_{D\&D}\right) = Z,$$

e depois de simplificar obtém-se a expressão da quantidade limite $q_{D\&D} = 160 - 2\sqrt{Z}$.

Está-se agora em condições de proceder ao cálculo do limite Z^H, tal que: $q^{lim} = q^{mon} \Rightarrow 80 = 160 - 2\sqrt{Z} \Leftrightarrow Z = 1600$.

Conclui-se então que o custo de licenciamento implícito é de € 1600. Acima desta barreira à entrada, a empresa instalada permanecerá monopolista.

ii) Para um custo de licenciamento de 900, a empresa instalada tem a opção de acomodar ou lutar, visto que 900 é inferior a 1600. Avalie-se pois, nesse ponto qual a melhor estratégia. Note-se que, a alternativa seria calcular desde já o limite inferior Z_L. Considerando que a alínea iii) é dedicada a esse cálculo, em duas formas de acomodação diferentes, nesta alínea ii) opta-se por avaliar a decisão calculando os lucros e a consequente estratégia nesse ponto de $Z = 900$. Assim, para esse custo, a quantidade limite vem, $q^{limite} = 160 - 2\sqrt{900} = 100$, donde resulta o preço $P = 170 - 100 = 70$ e o lucro para o hotel instalado de $\pi_{D\&D} = 70 * 100 - 10 * 100 = 6000$.

Se, em lugar de dissuadir a entrada, o Hotel D&D decidir acomodar a entrada, *à la Cournot*, está-se perante um duopólio simétrico, com as FMR:

$$q_{S\&S} = 80 - \frac{1}{2}q_{D\&D},$$

$$q_{D\&D} = 80 - \frac{1}{2}q_{S\&S}.$$

Resolvendo o sistema:

$$q_{S\&S} = 80 - \frac{1}{2}\left(80 - \frac{1}{2}q_{S\&S}\right) \Leftrightarrow q_{S\&S} = \frac{160}{3} = q_{D\&D},$$

e calculando o preço e lucro:

$$P = 170 - \left(\frac{160}{3} + \frac{160}{3}\right) = \frac{190}{3},$$

$$\pi_{D\&D} = \frac{190}{3} * \frac{160}{3} - 10 * \frac{160}{3} = 2844.44.$$

Conclui-se que a empresa instalada D&D deve lutar e bloquear a entrada, para este nível de custo de licenciamento. Essa decisão resulta do facto de $\pi_{D\&D}^{acomodar} < \pi_{D\&D}^{lutar}$. Para isso praticará um preço de € 70 por cama ou quarto e este será o preço pago pelos consumidores nesta unidade hoteleira.

iii) Como referido no exercício, o objetivo do Governo é que exista um duopólio, isto é, que operem dois hotéis na região e, portanto, que se concretize esta entrada. No entanto, o Governo quer garantir que o hotel já instalado se possa comportar como líder. Pode pensar-se em várias razões para esse objetivo, tal como ser uma forma de aproveitar o prestígio e a qualidade que esse hotel já granjeou atingir.

Assim, para cumprir o requisito a), de haver entrada efetiva, calcula-se Z_L assumindo concorrência pós-entrada *à la Cournot*. Então, $\pi_{bloquear} = \pi_{acomodar}$.

Recorda-se que o lucro de acomodar, calculado na alínea anterior é $\pi_{acomodar} = 2844.44$. Recorrendo também à quantidade limite calculada na alínea i), o preço limite vem:

$$P_{lim} = 170 - q_{lim} \Rightarrow P_{lim} = 170 - \left(160 + 2\sqrt{Z}\right) = 10 + 2\sqrt{Z},$$

donde o *payoff* de bloquear é:

$$\pi_{bloquear} = \left(10 + 2\sqrt{Z} - 10\right)\left(160 - 2\sqrt{Z}\right) = 2\sqrt{Z}\left(160 - 2\sqrt{Z}\right).$$

Então, o custo de licenciamento vem:

$$\pi_{bloquear} = \pi_{acomodar} \Rightarrow 2\sqrt{Z}\left(160 - 2\sqrt{Z}\right) = 2844.44 \Leftrightarrow Z = 103.75.$$

Este Z passa a ser representado por Z_L^C, significando o limite inferior do custo de entrada, ou seja, de acomodação *à la Cournot*.

Por forma a cumprir o requisito b), calcula-se então Z_L^S, ou seja, o limite inferior do custo de entrada, mas agora com acomodação à Stackelberg, uma vez que se assume liderança da empresa instalada. Para tal, é necessário calcular o lucro de acomodar no duopólio de Stackelberg. Assim, retomando $q_{S\&S} = 80 - \frac{1}{2}q_{D\&D}$,

$$\pi_{D\&D} = \left(170 - q_{D\&D} - \left(80 - \frac{1}{2}q_{D\&D}\right)\right)q_{D\&D} - 10q_{D\&D}.$$

Maximizando a função e simplificando,

$\frac{\partial \pi_{D\&D}}{\partial q_{D\&D}} = 0 \Leftrightarrow q_{D\&D} = 80$; $q_{S\&S} = 40$; $P = 50$ e finalmente o *payoff* da empresa instalada é $\pi_{D\&D} = 50 * 80 - 10 * 80 = 3200$.

Desta forma, o custo de licenciamento, com $\pi_{bloquear} = 2\sqrt{Z}(160 - 2\sqrt{Z})$, calcula-se:

$$\pi_{bloquear} = \pi_{acomodar} \Rightarrow 2\sqrt{Z}\left(160 - 2\sqrt{Z}\right) = 3200 \Leftrightarrow Z_L^S = 137.26.$$

Em suma, se o Governo fixar um custo de licenciamento $Z \in \,]103.75; 137.26[$, então, essa medida permitirá que a entrada se efetive, bem como, garantirá que ela só aconteça se o hotel já instalado se comporte como líder.

Importa ainda elaborar uma breve nota acerca da hierarquia destes limites inferiores. Uma análise mais fina do problema permite perceber que $Z_L^S > Z_L^C$. De facto, o lucro da empresa que se comporta como líder é superior ao lucro quando se comporta *à la Cournot*. Significa isto que, a líder estará disposta a abandonar a sua estratégia de bloquear a entrada mais cedo, pois o seu lucro é superior ao de Cournot. Por outras palavras, se executar estratégia de lutar no intervalo $]Z_L^C; Z_L^S[$, o lucro que obtém é inferior ao lucro que ganha por acomodar, comportando-se como líder.

ECONOMIA INDUSTRIAL

6.4. A procura de um bem homogéneo é estimada em $P = 100 - \left(\frac{1}{10}\right)(q_I + q_E)$, onde q_I é a quantidade produzida pela empresa Instalada e q_E a quantidade da empresa potencial entrante. É sabido ainda que $CT(q_I) = 5q_I$ e $CT(q_E) = 10q_E$.

i) Calcule o preço que a Instalada deve praticar para manter a outra empresa fora do mercado.

ii) Alternativamente a evitar a entrada, a empresa Instalada pondera executar uma estratégia de acomodar a entrada, comportando-se *à la Cournot*. Admitindo um horizonte temporal de 5 anos e uma taxa de atualização de 5%, diga qual das duas estratégias (preço-limite ou acomodação de entrada) é mais rentável sob o ponto de vista da empresa Instalada?

Nota: Admita que a empresa Instalada necessita de dois períodos de estratégia de preço-limite para afastar definitivamente a ameaça de entrada, comportando-se depois como monopolista.

Resolução

i) Para que não ocorra a entrada, a empresa Instalada tem de praticar uma estratégia de preço-limite, de forma a que $\pi_E = 0$. Em primeiro lugar é necessário calcular a FMR da empresa Entrante, como se segue:

$$\pi_E = \left(1000 - \frac{1}{10}q_I - \frac{1}{10}q_E\right)q_E - 10q_E.$$

Maximizando a função e simplificando, a FMR resulta,

$$q_E^* = 4950 - \frac{1}{2}q_I.$$

Substituindo a FMR em $\pi_E = 0$, resulta:

$$\pi_E = \left(1000 - \frac{1}{10}q_E - 10\, q_I\right)q_E - 10q_E = 0.$$

$$\left(1000 - \frac{1}{10}\left(4950 - \frac{1}{2}q_i\right) - \frac{1}{10}q_I\right)\left(4950 - \frac{1}{2}q_i\right) - 10\left(4950 - \frac{1}{2}q_I\right) = 0$$

Simplificando,

$$\left(990 - 495 + \frac{1}{20}q_I - \frac{1}{10}q_I\right)\left(4950 - \frac{1}{2}q_i\right) = 0$$
$$\Leftrightarrow \left(495 - \frac{1}{20}q_i\right)\left(4950 - \frac{1}{2}q_I\right) = 0$$
$$\Leftrightarrow \frac{1}{10}\left(4950 - \frac{1}{2}q_I\right)^2 = 0 \Leftrightarrow \sqrt{\frac{1}{10}}\left(4950 - \frac{1}{2}q_I\right) = 0.$$

A quantidade limite vem então $q^{lim} = 9900$. Calculada a quantidade limite, o preço limite associado é, $P^{lim} = 1000 - \left(\frac{1}{10}\right) * (9900) = 10$. Assim, se a empresa Instalada praticar $P \leq 10$, a empresa Entrante não entra (admitindo que em situação de indiferença, $\pi_E = 0$, a empresa não entra de facto).

ii) Para perceber qual das estratégias (bloquear ou acomodar) é a mais vantajosa para a empresa Instalada, calculam-se e comparam-se os lucros associados a cada uma dessas estratégias. Para calcular o lucro de acomodar a entrada é necessário determinar as FMR para a empresa Entrante e Instalada. Retome-se a FMR$_E$, da alínea anterior, $q_E^* = 4950 - \frac{1}{2}q_I$. Salienta-se que se está perante um duopólio assimétrico e, como tal, impõe-se o cálculo da FMR$_I$, como se segue:

$$\pi_I = \left(1000 - \frac{1}{10}q_I - \frac{1}{10}q_E\right)q_I - 5q_I.$$

Maximizando e simplificando,

$$\frac{\partial \pi_I}{\partial q_I} = 0 \Leftrightarrow 1000 - \frac{2}{10}q_I - \frac{1}{10}q_E - 5 = 0 \Leftrightarrow q_I^* = 4975 - \frac{1}{2}q_E.$$

Resolvendo o sistema, substituindo a FMR$_E$,
$q_I = 4975 - \frac{1}{2}\left(4950 - \frac{1}{2}q_I\right) \Leftrightarrow \frac{3}{4}q_I = 2500 \Leftrightarrow q_I = 3333.33$, e logo $q_E = 4950 - \frac{1}{2} * 3333.33 = 3283.33$.

Daqui resulta,

$$P = 1000 - \left(\frac{1}{10}\right) * (3333.33 + 3283.33) = 338.334,$$

e os respetivos lucros:

$$\pi_I = 338.334 * 3333.33 - 5 * 3333.33 = 1111112.22,$$

e,

$$\pi_E = 338.334 * 3283.33 - 10 * 3283.33 = 1078028.87 .$$

Calculando agora o lucro de monopólio,

$$\pi = \left(1000 - \frac{1}{10}Q\right)Q - 5Q ,$$

donde $\frac{\partial \pi}{\partial Q} = 0 \Rightarrow Q = 4975$; e $P = 502.5$. Daqui resulta então o lucro de monopólio:

$$\pi = 502.5 * 4975 - 5 * 4975 = 2475062.5 .$$

Está ainda em falta conhecer o lucro quando a empresa executa a sua estratégia de bloquear a entrada. Assim, retomando a quantidade e o preço limite, calculados anteriormente ($q^{lim} = 9900$ e $P^{lim} = 10$) o lucro de bloquear é dado por,

$$\pi_I = 10 * 9900 - 5 * 9900 = 49500 .$$

Ora, sabendo que a empresa Instalada necessita de dois períodos para afastar a ameaça de entrada, e que nos três períodos seguintes será monopolista, considerando a taxa de atualização anunciada, o Valor Presente Descontado é calculado para informar e suportar qual a estratégia mais vantajosa para a empresa Instalada. Assim, se a empresa executa a estratégia combinada de bloquear a entrada, após o que se torna monopolista, o seu lucro esperado é:

$$VPD_{bloquear} = \pi_{bloquear} + \frac{\pi_{bloquear}}{(1 + 0.05)} + \frac{\pi_{monopólio}}{(1 + 0.05)^2} + \frac{\pi_{monopólio}}{(1 + 0.05)^3} + \frac{\pi_{monopólio}}{(1 + 0.05)^4} = 6515889.596 .$$

Se, pelo contrário, a empresa decide desde o primeiro momento acomodar a entrada, então o lucro esperado vem:

$$VPD_{acomodar} = \pi_{acomodar} + \frac{\pi_{acomodar}}{(1 + 0.05)} + \frac{\pi_{acomodar}}{(1 + 0.05)^2} + \frac{\pi_{acomodar}}{(1 + 0.05)^3} + \frac{\pi_{acomodar}}{(1 + 0.05)^4} = 5051061.157 .$$

Conclui-se então que, a empresa Instalada deve bloquear a entrada durante os dois primeiros períodos, sendo monopolista nos três períodos seguintes, uma vez que, esta a estratégia lhe permite alcançar o maior lucro.

6.5. A TripleA é uma empresa monopolista, que produz carregadores de telemóveis universais (CTU). Uma empresa DoubleB quer entrar nesse mercado, produzindo os mesmos CTU. A empresa entrante DoubleB tem uma função custo $CT_E = 10q_E$, e o rácio dos custos médios é $\frac{CMe_I}{CMe_E} = 1{,}2$. Os custos fixos são nulos para ambas as empresas. Para entrar nessa indústria é necessário suportar um custo de investimento inicial S, custo esse que a empresa instalada já suportou no momento da sua entrada no mercado (período 1). No período atual (período 2), depois de observar a decisão da empresa TripleA, a empresa DoubleB decide se entra ou não no mercado.

A procura estimada de CTU é representada por $Q = 130 - P$. Nestas condições:

i) Qual o lucro da empresa TripleA, se a DoubleB não entrar no mercado?

ii) Qual o custo de entrada, acima do qual a empresa TripleA mantém-se monopolista, mesmo não abdicando da sua estratégia de maximização do lucro?

iii) Para a empresa instalada, TripleA, com $S = 100$, qual das estratégias seria mais vantajosa: a) Bloquear a entrada; b) Acomodar a entrada, realizando um conluio com a empresa entrante; e c) Acomodar a entrada, concorrendo com a empresa DoubleB. Avalie estas três estratégias considerando três períodos, sem atualização.

Nota: Na estratégia b) admita que o custo marginal é 10 e o lucro é repartido de acordo com as quotas de mercado de cada empresa, quando concorrem à la Cournot.

Resolução

i) Se a entrada não ocorrer, a empresa instalada é monopolista, logo calcula-se o equilíbrio de monopólio para determinar o lucro da empresa instalada. Considerando que não é fornecida a função custo da empresa *TripleA*, a mesma pode ser determinada da seguinte forma:

$$\frac{CMe_I}{CMe_E} = 1.2 \Rightarrow \frac{CMe_I}{10} = 1.2 \Leftrightarrow CMe_I = 12.$$

Então, com $CMe_I = 12 \Rightarrow CT_I = 12q_I$, admitindo custos fixos nulos como é referido. Deste modo, a função lucro de monopólio é dada por, $\pi = (130 - Q)Q - 12Q$, que, uma vez maximizada, resulta em $Q = 59$; $P = 71$ e $\pi = 3481$.

ii) O valor dos custos, acima dos quais a TripleA se mantém monopolista corresponde ao valor, acima do qual a entrada neste mercado fica naturalmente bloqueada, representado por S^H. Esse custo de entrada é então calculado no ponto de indiferença entre a quantidade de monopólio e a quantidade limite. A quantidade de monopólio foi calculada na alínea anterior. A quantidade limite é a que torna $\pi_E = 0$.

Calculando a FMR$_E$:

$$\pi_E = (130 - q_E - q_I)q_E - 10q_E,$$

Pela CPO e simplificando, $q_E^* = 60 - \frac{1}{2}q_I$. Assim, de modo a garantir que $\pi_E = 0$:

$$\pi_E = (130 - q_E - q_I)q_E - 10q_E - S = 0.$$

Substituindo a FMR$_E$ e simplificando,

$$\left(130 - 60 + \frac{1}{2}q_I - q_I\right)\left(60 - \frac{1}{2}q_I\right) - 10\left(60 - \frac{1}{2}q_I\right) = S \Leftrightarrow \left(60 - \frac{1}{2}q_I\right)^2 = S.$$

Obtém-se a quantidade limite como função de S, tal que $q_I^{lim} = 120 - 2\sqrt{S}$.

Calculando então o limite superior S^H:

$$q^{mon} = q^{lim} \Rightarrow 120 - 2\sqrt{S} = 59 \Leftrightarrow S^H = 930.25.$$

Assim, para qualquer valor de custo de entrada superior a 930.25, a empresa instalada pode continuar a produzir a sua quantidade de monopólio, maximizando o seu lucro individual, sem com isso, atrair a entrada de novas empresas no mercado.

iii) Para averiguar qual é a estratégia mais vantajosa para a empresa instalada, considerando que S = 100, impõe-se calcular o lucro da empresa instalada para cada uma das estratégias apresentadas.

*Estratégia **a)** – Bloquear a entrada*

Considerando que, na alínea anterior se calculou a quantidade limite como função de S, $q^{lim} = 100$; e $P^{lim} = 30$. Deste modo, o lucro de bloquear é, $\pi_{bloquear} = 30*100 - 12*100 = 1800$.

Considerando os três períodos, sem taxa de atualização, o lucro total desta estratégia de bloquear a entrada é 5400.

*Estratégia **b)** – Acomodar a entrada, em conluio*

Nesta opção a empresa entrante é acomodada, formando um cartel com a empresa instalada (não se consideram aqui razões que a política de concorrência poderia avocar a esta operação). Assim, calcula-se o *payoff* em cartel, $\pi_{cartel} = (130 - Q)Q - CT_{cartel}$.

O exercício nota que o custo marginal do cartel é 10, logo, da maximização $Rmg = Cmg$, o que implica, $Rmg = c \Rightarrow 130 - 2Q = 10 \Leftrightarrow Q = 60$.

Com esta quantidade total produzida, o cartel provoca um preço de 70, ao que corresponde um lucro do cartel de, $\pi_{cartel} = 70*60 - 10*60 = 3600$.

Cumprindo o requisito para a repartição do lucro de acordo com as quotas de mercado em concorrência, calculam-se essas quotas no quadro de Cournot. A FMR$_E$ é já conhecida, $q_E^* = 60 - \frac{1}{2}q_I$. Obtendo a FMR$_I$:

$$\pi_I = (130 - q_I - q_E)q_I - 12q_I,$$

$$\frac{\partial \pi_I}{\partial q_I} = 0 \Rightarrow q_I^* = 59 - \frac{1}{2}q_E.$$

Resolvendo o sistema com as duas FMR:

$$q_E = 60 - \frac{1}{2}q_I \Rightarrow q_E = 60 - \frac{1}{2}\left(59 - \frac{1}{2}q_E\right) \Leftrightarrow q_E = 40.67 \text{ e } q_I = 38.67,$$

Calculada a quantidade da cada empresa, o passo seguinte é calcular as quotas de mercado. A quantidade total de concorrência à Cournot é: $Q = 40.67 + 38.67 = 79.34$.

Logo, as quotas individuais vêm:

$$s_I = \frac{q_I}{Q} \Rightarrow s_I = 0.4874 \text{ e } s_E = \frac{q_E}{Q} \Rightarrow s_E = 0.5126 \,.$$

Ponderando então o lucro de cartel pelas respetivas quotas:

$$\pi_I = 3600 * 0.4874 = 1754.64 \,,$$

e,

$$\pi_E = 3600 * 0.5126 = 1845.36 \,.$$

Finalmente, considerando os três períodos, sem taxa de atualização, o lucro total desta estratégia é $\pi_I = 1754.64 * 3 = 5263.92$.

Estratégia c) – Acomodar a entrada

Recuperando as quantidades de concorrência à Cournot, o cálculo do lucro de acomodar é o que se segue, $P = 130 - 38.67 - 40.67 = 50.66$.

$$\pi_E = 50.66 * 40.67 - 10 * 40.67 = 1653.64 \,,$$

e

$$\pi_I = 50.66 * 38.67 - 12 * 38.67 = 1494.98 \,.$$

Assim, considerando três períodos, sem taxa de atualização, esta estratégia garante um lucro à empresa instalada de, $\pi_I = 1494.98 * 3 = 4484.94$.

Comparando agora os lucros resultantes de cada uma das estratégias, verifica-se que o lucro é maior na estratégia a), onde a empresa instalada bloqueia a entrada. Importa notar que, este *outcome* pode ser, *à priori*, um pouco surpreendente. Esperava-se que a estratégia de conluio permitisse melhor *output*. É certo que a diferença de lucro da empresa instalada é relativamente pequena nestas duas opções, lutar ou acomodar com cartel. No entanto, dado que a repartição do lucro de cartel é feita de acordo com as quotas de mercado (poderia ser outra), e sendo a empresa instalada menos competitiva que a entrante, então percebe-se melhor agora porque bloquear a entrada é a decisão mais interessante para a instalada.

6.6. Considere um duopólio constituído pelas empresas A e B que operam num mercado de produto homogéneo, com procura $Q(P) = 150 - P$. A função custo total de cada uma das empresas é $CT_A(q_A) = 6q_A + 100$ e $CT_B = 8q_B + 100$, respetivamente para as empresas A e B.

i) Considerando que nenhuma das empresas assume a posição de liderança, qual seria o equilíbrio do mercado?

ii) A empresa A estuda a possibilidade de praticar uma estratégia de preços predatórios, mas sabe que, a empresa B só sairá do mercado quando o seu lucro nem sequer compensar parcialmente os custos fixos. Calcule o custo desta estratégia para a empresa A.

iii) Admitindo apenas dois períodos, sem atualização, compare os lucros das estratégias: a) – predação no primeiro período e monopolista no segundo; e b) – acomodação e repartição do mercado nos dois períodos. Qual destas estratégias deve ser a opção da empresa A?

iv) Admita um horizonte temporal de 5 anos e uma taxa de atualização de 5%, em que a empresa A opta pela estratégia de predação durante dois períodos. Após a predação com probabilidade ψ a empresa B sai do mercado, isto é a empresa A torna-se monopolista. Com probabilidade $(1 - \psi)$ a empresa B aguenta a estratégia de predação, logo a empresa A tem de acomodá-la, repartindo o mercado. Apresente o VPD em função de ψ. Determine a expetativa prévia, de modo a que, a estratégia de predação seja vantajosa.

Resolução

i) Sabendo que nenhumas das empresas assume liderança, o equilíbrio de mercado é calculado assumindo concorrência *à la Cournot*. Para a empresa A, $\pi_A = (150 - q_A - q_B)q_A - 6q_A - 100$.

Pela CPO,

$$\frac{\partial \pi_A}{\partial q_A} = 0 \Leftrightarrow 150 - 2q_A - q_B - 6 = 0 \Leftrightarrow q_A^* = 72 - \frac{1}{2}q_B.$$

Considerando que o duopólio não é simétrico, $\pi_B = (150 - q_A - q_B)q_B - 8q_B - 100$.

Pela CPO,

$$\frac{\partial \pi_B}{\partial q_B} = 0 \Leftrightarrow 150 - q_A - 2q_B - 8 = 0 \Leftrightarrow q_B^* = 71 - \frac{1}{2}q_A.$$

Resolvendo o sistema com as duas FMR: $q_A = 48.67$ e $q_B = 46.67$. Como seria de esperar, a quantidade $q_A > q_B$, dado que $c_A < c_B$. Como consequência, o preço de mercado será $P = 150 - 48.67 - 46.67 = 54.66$. Os lucros de cada empresa são então calculados como se segue:

$$\pi_A = 54.66 * 48.67 - 6 * 48.67 - 100 = 2268.28,$$

e

$$\pi_B = 54.66 * 46.67 - 8 * 46.67 - 100 = 2077.62.$$

ii) Para determinar o custo em que a empresa A incorre por praticar uma estratégia de predação, é necessário calcular o lucro que a mesma obtém ao executar essa estratégia. Assim, a empresa predadora A procura tornar o lucro da empresa alvo B igual ao valor negativo dos seus custos fixos, pelas condições do exercício, isto é:

$$\pi_B = -CF \Leftrightarrow (150 - q_A - q_B)q_B - 8q_B - 100 = -100.$$

Tomando $q_B^* = 71 - \frac{1}{2}q_A$, a expressão anterior resulta em:

$$\left(150 - q_A - 71 + \frac{1}{2}q_A\right)\left(71 - \frac{1}{2}q_A\right) - 8\left(71 - \frac{1}{2}q_A\right) = 0 \Leftrightarrow \left(71 - \frac{1}{2}q_A\right)^2 = 0,$$

O que provoca $q_A = 142$. Então esta é a quantidade de predação, que é necessária para tornar $\pi_B = -100$. O preço associado a essa estratégia de predação vem então $P = 150 - 142 = 8$. Assim sendo, o lucro da empresa predadora é,

$$\pi_A = 8 * 142 - 6 * 142 - 100 = 184.$$

Comparando, pois, com o lucro de repartição de mercado, calculado na alínea anterior, observa-se que a empresa predadora tem uma perda correspondente a $\Delta^- = 184 - 2268.44 = -2084.44$. Em cada período económico, a empresa predadora tem, pois, uma perda correspondente a cerca de 92% do seu lucro de concorrência.

Como debatido previamente, prova-se, pois, que esta estratégia de predação é 'violenta' sob o ponto de vista das perdas provocadas também na empresa predadora.

iii) Avalia-se o cenário a), de predação com monopólio no segundo período. O lucro de predação foi já calculado. Obtenha-se então o lucro de monopólio:

$$\pi = (150 - Q)Q - 6Q - 100.$$

A quantidade que maximiza a função é $Q = 72$, provocando um preço de mercado de $P = 78$. O lucro será então $\pi = 78 * 72 - 6 * 72 - 100 = 5084$.

Assim sendo, o lucro da estratégia da opção a) vem: $\pi = 184 + 5084 = 5268$.

Por seu turno, a opção b) acomodação nos 2 períodos, garante o seguinte lucro: $\pi_A = 2268.44 * 2 = 4536.88$.

Em conclusão a empresa A deve optar pela estratégia de predação, dado que o lucro que daí resulta é superior. Este *outcome* deve-se, em boa parte, ao pressuposto de que a predação é conseguida num único exercício económico. Se o número de períodos necessários para essa predação conseguir expulsar a empresa alvo aumentar, então esta estratégia torna-se menos atrativa. Poderá inclusive calcular-se o número de períodos que tornam a empresa indiferente entre acomodar ou efetuar predação. Fica a sugestão, como exercício.

iv) O $\pi_{predação} = 184$; $\pi_{monopolio} = 5084$; $\pi_{acomodar} = 2268.44$, como determinados nas alíneas anteriores. Ora sabendo que, a empresa A pratica uma estratégia predatória nos dois primeiros períodos, e que nos três períodos seguintes com probabilidade de ψ torna-se monopolista, e com probabilidade de $(1 - \psi)$ a empresa B não irá sair e a A terá de acomodar. Considerando a taxa de atualização enunciada, o VPD é:

ECONOMIA INDUSTRIAL

$$VPD(\psi) = \pi_{predação} + \frac{\pi_{predação}}{(1+0.05)}$$
$$+ \psi\left(\frac{\pi_{monopolio}}{(1+0.05)^2} + \frac{\pi_{monopolio}}{(1+0.05)^3} + \frac{\pi_{monopolio}}{(1+0.05)^4}\right)$$
$$+ (1-\psi)\left(\frac{\pi_{acomodar}}{(1+0.05)^2} + \frac{\pi_{acomodar}}{(1+0.05)^3} + \frac{\pi_{acomodar}}{(1+0.05)^4}\right)$$
$$\Leftrightarrow VPD(\psi) = 184 + \frac{184}{(1+0.05)}$$
$$+ \psi\left(\frac{5084}{(1+0.05)^2} + \frac{5084}{(1+0.05)^3} + \frac{5084}{(1+0.05)^4}\right)$$
$$+ (1-\psi)\left(\frac{2268.44}{(1+0.05)^2} + \frac{2268.44}{(1+0.05)^3} + \frac{2268.44}{(1+0.05)^4}\right)$$
$$\Leftrightarrow VPD(\psi) = 359.2381 + \psi(13185.7076) + (1-\psi)5883.3569$$
$$\Leftrightarrow VPD(\psi) = 6242.595 + 7302.3507\psi.$$

Para se determinar a expetativa prévia de modo a que, a estratégia de predação seja vantajosa, tem que comparar-se o VPD quando a empresa A opta pela estratégia de acomodar nos 5 períodos, logo,

$$VPD(\psi) > 2268.44 + \frac{2268.44}{(1+0.05)^1} + \frac{2268.44}{(1+0.05)^2} + \frac{2268.44}{(1+0.05)^3} + \frac{2268.44}{(1+0.05)^4} \Leftrightarrow$$
$6242.595 + 7302.3507\psi > 10312.21596 \Leftrightarrow \psi > 0.5573.$

Conclui-se então que, a empresa instalada deve praticar uma estratégia predatória, se a probabilidade de a empresa B sair do mercado for, pelo menos, 55.73%.

6.7. Um dado mercado apresenta uma curva da procura representada por $P = 100 - 0.5Q$. A tecnologia disponível para as empresas permite uma função custo dada por $CT_i = 5q_i$. Nestas condições:

i) Sabendo $HHI = 0.33(3)$, qual a quantidade produzida por cada uma das empresas?

ii) Admita agora que uma empresa atua sozinha no mercado e suporta um preço por unidade de publicidade (por hora, por ex.) de 4 u.m. A $\varepsilon_{QA} = 0.6$. Calcule o nível ótimo de publicidade.

iii) Serão as despesas em publicidade um custo afundado? Justifique.

Resolução

i) Considerando a simetria de custos, conclui-se que as empresas produzem quantidades iguais. Se as empresas produzem todas a mesma quantidade, então possuem a mesma quota de mercado, logo existe equidimensionalidade. Nestas condições $HHI = \frac{1}{N} \Rightarrow \frac{1}{N} = 0.33 \Leftrightarrow N = 3$. Existem, portanto, 3 empresas neste mercado. Para determinar a quantidade produzida por cada uma, sabendo que as quantidades serão iguais, recorre-se à expressão para oligopólio simétrica, deduzida previamente $q_i = \frac{q-c}{b(N+1)}$. Assim,

$$q_i = \frac{100-5}{0,5(3+1)} = 47.5, \text{ com } i = A, B \text{ e } C.$$

ii) Se a empresa atua sozinha no mercado, significa que é monopolista, logo,

$$\pi = \left(100 - \frac{1}{2}Q\right)Q - 5Q.$$

Calculando a quantidade que maximiza a função:

$$\frac{\partial \pi}{\partial Q} = 0 \Leftrightarrow 100 - Q - 5 = 0 \Leftrightarrow Q = 95,$$

donde $P = 52.5$, e o lucro $\pi = 4512.5$.

Para calcular o nível ótimo de publicidade recorre-se à condição de Dorfman-Steiner, isto é, $\frac{P-c}{P} * \varepsilon_{QA} = \frac{P^A * A}{P * Q}$. Assim:

$$\frac{52.5 - 5}{52.5} * 0.6 = \frac{4A}{52.5 * 95} \Leftrightarrow A = 676.875.$$

A empresa deverá então contratar publicidade correspondente a 676.875 que, ponderada pelo preço resulta no montante de publicidade de 2707.5 u.m. Considerando a receita $P * Q = 52.5 * 95 = 4987.5$, então a empresa deverá dedicar cerca de 54% das receitas a publicidade. Esta elevada percentagem explica-se pelo facto dos consumidores serem muito sensíveis às despesas em publicidade.

iii) A resposta a esta questão foi antecipada aquando da apresentação teórica da publicidade. Importa, no entanto, recordar que, em geral os custos de publicidade devem ser considerados custos afundados, uma vez que, depois de os suportar, nunca mais a empresa os considera nos seus exercícios económicos. São, portanto, irrecuperáveis. No entanto, no momento da saída, se determinada empresa conseguir vender por exemplo a marca, para a qual esse investimento em publicidade muito contribuiu, então poderá pensar-se que parte desses custos pode ser, parcialmente recuperada.

Aplicações

O mercado das telecomunicações móveis em Portugal opera numa estrutura de oligopólio. Este tipo de estrutura verifica-se quando um número reduzido de empresas fornece um bem ou serviço a um elevado número de utilizadores. Na verdade, o mercado das telecomunicações constitui-se como um Triopólio. Nele operam três grandes operadores, MEO, NOS e Vodafone, que detêm quase a totalidade da quota de mercado. Segundo a Autoridade Nacional de Comunicações (ANACOM), a entidade reguladora das comunicações postais e eletrónicas em Portugal, no terceiro quadrimestre de 2017, de um total de cerca de treze milhões de cartões SIM em uso, 43.08% pertenciam à MEO, 24.2% à NOS e 30% à Vodafone. Apenas 2.1% dos cartões em uso remetiam para outros pequenos operadores (ANACOM, 2017). Naturalmente que, poderia também ser visto como um grupo dominante e uma pequeníssima franja com apenas 2% do mercado, algumas delas sem infraestrutura física própria.

A estrutura de oligopólio deste mercado é, em boa parte, consequência das elevadas barreiras à entrada existentes, nomeadamente as referentes às licenças de operação necessárias, bem como ao alto investimento em infraestruturas que é necessário para operar neste mercado. Apesar de as empresas que pretendem entrar no mercado poderem utilizar as infraestruturas das empresas já instaladas, por vezes esse acesso é dificultado. Assim sendo, a regulação neste mercado é necessária, tanto para reduzir os entraves que as empresas instaladas podem criar às empresas entrantes, bem como para reduzir a possibilidade de as empresas instaladas poderem atuar de forma concertada e reduzir o bem-estar dos consumidores.

A oscilação das quotas de mercado dos operadores do mercado das telecomunicações tem sido bastante reduzida. Estas empresas apostam na melhoria do serviço e da comunicação com o cliente, com o objetivo de conservar a sua carteira de clientes. De facto, segundo o Barómetro da Telecomunicações da *Marketest* em 2015, 67.8% dos utilizadores de telemóvel nunca mudaram de operador. A diversificação dos seus produtos tem sido uma estratégia seguida por estas empresas oligopolistas, para captar novos clientes. Inicialmente, os operadores incidiam principalmente em tarifários pós-pagos tendo posteriormente introduzido tarifários pré-pagos. Ambos os tarifários diferenciavam o custo de efetuar comunicações, isto é, as comunicações eram mais caras para outros operadores, e mais baratas dentro do mesmo operador. Este diferencial de custo estimula os consumidores a serem clientes do mesmo operador da maioria dos seus contatos. Esta estratégia de diferenciação dos custos entre comunicações é um entrave para os pequenos operadores.

Recentemente, estes operadores têm alargado as suas ofertas a áreas adjacentes, promovendo pacotes constituídos por vários serviços, como televisão internet, comunicações fixas e, claro, móveis (ofertas *multiplay*). Assim, o diferencial de custo que anteriormente existia, nas comunicações entre o mesmo operador e outros, com a introdução dos novos pacotes tem vindo a ser significativamente esbatido e em muitos casos eliminado. Assim sendo, verifica-se que os operadores do mercado de comunicações móveis têm, ao longo do tempo, apostado em inovar e diversificar os seus produtos. Contudo, as ofertas tarifárias entre os operadores são muito semelhantes. Devido a isso, a publicidade desempenha um papel relevante, tanto pelo seu efeito informativo, bem como pelo seu efeito de persuasão e conquista de clientes.

A publicidade é assim utilizada para promover a diferenciação dos serviços, como por exemplo, novos tarifários e ofertas *multiplay*. O investimento em publicidade fomenta a concorrência pelo preço e pela quantidade, promovendo a qualidade do serviço, bem como o aumento do bem-estar dos consumidores. Por outras palavras, estes operadores utilizam a publicidade como meio para atrair novos clientes. Um exemplo disso é o investimento na conquista de jovens, promovendo tarifários mais acessíveis para pessoas com idade inferior a 25 anos e a sua difusão em escolas, universidades e em festivais associados essencialmente a esse público.

Exercícios Propostos

6.8. Admita o mercado de um produto indiferenciado, com procura inversa $P = 150 - Q$. Existem duas empresas a operar neste mercado, A e B. A função custo total de cada uma das empresas é $CT_i = 10q_i + 100$, com $i = A, B$.

i) Sabendo que as empresas concorrem entre si, calcule o equilíbrio de mercado.

ii) Admita que a empresa B decide praticar uma estratégia de preços predatórios. É sabido que, a empresa A permanecerá no mercado enquanto as suas receitas compensarem, mesmo que parcialmente, os seus custos fixos. Qual o preço que faz com que a empresa A abandone o mercado?

iii) Parece-lhe exequível este cenário? Em que condições? Justifique devidamente.

6.9. As empresas AAA e BBB formam um duopólio num mercado de produto homogéneo, com procura $Q(P) = 150 - \frac{P}{2}$. A função custo total de cada uma das empresas é $CT_A(q_A) = 6q_A^2 + 100$ e $CT_A(q_B) = q_B^2 + 8q_B + 100$, respetivamente empresa AAA e BBB.

i) Calcule o Índice de Lerner para cada empresa e para o mercado, quando as empresas concorrem como seguidoras.

ii) Admita agora que as duas empresas decidem estabelecer um acordo de cartel. Calcule o lucro de cartel de cada empresa.

6.10. Considere um duopólio com procura de mercado representada por $Q = 10 - 0.5P$. As funções custo totais das empresas são: $CT(q_1) = 10 + 2q_1$ e $CT(q_2) = 10 + \frac{3}{2}q_2$. É sabido que as empresas comportam-se como líderes. Nestas condições:

i) Calcule os Índices de Lerner individuais e o Índice de Lerner de mercado.

ii) Calcule o HHI.

6.11. A TripleA é uma empresa monopolista, que produz carregadores de telemóveis universais (CTU). Uma empresa DoubleB quer entrar nesse mercado, produzindo os mesmos CTU. Para a produção de um CTU é necessária uma unidade de tomada (custo unitário **r**), uma unidade de trabalho (custo unitário **w**) e duas unidades de fio (custo por unidade de fio **y**). Os custos fixos são nulos. Para entrar nessa indústria é necessário suportar um custo de investimento inicial S, custo esse que a empresa instalada já suportou no momento da sua entrada no mercado (período 1). No período atual (período 2), depois de observar a decisão da empresa TripleA, a empresa DoubleB decide se entra, ou não no mercado.

A procura estimada de CTU é representada por $Q = 120 - P$, com $r = 14; w = 2; y = 2$. Nestas condições:

i) Qual o lucro da empresa TripleA, se a DoubleB não entrar no mercado?

ii) Qual o custo de entrada acima do qual a empresa instalada mantém-se monopolista, mesmo não abdicando da sua estratégia de maximização do lucro?

iii) Qual o mínimo de custo de entrada S que torna a empresa instalada indiferente entre bloquear a entrada *vs* acomodar comportando-se como líder, ou acomodar comportando-se *à la* Cournot?

iv) O mínimo de custo calculado na alínea anterior é único ou depende da forma como a empresa se comporta após a entrada acontecer? Justifique devidamente.

6.12. O tecido técnico de poliamida (nylon) produzido por uma empresa Instalada (I) e uma empresa Entrante (E) é homogéneo. Nesta indústria existe um custo de investimento inicial S, que já foi suportado pela empresa Instalada num período passado. No segundo período a empresa Entrante observa a decisão da empresa Instalada e toma a sua decisão de entrar ou não no mercado. Se a entrada acontece ela incorre num custo S e a concorrência pós-entrada é feita pelas quantidades. É sabido que a procura de mercado desse tecido é representada por $Q = 68 - P$, e $CT(q_i) = 38q_i$ com $i = I, E$. Nestas condições:

i) Qual o lucro da empresa Instalada se a entrada não acontecer?

ii) O limite inferior de custo S_L, que torne a empresa Instalada indiferente entre dissuadir a entrada e acomodar, varia consoante a Instalada se comporte como líder ou concorra *à la Cournot*? Calcule esse(s) limite(s) S_L.

iii) Calcule o montante de custos S que torne a entrada nesta indústria naturalmente bloqueada. Interprete.

iv) Admita $S = 4.5$. Qual deverá ser a estratégia ótima da empresa Instalada para este nível de custos S? Justifique.

6.13. Suponha que a procura por determinado produto homogéneo é dada por $P = 100 - 2Q$. A função custo variável de produção é $CV(Q) = 10Q$. Verifica-se ainda um custo irrecuperável de entrada $S = 100$. Atualmente, o mercado é servido por uma empresa, existindo ainda uma concorrente potencial:

i) Qual a quantidade produzida pela primeira empresa em situação de monopólio efetivo, i.e., sem concorrência efetiva?

ii) Supondo que a concorrente potencial toma a quantidade produzida pela primeira empresa como dada, qual o lucro de cada empresa no caso da entrada se verificar?

iii) Qual a quantidade que a empresa terá de produzir com o objetivo de evitar a entrada da concorrente potencial (i.e., qual o preço-limite)?

iv) Qual o valor de S abaixo do qual a primeira empresa prefere não adotar uma estratégia de preço-limite?

6.14. A procura de um dado produto homogéneo é dada por $P = 150 - Q$. Duas empresas, A e B, servem o mercado, sendo o custo marginal dado por $c_A = 10$ e $c_B = 15$. Ambas suportam um custo fixo de 100 unidades monetárias. A empresa A explora a sua vantagem tecnológica, comportando-se por isso como líder. Nestas condições:

i) Determine o equilíbrio no mercado (preço, quantidade e lucros).

ii) Admita agora que a empresa A decide praticar uma estratégia de preços de forma a expulsar a empresa B do mercado. Calcule esse preço;

iii) O que conclui sobre o lucro da empresa que permanece no mercado? Justifique.

6.15. Considere um mercado com produto homogéneo, onde duas empresas, A e B, comportam-se como rivais. A empresa A decide praticar uma estratégia de preços predatórios, de forma a expulsar a sua rival do mercado. Essa estratégia, a ser praticada, origina um lucro negativo de -10 u.m.. A empresa A espera ser monopolista ao fim de 2 anos, gerando a partir dessa altura um lucro de +10 u.m. A empresa sabe também que se perfila a entrada de uma nova empresa, com grande vantagem tecnológica, dentro de cinco anos.

i) Se o mercado for contestável, a estratégia de preços predatórios é uma estratégia rentável? Justifique.

ii) Admitindo um custo médio do capital de 5%, qual deverá ser a estratégia da empresa A?

6.16. Uma empresa produtora de espetáculos musicais quer saber o melhor preço que deve fixar para o bilhete do espetáculo "Passa por mim no Pelourinho". Além disso, quer também conhecer o nível de publicidade que deve realizar para esse espetáculo. Uma investigação prévia estimou a procura em $Q^D = 15 - P + \frac{1}{2}A^{\frac{1}{2}}$, onde P é o preço, em euros, do bilhete e A é a despesa em publicidade. A tecnologia permite que o custo marginal seja nulo, de tal forma que todos os custos são fixos ou *sunk*, representados por F.

i) O efeito da publicidade na procura sugere um papel informativo ou de persuasão? Justifique.

ii) Encontre o preço e o nível de publicidade que maximizam o lucro da empresa. Calcule esse lucro.

iii) Suponha que o ICAP – Instituto Civil da Autodisciplina da Publicidade – decide intervir anulando as campanhas publicitárias, de tal forma que $A = 0$. Neste cenário, qual é o preço que a empresa deve fixar e qual o nível de lucro obtido?

iv) Compare os resultados obtidos nas duas alíneas anteriores. O que conclui?

6.17. Admita um monopólio, onde a procura inversa é $P = 10 - 4Q + \Omega$, sendo Ω o montante de publicidade. A função custo da empresa é $CT(Q) = 6Q + \Omega$.

i) Determine o nível ótimo de publicidade para a empresa. Calcule a intensidade ótima.

ii) Como varia a intensidade ótima de publicidade com a elasticidade procura-publicidade? Interprete.

6.18. Enquanto *CEO* (Director(a) Executivo(a)) da única empresa a operar no mercado de High Performance Battery Pack (HPBP) tem de definir o orçamento para publicidade para o próximo ano. O departamento de *marketing* fornece-lhe a seguinte informação: – total de vendas previstas de € 10M; – estimativa de que um aumento de 1% nas despesas em publicidade aumentam a quantidade vendida em 0.05%; – estimativa de que um aumento de 1% no preço do HPBP irá reduzir a quantidade vendida em 0.4%.

i) Qual deverá ser o investimento em publicidade?

ii) Como varia a intensidade ótima de publicidade com o poder de mercado? Interprete devidamente.

iii) As despesas em publicidade são um custo afundado? Justifique devidamente.

ECONOMIA INDUSTRIAL

 ✓ **Soluções**

6.8. i) $q_A = q_B = 46.67$.

ii) $P = 10$.

iii) A empresa B perde todo o seu lucro. Apenas é exequível se a empresa B conseguir expulsar a empresa A em pouco tempo, e depois seja monopolista.

6.9. i) $\mathcal{L}_{AA} = 0.14267; \mathcal{L}_{BB} = 0.4784; \mathcal{L} = 0.6213$.

ii) $\pi_{AA} = 1085; \pi_{BB} = 6236.4$.

6.10. i) $\mathcal{L}_1 = 0.74467; \mathcal{L}_2 = 0.8085; \mathcal{L} = 0.78$.

ii) HHI $= 1$.

6.11. i) $\pi = 2500$.

ii) $S = 625$.

iii) Bloquear ou acomodar como líder: $S_L^S = 53.62$; bloquear ou acomodar *à la Cournot*: $S_L^C = 40.53$.

iv) O custo depende da forma como a empresa se comporta. O custo comportando-se como líder é maior que o custo de se comportar *à la Cournot*. Isto deve-se ao facto de o lucro da empresa instalada ser maior quando se comporta como líder do que quando se acomoda *à la Cournot*.

6.12. i) $\pi = 225$.

ii) Sim varia. Instalada como líder: $S_L^S = 4.83$.
Bloquear ou acomodar *à la Cournot*: $S_L^C = 3.65$.

iii) $S = 56.25$.

iv) Se se considerar comportamento *à la Cournot*, deve lutar. Se se considerar comportamento como líder deve acomodar. Isto considerando os diferentes custos calculados na alínea ii).

6.13. i) $Q = 22.5$.

ii) $\pi_E = 253.125$; $\pi_I = 506.25$.

iii) $Q = 30.86$.

iv) $S = 16.414$.

6.14. i) $P = 46.25$;
$q_A = 72.5$; $q_B = 31.25$; $\pi_A = 2528.125$; $\pi_B = 876.5625$.

ii) $P = 15$.

iii) Fica monopolista, e aumenta o seu lucro, devido ao facto de expulsar a outra empresa do mercado.

6.15. i)   Não. Se o mercado for contestável significa que as barreiras à entrada e saída são baixas ou nulas.

ii) Predação.

6.16. i) O efeito é o de persuasão, pois provoca um efeito de consumo impulsivo, sempre crescente.

ii) $P = 8; A = 4; \pi = 60$.

iii) $P = 7.5; \pi = 56.25$.

iv) O lucro aumenta com a publicidade, visto que a publicidade aumenta o consumo.

6.17. i) $\Omega = 4$; Intensidade ótima $= 0.4$.

ii) Quanto maior for a elasticidade procura-publicidade, maior será a intensidade ótima de publicidade. Quanto maior for a elasticidade significa que a procura é mais sensível à publicidade, logo quanto maior a intensidade maior será a procura. Está implícita a função persuasão da publicidade que aumenta o consumo impulsivo.

6.18. i) € 1.25M.

ii) Quanto maior a intensidade em publicidade, maior o poder de mercado. Porque menor é o custo marginal e maior é o preço.

iii) À partida os custos em publicidade são custos afundados. Mas se a empresa conseguir vender a marca, uma parte desses custos pode ser recuperada.

PARTE IV
INTERAÇÕES ENTRE EMPRESAS E REGULADORES

7.
Fusões & Aquisições

Este capítulo é dedicado à análise de Fusões & Aquisições. Inicia-se com a apresentação das motivações consoante o tipo de fusão. Demonstra-se analiticamente e interpreta-se economicamente o Paradoxo das Fusões & Aquisições horizontais. Realizam-se exercícios aplicados de obtenção de sinergias de custos, quer ao nível dos custos fixos quer dos custos variáveis. Calculam-se os intervalos de sinergias necessárias para tornar rentáveis as operações de concentração. O cálculo de pontos de inflexão de decisões é transversal a todo este capítulo de concentração de empresas, isto é, os pontos de indiferença entre executar ou não as operações. Traçam-se cenários e quantificam-se os intervalos dentro dos quais as operações tornam-se atrativas, quer do ponto de vista individual, quer para a sociedade como um todo. Neste contexto, analisa-se a sensibilidade desses pontos de indiferença às sinergias subjacentes ao sucesso das operações.

As operações de concentração vertical merecem também particular atenção. Neste capítulo, apresentam-se problemas, para os quais a integração vertical procura dar resposta e abordam-se as vantagens da integração de empresas que se encontram no mercado como clientes e/ou fornecedores. Partindo de um quadro simplificado de duas empresas monopolistas que decidem integrar-se verticalmente, mostra-se analiticamente as consequências dessa operação no equilíbrio de mercado. Compara-se esse cenário com o alternativo de operação separada de cada uma dessas empresas, e compreende-se o alcance do fenómeno da dupla marginalização.

7.1 | AS FUSÕES & AQUISIÇÕES HORIZONTAIS, VERTICAIS E EM CONGLOMERADO

Uma **fusão horizontal** consiste numa operação de concentração entre duas ou mais empresas que se encontram como concorrentes no mercado. As operações deste tipo envolvem sempre uma redução do número de participantes, ou pelo menos de empresas com centro de decisão próprio, num determinado mercado ou ramo de atividade. Como consequência, este tipo de fusões desperta a atenção das autoridades da concorrência, por forma a avaliar o quão prejudicial para a competição nesse mercado essa fusão pode ser. A legislação *anti-trust* da concorrência revela-se pois, de particular importância para a análise destas operações.

Quando duas empresas que se relacionam entre si, a montante ou a jusante do seu *core business* atual quer como cliente ou fornecedor, se fusionam, então está-se perante uma operação de **fusão vertical**. Com essa operação, as transações que ocorriam entre elas em ambiente de mercado, são internalizadas na organização ou na nova empresa integrada verticalmente. Este tipo de operações desperta, naturalmente, menores preocupações junto das autoridades da concorrência, desde que as empresas envolvidas não executem estratégias que impeçam as concorrentes de aceder, em idênticas condições aos bens/serviços das empresas envolvidas.

Essa menor preocupação resulta do facto de estas operações permitirem evitar taxas de *markup* de cada um dos jogadores envolvidos. Esse *markup* será tanto mais elevado quanto maior o poder de mercado das empresas envolvidas. Se se admitir que são empresas monopolistas a fusionarem-se, então obtém-se a vantagem máxima no que respeita à eliminação desses *markups*. Por esta razão, estas operações reúnem assim grande potencial de eficiência, reduzindo o custo dos produtos, bem como o seu preço. A política de concorrência e de regulação deverá pois, garantir que uma parte desse benefício possa ser transferido para o consumidor.

Para além das Fusões & Aquisições horizontais e verticais, essas operações podem envolver empresas que operam em mercados ou ramos de atividade diferentes. Nestes casos designam-se de **Fusões & Aquisições em conglomerado**. Estas são as operações de Fusões & Aquisições em conglomerado puras. Podem ainda, no entanto, verificar-se outras duas classes de fusões: **extensão de produto** e **extensão de mercado**. A fusão de extensão de produto ocorre quando as duas empresas que não vendem produtos competitivos se fusionam, mas usam, por exemplo, os mesmos meios de publicidade nos seus processos de produção. Nos conglomerados de extensão de mercado, as empresas que se fusionam vendem o mesmo produto, mas em mercados geográficos separados. Neste capítulo considerar-se-ão apenas as operações de Fusões & Aquisições em conglomerado puras.

7.2 | MOTIVAÇÕES DAS FUSÕES & AQUISIÇÕES

São diversas as motivações gerais para as operações de Fusões & Aquisições, sendo que podem ainda ser apontadas motivações específicas para cada tipo de fusão. De entre as motivações gerais destacam-se o aumento do **poder de mercado**, o aumento da **eficiência** e, naturalmente, a melhoria dos **lucros**. A procura pelo poder de mercado é um incentivo claro para as fusões, nomeadamente no caso das fusões horizontais, dado que se reduz o número de concorrentes. Como visto no capítulo 4, a redução do número de empresas aumenta a capacidade da empresa em fixar o preço acima dos seus custos de produção. Para além disso, a empresa fusionada poderá ir construindo uma posição dominante no mercado, o que lhe permite, em condições de maior robustez, executar estratégias de bloquear a entrada ou de expulsão, tal como analisado no capítulo precedente.

O aumento da eficiência pode concretizar-se essencialmente por duas vias: i) racionalização da capacidade produtiva; e ii) economias combinadas. No primeiro caso, a racionalização pode ser conseguida, por exemplo, na seleção dos ativos mais eficientes, desmantelando ou alienando os mais onerosos ou menos produtivos. Pode ser também alcançada com o aproveitamento da nova capacidade conjunta, para lidar com a produção intermitente e sazonal. No que respeita às economias combinadas, as mesmas traduzem uma diminuição de custos médios resultantes de aproveitamento da estrutura, por exemplo, ao nível da publicidade, laboratórios de Investigação & Desenvolvimento ou custos de *backoffice*.

Para além destas, outras motivações para as Fusões & Aquisições podem ser apontadas, tais como o acesso a condições de financiamento mais vantajosas, ou mesmo o combate a problemas associados com risco moral decorrentes da conhecida Teoria da Agência. É certo, no entanto, que nem sempre o agente (jogador com melhor partição da informação, a administração da empresa), tem objetivos coincidentes com o principal (com pior partição da informação, como os acionistas). Neste contexto as decisões dos primeiros nem sempre são tomadas em benefício de todos. As operações de Fusões & Aquisições podem, também, ter assim como motivação a visibilidade do agente, isto é, da administração. De facto, tal como diversas vezes a evidência mostra, muitas dessas operações não são bem-sucedidas a médio e longo prazo, dado que têm como objetivo garantir elevada remuneração à administração, prémios de dimensão e reformas douradas.

7.3 | FUSÕES HORIZONTAIS

As Fusões & Aquisições horizontais ocorrem entre concorrentes. Quando alguns destes se fundem, a concorrência naturalmente diminui (*ceteris paribus*). O objetivo de ganho de dimensão é pois muito evidente neste tipo de fusão. Este ganho de dimensão pode ter duas grandes finalidades. A primeira, que poderá ser colocada ao serviço do bem-estar geral, prende-se com a procura da dimensão mínima ótima e com o aproveitamento das economias de escala. Como já debatido previamente, o ganho de dimensão e a redução de custos médios é uma condição essencial para que mais consumidores possam aceder aos bens ou serviços. A segunda, potencialmente prejudicial para o bem-estar referido, diz então respeito à possibilidade de a nova empresa conseguir uma posição dominante. Por si só, a posição dominante "nem é boa, nem é má". O abuso dessa posição é que deve ser considerado prejudicial (como irá ser debatido no próximo capítulo). Desse abuso faz parte o aumento de exercício de poder de mercado. A questão que se coloca então é: será sempre uma fusão horizontal benfazeja para as empresas que a executam? Segue-se a resposta.

7.3.1 | PARADOXO DAS FUSÕES & AQUISIÇÕES HORIZONTAIS

O conhecido **paradoxo das Fusões & Aquisições horizontais** resulta da verificação que, com exceção da fusão para monopólio, é difícil construir um modelo económico onde se verifiquem ganhos para as empresas envolvidas na fusão quando elas concorrem como iguais. Tome-se o seguinte quadro de análise (cf. Pepall et al., 2008). No mercado de um produto homogéneo operam N empresas, com $N > 2$, com função custo total individual de $CT_i(q_i) = cq_i$, com $i = 1, ..., N$. Admita-se ainda função procura linear $P(Q) = a - bQ$.

O lucro de cada empresa i é dado por $\pi_i = [a - c - b(q_i + Q_{-i})]q_i$, sendo Q_{-i} a produção de todas as outras empresas, que não a i. Pela maximização da função, obtém-se $q_i^* = \frac{a-c}{2b} - \frac{Q_{-i}}{2} = \frac{a-c}{2b} - \frac{1}{2}(q_2 + \cdots + q_N)$. Considerando que as empresas têm custos iguais, está-se, portanto, perante um oligopólio simétrico, onde $Q_{-i} = (N-1)q_1^*$. Deste modo, a expressão da quantidade individual vem:

$$q_i^* = \frac{a-c}{b(N+1)}. \tag{7.1}$$

Substituindo a expressão anterior na função procura e calculando o preço de equilíbrio fica:

$$P^* = \frac{a + Nc}{N+1}, \tag{7.2}$$

e o lucro respetivo da empresa *i* resulta em:

$$\pi_i^* = \frac{(a-c)^2}{b(N+1)^2}. \tag{7.3}$$

Admita-se que $M \geq 2$, M é o número de empresas que participam numa fusão, com $M < N$. Então, esta indústria passará a ser constituída por $N - M + 1$ empresas. Considerando que nenhuma condição de procura ou de custo se alterou, substitui-se o novo número de empresas nas expressões anteriores, tal que a expressão (7.1) vem agora:

$$q_f^* = \frac{a-c}{b(N-M+2)}, \tag{7.4}$$

onde q_f^* representa a quantidade produzida pela empresa fusionada, que por sua vez é igual à quantidade das empresas não fusionadas, representada por q_{nf}^*. A quantidade total de mercado vem:

$$Q^* = (N - M + 1)\frac{a-c}{b(N-M+2)}. \tag{7.5}$$

Calculando o lucro:

$$\pi_f^* = \frac{(a-c)^2}{b(N-M+2)^2}. \tag{7.6}$$

Uma vez mais, $\pi_f^* = \pi_{nf}^*$, isto é, o lucro das empresas fusionadas é igual ao das não fusionadas.

Avalie-se então as consequências de uma fusão. Veja-se em primeiro lugar o que acontece às empresas não fusionadas, comparando o seu lucro antes e após a fusão. O lucro antes da fusão será menor que o obtido após a fusão das outras empresas, se:

$$\frac{(a-c)^2}{b(N+1)^2} < \frac{(a-c)^2}{b(N-M+2)^2}. \tag{7.7}$$

Para esta condição ser verdadeira, é necessário que $(N - M + 2)^2 < (N + 1)^2$, o que implica que $M > 1$. Ora, dado que $M \geq 2$, esta condição é sempre verdade, o que significa que, as empresas que não estão envolvidas na fusão beneficiam com essa operação.

Avaliando agora as empresas fusionadas. Considerando então que M empresas se fusionam, a comparação com o antes da fusão deverá ser o somatório das empresas envolvidas, ou seja, $M * \pi_i^*$. Assim, para que a fusão seja vantajosa para as empresas envolvidas, a seguinte condição deverá ser verificada:

$$M * \frac{(a-c)^2}{b(N+1)^2} < \frac{(a-c)^2}{b(N-M+2)^2}. \tag{7.8}$$

Ora, para que a expressão seja verificada, então $M(N - M + 2)^2 < (N + 1)^2$. Admita-se o 'pior' cenário em termos de concentração (com exceção de fusão para monopólio) e, portanto, o que garantir maior poder de mercado poderá ser o mais interessante para as empresas, isto é, admita $N = 3$ e $M = 2$. Substituindo na condição, verifica-se que a mesma não é satisfeita, significando que a fusão, nem neste 'pior' cenário concorrencial é vantajosa para as empresas envolvidas. Pelo contrário, as empresas *out* (ou seja, as não envolvidas na fusão), beneficiam dessa mesma operação. Este fenómeno é conhecido como o fenómeno do *'free-riding'*, isto é, as empresas (neste caso) vão 'à boleia' da redução de concorrência no mercado, aproveitando-se do aumento de preço consequente para aumentarem os seus lucros.

Considere um mercado com três empresas, com custos marginais iguais, em que, por simplificação, admite-se que não existem custos fixos. O custo marginal para cada uma das três empresas é de 10, com uma função procura $P(Q) = 100 - Q$. Em equilíbrio, antes da fusão, cada uma das empresas produz 22.5, o que confere um lucro total a cada uma delas de 506.25 (exemplo 7.1).

Exemplo 7.1

Admita três empresas em que, $c = 10$ e $P = 100 - Q$. Os valores de equilíbrio calculados *à la Cournot* são,

$q_i = \frac{a-c}{b(N+1)} \Leftrightarrow q_i = 22.5 \rightarrow Q_{Total} = 67.5$, em que $N = 3$ empresas

$$P = 100 - Q \Leftrightarrow P = 32.5$$
$$\pi_i = (32.5 * 225) - (22.5 * 10) \Leftrightarrow \pi_i = 506.25.$$

Admitindo que duas dessas empresas procedem a uma operação de fusão. A estrutura de mercado passa a comportar duas, em lugar de três empresas. Assumindo que a eficiência das empresas não se altera, resulta então o seguinte equilíbrio *à la Cournot* após a fusão:

$q_i = \frac{a-c}{b(N-M+2)} \Leftrightarrow q_i = 30 \rightarrow Q_{Total} = 60$ em que, $N = 3$ e $M = 2$

$$P = 100 - Q \Leftrightarrow P = 40.$$

Em que, o lucro após a fusão (π^{PF}) para cada uma das empresas, inclusive para as não envolvidas na fusão é, $\pi^{PF} = (40 * 30) - (10 * 30) \Leftrightarrow \pi^{PF} = 900$.

Comparando os lucros das empresas, conclui-se que, para as empresas não envolvidas, o lucro passa de 506.25 para 900. Por sua vez, para as (duas) empresas fusionadas, o lucro antes da fusão de referência (π_{AF}) é, $\pi^{AF} = 506.25 * 2 \Leftrightarrow \pi^{AF} = 1012.5$. Sendo que, depois da fusão, tem um lucro de 900. Assim, o lucro das empresas envolvidas reduz-se.

Este exemplo evidencia o paradoxo das fusões horizontais. Este paradoxo, revela um decréscimo esperado na quantidade produzida após a fusão, que provoca um aumento no preço. A operação de fusão entre duas empresas, diminui a quantidade total de equilíbrio (de $Q_T^{AF} = 67.5$ para $Q_T^{PF} = 60$) e aumenta o preço (de $P^{AF} = 32.5$ para $P^{PF} = 40$), em que o lucro para cada empresa é de $\pi^{PF} = 900$. Sabendo que o lucro conjunto antes da fusão é $\pi^{AF} = 1012.5$ (que resulta da soma dos lucros individuais das empresas fusionadas), a fusão revela ser desvantajosa para as empresas envolvidas. Por sua vez, as empresas que ficam fora da fusão notam um aumento no seu lucro individual, passando de 506.25 para 1012.5. De facto, estas empresas poderão estar a usufruir de uma maior quota de mercado, bem como do efeito do aumento do preço. Por esta razão, em mercados reais quando é anunciada uma fusão horizontal, é usual não se observar reação relevante por parte das empresas não envolvidas nessa operação.

Focando-se nos resultados obtidos anteriormente, a questão que daí decorre é, porque é que continuam a verificar-se fusões horizontais no mercado real? Na verdade, há três respostas a esta questão. Recorda-se que o paradoxo das Fusões & Aquisições horizontais, acontece porque se admite que a empresa resultante da fusão é idêntica às restantes, isto é, idêntica às não fusionadas. Outro motivo, é porque se admite que a empresa fusionada perde quota de mercado, comparativamente à soma das quotas individuais (antes fusão) das empresas envolvidas na operação, o que nem sempre é verificado. Finalmente, considera-se que a empresa fusionada não faz uso da sua dimensão e força competitiva para, por exemplo, se comportar como empresa líder.

Resta, portanto, analisar as soluções para este paradoxo. Essas soluções passam essencialmente pela consideração de que: (i) as fusões permitem sinergias de custos; (ii) as fusões permitem à empresa fusionada que desenvolva comportamento estratégico, como líder; e ainda (iii) as empresas podem realizar fusões em cadeia. Analisam-se de seguida as duas primeiras soluções.

7.3.2 | FUSÕES & AQUISIÇÕES E SINERGIAS DE CUSTOS

Como ficou dito, uma das principais motivações para as empresas realizarem um processo de fusão é aumentar os seus ganhos, através da poupança de custos. Considere-se, portanto, que a operação de fusão permite obter **sinergias de custos**, não apenas nos **custos fixos**, mas também nos **variáveis**.

Custos fixos

Inicia-se com a análise das **sinergias nos custos fixos**. Considere o enquadramento do exemplo prévio 7.1, admitindo adicionalmente que, antes da fusão, as empresas suportam custos fixos (CF) e custos marginais iguais. Os custos fixos podem resultar, por exemplo, dos encargos associados ao funcionamento de dois pavilhões industriais, um para cada empresa. A empresa resultante da fusão pode ter necessidade de usar os dois pavilhões, situação em que não se verifica nenhuma sinergia, ou pode, pelo contrário, dispensar na totalidade um deles. A última situação mencionada, será a situação de sinergia máxima. Contudo, poderá ainda reduzir a área necessária a ocupar, de um dos pavilhões, e com isso reduzir uma parte do encargo fixo.

Recorde os lucros para o antes e após fusão calculados no exemplo 7.1, agora considerando adicionalmente os custos fixos. Ou seja, para as duas empresas antes da fusão, $\pi^{AF} = 1012.5 - 2CF$ e para a empresa resultante da fusão, $\pi^{PF} = 900 - \delta CF$. Admite-se naturalmente que o custo fixo é o somatório dos custos individuais de cada uma das duas empresas. Por sua vez, no π^{PF}, uma vez que se trata de uma nova empresa, resultante da fusão, o novo custo fixo é uma incógnita, representada por δCF, com $\delta \in [1,2]$. Na prática, δ representa um indicador para as sinergias obtidas nos custos fixos. O limite inferior denota poupança máxima, i.e., sinergia de 100% e o limite superior indica poupança nula (sinergia de 0%). De facto, quando $\delta = 2$, significa que as empresas, em conjunto, não conseguiram nenhuma poupança de custos fixos com a fusão.

Compare-se então o lucro das empresas antes e após a fusão. Atente na seguinte condição, em que $\pi^{PF} \geq \pi^{AF}$, quando $900 - \delta CF \geq 1012.5 - 2CF \Leftrightarrow \delta \leq 2 - \frac{112.5}{CF}$. Ora, considerando que $\delta \geq 1$, então isso implica que os CF tenham de ser superiores a 112.5. Por outras palavras, fica evidente que o potencial de sinergias é tanto maior, e portanto, a fusão é tanto mais atrativa, quanto maiores forem os custos fixos. Neste contexto, quanto maiores forem os custos fixos, maior será a probabilidade de a fusão ser compensatória para as empresas, permitindo poupanças substanciais nesses custos, dado que $\delta \rightarrow 1$.

Custos variáveis

Considere agora que o objetivo das duas empresas, ao realizar uma operação de fusão, é obter uma redução nos seus **custos variáveis**. Admita, por simplificação, que os custos fixos são agora nulos e que existem 3 empresas com os seguintes custos totais: $CT_i(q_i) = 10q_i$, com $i = 1,2$ e $CT_3(q_3) = 10\gamma q_3$, com $\gamma \geq 1$. Está-se, portanto, num cenário de triopólio assimétrico. As FMR de cada uma das empresas são:

$$q_1^* = 45 - \left(\frac{q_2+q_3}{2}\right);$$

$$q_2^* = 45 - \left(\frac{q_1+q_3}{2}\right);$$

$$q_3^* = 50 - 5\gamma - \left(\frac{q_1+q_2}{2}\right).$$

ECONOMIA INDUSTRIAL

Resolvendo o sistema,

$$\begin{cases} q_1 = 45 - \left(\dfrac{q_2 + q_3}{2}\right) \\ q_2 = 45 - \left(\dfrac{q_1 + q_3}{2}\right) \\ q_3 = 50 - 5\gamma - \left(\dfrac{q_1 + q_2}{2}\right) \end{cases} \Leftrightarrow \cdots \Leftrightarrow \begin{cases} q_1 = 20 + 2.5\gamma \\ q_2 = 20 + 2.5\gamma \\ q_3 = 30 - 7.5\gamma \end{cases},$$

donde resulta que:

$$Q = 2 * (20 + 2.5\gamma) + 30 - 7.5\gamma = 70 - 2.5\gamma.$$

O preço, em função de γ vem:

$$P = 100 - Q = 100 - (70 - 2.5\gamma) = 30 + 2.5\gamma.$$

Finalmente, os lucros das empresas são:

$$\pi_1 = \pi_2 = (30 + 2.5\gamma)(20 + 2.5\gamma) - 10(20 + 2.5\gamma) = (20 + 2.5\gamma)^2;$$

$$\pi_3 = (30 + 2.5\gamma)(30 - 7.5\gamma) - 10\gamma(30 - 7.5\gamma) = (30 - 7.5\gamma)^2.$$

Admita-se agora que das três empresas, fusionam-se as empresas 1 e 3. Considerando que $\gamma > 1$, então é sempre mais dispendioso produzir na Empresa 3. Admita-se então que após a fusão toda a produção é feita na empresa 1. Na prática, ao se admitir isto, está-se implicitamente a considerar a sinergia de custos variáveis. Essa sinergia é resultante da diferença de custo de não produzir na menos eficiente, para produzir tudo na mais eficiente. É precisamente esse potencial de sinergia que se irá calcular. Nestas condições, o duopólio resultante tem as seguintes FMR:

$$q_{1,3}^* = 45 - \frac{1}{2}q_2;$$

$$q_2^* = 45 - \frac{1}{2}q_{1,3}.$$

Resolvendo o sistema, as quantidades de equilíbrio são $q_{1,3} = 30$ e $q_2 = 30$. Daqui resulta, $P = 40$ e os respetivos lucros $\pi_2 = \pi_{1,3} = 900$.

Comparando agora o lucro das empresas envolvidas antes e após a fusão, a operação terá sido rentável para as empresas envolvidas se:

$$900 > (20 + 2.5\gamma)^2 + (30 - 7.5\gamma)^2 \Rightarrow 0 = 62.5\gamma^2 + (-350\gamma) + 400.$$

Resolvendo a expressão resulta que $1.6 < \gamma < 4$. Ora, recuperando $q_3 = 30 - 7.5\gamma$, para que q_3 seja positiva, então $\gamma < 4$. Significa isto então que, a fusão entre uma empresa de custos altos (Empresa 3) e a empresa de custos baixos (Empresa 1) será rentável se a desvantagem de custos for muito relevante. Neste caso essa diferença de custos relevante é de 60%, ou seja, a Empresa 3 tem uma desvantagem de custos de 60% em relação à Empresa 1. Fica assim demonstrado que, as fusões podem ser rentáveis quando há efetivamente poupanças elevadas de custos entre as empresas envolvidas.

7.3.3 | COMPORTAMENTO ESTRATÉGICO E LIDERANÇA

Uma outra solução para o paradoxo consiste em admitir que a empresa resultante da fusão faz uso do seu novo poderio económico, comportando-se como **empresa líder de Stackelberg**. Como já visto no capítulo 4, no quadro de linearidade aí admitido, a quantidade produzida pela empresa líder (q^L) é dada por: $q^L = \frac{a-c}{2b}$. Substituindo, q^L na FMR da seguidora, a sua quantidade é dada por $q^S = \frac{a-c}{4b}$. A quantidade total e a função preço representam-se por $Q_{Total} = \frac{3(a-c)}{4b}$ e $P = \frac{a+3c}{4}$, respetivamente. Finalmente o lucro após a fusão, da empresa líder, é dado por $\pi_{PF}^L = \frac{(a-c)^2}{8b}$. Para que a fusão seja benéfica para a nova empresa, comparando o lucro após a fusão (calculado admitindo concorrência *à la Cournot*), com o obtido considerando concorrência *à Stackelberg*, deverá verificar-se a condição $\pi_{PF}^L \geq \pi_{PF}^{Cournot}$, que na prática não é mais do que comparar $\frac{(a-c)^2}{8b} \geq \frac{(a-c)^2}{9b}$. Na verdade, o lucro de liderança é sempre superior ao da seguidora e também é superior ao de Cournot, dado por $\frac{(a-c)^2}{16b}$.

Importa, a propósito desta solução do paradoxo, elaborar algumas observações. A primeira é que, a fusão para liderança é rentável, para as empresas fusionadas, desde que, antes da fusão, operem pelo menos 3 empresas. Ora, está claro que tem de ser, caso contrário o paradoxo não se verificava. Em segundo, verifica-se que a quota de mercado da empresa fusionada aumenta, enquanto reduz a quota e o lucro das empresas não participantes na fusão. Finalmente, os consumidores beneficiam da fusão pelo efeito de redução de preço. Este é sempre um aspeto muito importante a ter em conta. No fundo trata-se do conceito de partilha de benefícios com o consumidor, implícito na atividade de regulação e de concorrência como se verá no capítulo seguinte.

7.4 | FUSÕES VERTICAIS

Quando as empresas envolvidas na fusão operam em ramos de atividade ou mercados relacionados entre si, está-se perante uma fusão vertical. O objetivo primeiro deste tipo de operação, é o de conseguir o máximo controlo (quer a montante quer a jusante) do processo de produção. As empresas, procuram explorar as economias verticais que resultam de um único centro de controlo, em níveis diferentes da cadeia de produção. As imperfeições dos mercados, nomeadamente as que resultam da incerteza e da assimetria da informação, são também uma grande motivação específica neste tipo de fusões.

7.4.1 | INTERNALIZAÇÃO DE ATIVIDADES *VS* RECURSO A MERCADO

As empresas **integram atividades** até ao ponto em que o **custo dessa internalização**, nomeadamente de controlo, for igual ao **custo de recorrer ao mercado**, designados de custos de transação. De facto, estas são as duas opções com que a empresa se confronta. Na primeira, ela própria fica responsável por todo o processo, o que por sua vez implica obtenção de estruturas físicas mais alargadas, nomeadamente com mais competências e meios com otimização de coordenação. Na segunda, como alternativa, a empresa recorre ao mercado para contratar bens ou serviços, o que naturalmente implica custos de coordenação e até de organização.

A integração vertical permite, de facto, ter um controlo muito mais apurado sobre toda a atividade que, de alguma forma, se relaciona com o *core business* da empresa. Controlam-se por exemplo, os padrões de qualidade do *input*, a própria qualidade da entrega e os seus prazos, ou mesmo condições de pagamento/recebimento. Esta internalização de atividades permite também reduzir outras dependências de clientes e/ou fornecedores, contribuindo para aumentar a eficiência organizacional.

7.4.2 | INTEGRAÇÃO VERTICAL

Uma operação de fusão entre empresas é considerada **vertical**, quando as empresas envolvidas pertencem a mercados diferentes e que, para além disso, exercem posições diferentes na cadeia de produção. Isto significa que, a relação existente entre as empresas envolvidas é a de fornecedor (a montante) e de cliente (a jusante). Quando duas empresas efetuam transações entre si, exercendo o seu poder de mercado, isto é, consegue fixar um preço acima do custo marginal, então verifica-se o fenómeno conhecido como **dupla marginalização** ou **duplo *markup***. Esse *markup*, será tanto maior quanto maior for o poder de mercado, sendo que, em monopólio atinge o seu máximo.

Admite-se o seguinte enquadramento (adaptado de Pepall et al., 2008), em que se assume duas empresas monopolistas. A empresa a montante (ou grossista), que produz um determinado bem a um custo constante representado por c. A empresa a montante vende o seu bem à empresa a jusante (também denominada por retalhista), ao preço P_r. Por simplificação, a empresa a jusante não suporta outros custos, que não os de aquisição do bem a montante, sendo que, vende o mesmo ao consumidor pelo preço P. Esse preço, resulta do mecanismo de formação de preço onde a procura é representada por $P = a - bQ$. Assim, a função objetivo da empresa retalhista vem:

$$\pi_{Retalhista} = (a - bQ)Q - P_r Q . \tag{7.9}$$

Maximizando a função (7.9), a quantidade ótima a jusante da retalhista (representada por Q_J) é:

$$Q_J = \frac{a - P_r}{2b} . \tag{7.10}$$

Substituindo esta equação na função procura, resulta no preço de retalho, ao consumidor final, em função de P_r:

$$P = \frac{a + P_r}{2} . \tag{7.11}$$

Sabendo que, a quantidade produzida da empresa retalhista depende do preço praticado pela empresa a montante, então da equação (7.10) resulta a procura dirigida à empresa a montante:

$$P_r = a - 2bQ . \tag{7.12}$$

Deste modo, a função lucro da empresa grossista, a montante, é dada por:

$$\pi_{Grossista} = (a - 2bQ)Q - cQ . \tag{7.13}$$

A quantidade a montante (Q^M) que maximiza esta função vem então:

$$Q^M = \frac{a-c}{4b}. \tag{7.14}$$

Substituindo Q^M na função procura da empresa produtora, o preço praticado por essa empresa é dado por:

$$P_r = \frac{a+c}{2}. \tag{7.15}$$

Com esse preço, que se constitui como o custo suportado pela empresa a jusante, substituindo na equação (7.11) calcula-se o preço de mercado:

$$P = \frac{3a+c}{4}. \tag{7.16}$$

Determinados os respetivos preços e quantidades, para as empresas grossista e retalhista, estão reunidas as condições necessárias para calcular os lucros para ambas as empresas: $\pi_{Grossista} = \frac{(a-c)^2}{8b}$ e $\pi_{Retalhista} = \frac{(a-c)^2}{16b}$. Sabendo que o lucro antes da fusão é o somatório das funções lucro da empresa grossista e retalhista, vem, $\pi^{AF} = \pi_{Grossista} + \pi_{Retalhista} = \frac{3(a-c)^2}{16b}$.

Após a fusão das duas empresas, a nova empresa é considerada um monopólio. O principal objetivo da empresa monopolista é maximizar o seu lucro através de um preço praticado (anteriormente) pela retalhista. Partindo da função objetivo,

$$\pi^{PF} = (a - bQ)Q - cQ. \tag{7.17}$$

O equilíbrio da empresa fusionada é dado por: $Q = \frac{a-c}{2b}$ e $P = \frac{a+c}{2}$. O lucro após fusão vertical é dado por:

$$\pi^{PF} = \frac{(a-c)^2}{4b}. \tag{7.18}$$

O gráfico seguinte resume o equilíbrio, com as empresas separadas e após a fusão, integradas verticalmente. As áreas sombreadas R e S correspondem ao lucro das empresas separadas, respetivamente empresa retalhista e empresa produtora. Após a fusão o lucro da empresa integrada verticalmente é dado pelas áreas S e T. A área T é superior a R, resultando pois um lucro da integração vertical superior em relação à situação antes da fusão. Por outras palavras, o lucro resultante da integração vertical é também superior à soma dos lucros individuais.

Figura 7.1 – Fusões verticais

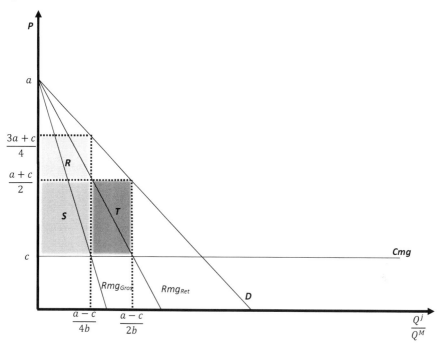

Comparando o equilíbrio antes e após a fusão vertical, salienta-se que o preço para o consumidor após a fusão diminui. De facto, $\frac{3a+c}{4} > \frac{a+c}{2}$ quando $a > c$, o que é verdade sempre. Além disso observa-se que a quantidade disponível no mercado também aumenta.

7.4.3 | A DUPLA-MARGINALIZAÇÃO, OS REGULADORES E O BEM-ESTAR

Da secção anterior resulta a prova de que, no global, a eliminação do efeito de dupla marginalização que a operação de integração vertical origina um aumento do bem-estar total, beneficiando não apenas as empresas envolvidas, mas também o excedente do consumidor. Importa, no entanto, referir que esta análise é tanto mais verificada quanto maior for o poder de mercado das empresas envolvidas na integração vertical.

O benefício mencionado no parágrafo anterior é consequência então da eliminação dos *markups* duplos. Sem integração vertical, o preço do bem final incorpora dois *markups*, o da empresa a montante e o da empresa a jusante.

Então, nesta operação verificou-se uma redução do preço do bem final. A quantidade disponível aumenta e isso permite que novos consumidores entrem neste mercado, consumindo esses bens ou serviços. Além disso, os consumidores que já integravam o mercado, conseguem aumentar o seu excedente, pois satisfazem as suas necessidades a um preço mais baixo. Estes benefícios potenciais constituem a razão maior pela qual, as autoridades de concorrência não se preocupem tanto com estas operações de integração vertical.

7.4.4 | QUASE INTEGRAÇÃO VERTICAL

A designada quase integração vertical consiste numa forma de cooperação estreita entre as empresas que se encontram a montante e/ou a jusante, mas sem consubstanciarem uma verdadeira fusão vertical, pelo que, as empresas mantêm a sua autonomia de gestão, pelo menos parcialmente. De facto, ao invés das empresas se fusionarem verticalmente, elas podem celebrar contratos que consistem em restrições verticais estabelecidas entre as empresas a montante e a jusante.

Assim acontece com os contratos que, por exemplo: estabelecem montantes mínimos ou quotas mínimas de vendas para continuação da relação entre as empresas (pense-se por exemplo nos concessionários automóveis que têm de efetivar determinado numero de matriculas novas); colocam limites no preço a praticar, obrigando por vezes as empresas a anunciar o preço recomendado; definem padrões mínimos de atendimento ou garantia de serviço às empresas a jusante; colocam restrições sobre as vendas de outros concorrentes no mercado. Estes são alguns dos inúmeros exemplos possíveis. O objetivo maior é simples. Evitar a necessidade de se proceder a uma operação de fusão vertical e portanto a criação de uma única entidade, ao mesmo tempo que conseguem beneficiar das maiores vantagens decorrentes da integração vertical e que foram oportunamente apresentadas no decorrer do capítulo.

7 · FUSÕES & AQUISIÇÕES

Exercícios Resolvidos

7.1. As empresas, A, B e C, são as únicas produtoras de inversores fotovoltaicos a operar no mercado. Os inversores são substitutos perfeitos e a procura estimada é de $Q(P) \begin{cases} 200 - 2P \text{ sse } P < 100 \\ 0 \quad\quad\quad\; \text{ sse } P \geq 100 \end{cases}$.
Cada uma das empresas exibe uma função custo $CT_i(q_i) = 10q_i + 80$, com $i = A, B, C$. As empresas, B e C, estudam a possibilidade de realizar uma fusão, prevendo conseguir obter sinergias nos custos variáveis de 40%. O custo fixo decorrente do arrendamento do pavilhão industrial de cada uma delas mantém-se, uma vez que a nova empresa (D) irá utilizar os dois pavilhões.

i) O que acontece aos lucros da Empresa A se a fusão entre as empresas, B e C for realizada?

ii) As empresas envolvidas beneficiam com a realização dessa fusão?

iii) O excedente do consumidor aumenta com a fusão? Quantifique o impacto.

iv) Reescreva a nova função custo da empresa que resulta da fusão $CT_D(q_D) = \delta 10 q_D + 160$, com $\delta \in [0,1]$, de modo que as empresas, B e C, sejam indiferentes entre realizar e não realizar a fusão.

v) Admita que a fusão é mesmo concretizada, mas a Empresa D apenas conseguiu sinergias nos custos variáveis de 10%. Por essa razão, os economistas da empresa sugerem agora executar uma estratégia de preços predatórios para expulsar a Empresa A do mercado. Admitindo apenas dois períodos, sem atualização, compare os lucros das estratégias: a) *Predação* – predação no primeiro período e monopolista no segundo; b) *Acomodação* – acomodação e repartição do mercado nos dois períodos. Qual destas estratégias deve ser a opção da Empresa D?

> **Resolução**

i) Para determinar o que acontece ao lucro da Empresa A, quando a fusão entre as empresas B e C ocorre, é necessário calcular o lucro da Empresa A antes e depois da fusão. Dado que, a função custo total é igual para as três empresas, ou seja, as três empresas têm custos marginais iguais, o equilíbrio antes da fusão (AF) acontece quando $\pi_A = \pi_B = \pi_C$, tal que:

$$\pi_i = \left[100 - \frac{1}{2}(q_A + q_B + q_C)\right] q_i - 10q_i - 80,$$

com, $i = A, B, C$. Utilizando a formulação do modelo de Cournot, e as suas propriedades de simetria, obtêm-se as seguintes quantidades: $q_A = q_B = q_C = \frac{a-c}{b(N+1)} \Leftrightarrow q = \frac{100-10}{\frac{1}{2}(3+1)} = 45$. Assim, $Q = 45 * 3 = 135$ e o respetivo preço de mercado vem $P = 100 - \frac{1}{2} * 135 = 32.5$.

O lucro de cada uma das empresas, antes da fusão resulta então em: $\pi_A = \pi_B = \pi_C = 32.5 * 45 - 10 * 45 - 80 = 932.5$.

O lucro conjunto das empresas B e C, antes da fusão, representado por π_D^{AF}, vem:

$$\pi_D^{AF} = \pi_B + \pi_C = 932.5 * 2 = 1865.$$

O passo seguinte é calcular o lucro pós-fusão (PF). As empresas envolvidas na operação de fusão preveem obter sinergias nos custos variáveis de 40%. Posto isto, é necessário determinar o novo custo variável para a Empresa D, a empresa que resulta da fusão, que reflete essa sinergia. A sinergia corresponde a um corte de 40%, o que provoca um custo variável de $6q$, calculada da seguinte forma:

$$CV_{fusão} = 10q - 10q * 0.4 = 6q.$$

Relativamente aos custos fixos, é informado que esses custos estão associados à renda dos pavilhões e que, por sua vez, a Empresa D irá utilizar os dois pavilhões. Assim sendo os custos fixos pós-fusão correspondem à soma dos custos fixos individuais antes da fusão. Assim, a função custo total da nova Empresa D, é $CT_D(q_D) = 6q_D + 160$. Deste modo, a função objetivo da empresa fusionada resulta em:

$$\pi_D = \left(100 - \frac{1}{2}q_D - \frac{1}{2}q_A\right)q_D - 6q_D - 160.$$

Maximizando a função por forma a responder à pergunta, qual a produção que a empresa deve definir para maximizar o seu lucro, resulta:

$$\max_{q_D} \pi_D \Rightarrow \frac{\partial \pi_D}{\partial q_D} = 0 \Leftrightarrow q_D^* = 94 - \frac{1}{2}q_A.$$

Em seguida, é necessário determinar a função objetivo da Empresa A, após a fusão, que é dada por:

$$\pi_A = \left(100 - \frac{1}{2}q_D - \frac{1}{2}q_A\right)q_A - 10q_A - 80.$$

Maximizando e simplificando,

$$\max_{q_A} \pi_A \Rightarrow \frac{\partial \pi_A}{\partial q_A} = 0 \Leftrightarrow q_A^* = 90 - \frac{1}{2}q_D.$$

Resolvendo então o sistema para o cálculo das quantidades ótimas das empresas A e D:

$$\begin{cases} q_D = 94 - \frac{1}{2}q_A \\ q_A = 90 - \frac{1}{2}q_D \end{cases} \Leftrightarrow \cdots \Leftrightarrow \begin{cases} q_D = 65.33 \\ q_A = 57.33 \end{cases}.$$

Assim, o preço associado calcula-se: $P = 100 - \frac{1}{2}q_D - \frac{1}{2}q_A \Leftrightarrow P = 100 - \frac{1}{2}65.33 - \frac{1}{2}57.33 \Leftrightarrow P = 38.66$. Daqui obtém-se o lucro da empresa 'out', não envolvida na fusão: $\pi_A = 38.66 * 57.33 - 10 * 57.33 - 80 = 1563.55$.

Em suma, considerando que o lucro da Empresa A antes da fusão é dado por $\pi_A = 932.5$, e é menor que o lucro após a fusão, $\pi_A = 1563.55$, conclui-se, sem surpresa, face ao debatido previamente a propósito do paradoxo das fusões horizontais, que a Empresa A beneficia se a fusão entre as empresas B e C se concretizar. Essa vantagem para a Empresa A, resulta fundamentalmente do efeito de redução de concorrência, que provoca redução de quantidade no mercado, aumento do preço do bem ou serviço e aumento do poder de mercado.

ii) Para determinar se as empresas envolvidas na operação de fusão beneficiam com a mesma, é necessário comparar o lucro das empresas B e C antes da fusão, com o lucro da Empresa D, empresa que resulta da fusão. Recuperando os valores de equilíbrio calculados na alínea anterior, o lucro da Empresa D resulta em, $\pi_D = 38.66 * 65.33 - 6 * 65.33 - 160 = 1974.22$. Como visto, o lucro conjunto das empresas antes da fusão é $\pi_B + \pi_C = 1865$. Observa-se, pois, que esta operação de fusão, com estas características, permite às empresas envolvidas beneficiar com a operação. Por outras palavras, o montante de sinergias obtidas nos custos variáveis é de magnitude suficiente para garantir a rentabilidade da operação.

iii) Para determinar a variação do Excedente do Consumidor (EC) com a operação de fusão, deve calcular-se o EC antes e após a fusão. Importa desde logo desenvolver a intuição económica acerca do que se espera obter, isto é, esse excedente deverá aumentar? A resposta é negativa. De facto, espera-se que esse excedente se encurte dado que se prevê que o preço aumente (e, de facto, aumentou) e a quantidade diminua (como efetivamente diminuiu) com a operação de fusão. Por outras palavras, é de esperar que alguns consumidores deixem de ter capacidade (isto é, disponibilidade) a pagar tão elevada que acompanhe esse novo preço. Daqui resulta o conhecido efeito de 'peso morto', que corresponde ao efeito de destruição de economia na diferença de produções antes e após a fusão. A diminuição do excedente do consumidor é dada por essa área. Assim, antes da fusão o excedente é $EC = \frac{Q*(P_{max}-P)}{2} \Leftrightarrow EC = \frac{135*(100-32.5)}{2} = 4556.25$. O EC após a fusão vem: $EC = \frac{122.66*(100-38.66)}{2} = 3761.98$. Pela diferença (negativa), $\Delta^- EC = 794.27$.

Conclui-se que, como esperado, o excedente do consumidor diminui com a realização da fusão. Uma última nota para recordar que, para além do efeito de perda líquida de excedente, existe ainda, com esta operação um efeito de transferência de excedente do consumidor para o produtor, correspondente ao encargo adicional que os consumidores que permanecem no mercado, consumindo, o terão de fazer a um preço mais elevado.

iv) A intuição desta alínea é a seguinte. Provou-se na alínea ii) que se as empresas fusionadas conseguirem alcançar sinergias de custos variáveis de 40%, então essa redução de custos permite resolver o paradoxo, garantindo que as empresas envolvidas beneficiam pelo facto de se fusionarem em alternativa a operar individualmente. Pretende-se então agora perceber qual será o limite mínimo de sinergias a alcançar para que a operação não seja um fracasso. Será com certeza inferior a 40%, o que significa que se antecipa que $\delta > 0.6$.

Para que as empresas sejam indiferentes entre se fusionarem ou não, compara-se o lucro antes e após a fusão, sendo que, se procura conhecer o novo custo resultante da fusão, tal que $CT_D = \delta 10 q_D + 160$. Assim, o lucro da Empresa D vem (por simplificação de cálculo, tome--se $x = \delta 10$):

$$\pi_D^{PF} = \left(100 - \tfrac{1}{2} q_D - \tfrac{1}{2} q_A\right) q_D - x q_D - 160.$$

Maximizando, $\max_{q_D} \pi_D^{PF} \Rightarrow q_D^* = 100 - x - \tfrac{1}{2} q_A$ e resolvendo o sistema:

$$\begin{cases} q_D = 100 - x - \tfrac{1}{2} q_A \\ q_A = 90 - \tfrac{1}{2} q_D \end{cases} \Leftrightarrow \cdots \Leftrightarrow \begin{cases} q_D = 73.33 - \tfrac{4}{3} x \\ q_A = 53.33 + \tfrac{2}{3} x \end{cases}$$

Importa esboçar uma breve nota sobre as quantidades de equilíbrio calculadas. Sendo um custo da empresa fusionada D, naturalmente que esse custo reduz a produção porque 'produzir é caro'. Pelo contrário, maior custo da rival no mercado significa uma vantagem para a Empresa A e daí o sinal positivo.

Calcula-se então o preço em função de x, tal que $P = 100 - \tfrac{1}{2}\left(126.66 - \tfrac{2}{3} x\right) \Leftrightarrow P = 36.66 + \tfrac{1}{3} x$. Posto isto, o lucro da empresa pós fusão, em função de x vem:

$$\pi_D^{PF} = \left(36.66 + \tfrac{1}{3} x\right)\left(73.33 - \tfrac{4}{3} x\right) - x\left(73.33 - \tfrac{4}{3} x\right) - 160.$$

Simplificando, $\pi_D^{PF} = \left(36.66 - \tfrac{2}{3} x\right)\left(73.33 - \tfrac{4}{3} x\right) - 160 = \tfrac{1}{2}\left(73.33 - \tfrac{4}{3} x\right)^2 - 160$. Recuperando que o lucro conjunto, antes da fusão, é 1865, a indiferença na decisão para a fusão acontece quando:

$$\pi^{AF} = \pi^{PF} = \tfrac{1}{2}\left(73.33 - \tfrac{4}{3} x\right)^2 - 160 = 1865 \Leftrightarrow x = 7.2678.$$

Recordando que $x = 10\delta \Rightarrow 10\delta = 7.2678 \Leftrightarrow \delta = 0.72678$. Significa isto que, o custo marginal pós fusão, da Empresa D, que torne indiferente realizar a operação de concentração é 7.2678. Portanto, a nova função custos da empresa que resulta da fusão é $CT_D = 7.2678q_D + 160$. Confirma-se assim que $\delta > 0.6$, o que implica que a sinergia mínima necessária para tornar a operação rentável é de cerca de 27%.

v) Fica já claro que, uma sinergia de 10% é manifestamente insuficiente para tornar a fusão rentável. Com esse volume de sinergias nos custos variáveis para a Empresa D, a nova função custo total virá $CT_D(q_D) = 9q_D + 160$.

Para determinar qual das estratégias a Empresa D deve adotar, é necessário calcular o lucro para cada uma das estratégias enunciadas. Os dois cenários (sem atualização) são:

- Cenário **a**): 1º período – predação; 2º período – monopólio;
- Cenário **b**): 1º período – acomodação; 2º período – acomodação.

Cenário a):

Calcule-se a quantidade produzida na execução da estratégia de predação. Para isso, o lucro da Empresa A nem sequer se torna compensador, parcialmente ao valor dos seus custos fixos, ou seja:

$$\pi_A = -CF \Leftrightarrow \pi = \left(100 - \tfrac{1}{2}q_D - \tfrac{1}{2}q_A\right)q_A - 10q_A - 80 = -80.$$

Simplificando, $\left(100 - \tfrac{1}{2}q_D - \tfrac{1}{2}q_A\right)q_A - 10q_A = 0$. Substituindo q_A por $q_A = 90 - \tfrac{1}{2}q_D$ (calculada anteriormente) então: $\left(100 - \tfrac{1}{2}q_D - \tfrac{1}{2}(90 - \tfrac{1}{2}q_D)\right)\left(90 - \tfrac{1}{2}q_D\right) - 10\left(90 - \tfrac{1}{2}q_D\right) = 0$. Simplificando novamente, $\left(45 - \tfrac{1}{4}q_D\right)\left(90 - \tfrac{1}{2}q_D\right) = 0 \Leftrightarrow \tfrac{1}{2}\left(90 - \tfrac{1}{2}q_D\right)^2 = 0$, logo $q_D = 180$. Esta é a quantidade de predação que, como pode ser observado, representa um aumento de mais de 33% em relação ao total da quantidade disponível no equilíbrio de concorrência *à la Cournot*. O preço de predação vem então, $P = 100 - \tfrac{1}{2} * 180 = 10$ e o lucro da Empresa D, quando executa a estratégia de predação é:

$$\pi_D = 10 * 180 - 9 * 180 - 160 = 20.$$

Após a estratégia de predação, a Empresa D fica monopolista no mercado, o que lhe confere um lucro dado por:

$$\pi_D = \left(100 - \frac{1}{2}Q\right)Q - 9Q - 160.$$

O equilíbrio é então obtido em, $Q = 91$ e $P = 54.5$. O lucro de monopólio vem então, $\pi_D = 54.5 * 91 - 9 * 91 - 160 = 3980.5$.

Concluindo, o lucro que a empresa fusionada obtém, no *cenário a)*, é:

$$\pi_D = \pi_{predação} + \pi_{monopólio} = 20 + 3980.5 = 4000.5$$

Cenário b):

No *cenário b)* a Empresa D mantém-se concorrendo com a Empresa A, numa estratégia de acomodação. Assim, o lucro da Empresa D vem:

$$\pi_D^{PF} = \left(100 - \frac{1}{2}q_D - \frac{1}{2}q_A\right)q_D - 9q_D - 160.$$

Donde a FMR é dada por, $q_D^* = 91 - \frac{1}{2}q_A$. As quantidades de equilíbrio calculam-se resolvendo o sistema:

$$\begin{cases} q_D = 91 - \frac{1}{2}q_A \\ q_A = 90 - \frac{1}{2}q_D \end{cases} \Leftrightarrow \cdots \Leftrightarrow \begin{cases} q_D = 61.33 \\ q_A = 59.33 \end{cases}.$$

Daqui resulta $P = 100 - \frac{1}{2}(120.66) = 39.66$ e o lucro de acomodação $\pi_D = 39.66 * 61.33 - 9 * 61.33 - 160 = 1720.3778$.

Concluindo, o lucro da Empresa D, no *cenário b)*, sem atualização é:

$$\pi_D = 2 * \pi_{acomodar} = 1720.3778 * 2 = 3440.76$$

Avaliando então qual a melhor estratégia, por comparação de lucros, observa-se que a estratégia associada ao *cenário a)* garante um lucro mais vantajoso (4000.5), em comparação com o *cenário b)* (3440.76). Em suma, a Empresa D deve optar por seguir a estratégia descrita pelo primeiro cenário, isto é, efetuar a estratégia de predação no primeiro período, tornando-se monopolista no segundo. Este *outcome* fica a dever-se, em boa parte, ao pressuposto que apenas um período é tempo suficiente para expulsar a empresa alvo do mercado.

ECONOMIA INDUSTRIAL

7.2. As empresas, C e D, são as únicas produtoras de inversores fotovoltaicos. Os inversores são substitutos perfeitos e a procura estimada é de $Q(P) = \begin{cases} 200 - 2P & \text{sse } P < 100 \\ 0 & \text{sse } P \geq 100 \end{cases}$. A função custo da Empresa D é $CT_D(q_D) = 9q_D + 200$ e da Empresa C é $CT_C(q_C) = 10q_C + 100$. A Empresa D resulta de uma operação de troca de ações entre uma Empresa A e uma Empresa B, dando origem a uma nova entidade jurídica, a Empresa D. Nessa operação de fusão foi possível obter sinergias apenas nos custos variáveis, de 10%.

i) Os acionistas da Empresa D devem estar satisfeitos com a fusão? Justifique.

ii) A Empresa D pretende aumentar o seu lucro. Para isso, propõe à Empresa C um acordo de conluio, cuja operação conjunta levaria a que a quantidade total seria produzida, em partes iguais, nas duas empresas, D e C. Admita também o custo médio na componente fixa dos custos. Qual seria o lucro das empresas D e C neste cenário, admitindo que a distribuição dos lucros é feita de acordo com as quotas de mercado obtidas em concorrência?

iii) A entidade responsável pela concorrência impede a realização do cartel. Como alternativa, a Empresa D pretende proceder à sua cisão, dando origem às novas empresas, A e B. Dessa cisão é esperado uma função custo $CT_i(q_i) = 10q_i + 100$, com $i = A, B$. Quando comparado com o cenário da alínea i) a Empresa C deseja que essa cisão se concretize? Justifique devidamente.

iv) A cisão da Empresa D concretiza-se. É conhecido que a Empresa C opera em instalações com dimensão subaproveitada. Aconselharia a Empresa C a fusionar-se com a Empresa B, considerando que dessa fusão resultaria uma sinergia no custo fixo conjunto, passando a ser $CF = 120$?

Resolução

i) Para determinar se os acionistas da Empresa D, empresa que resultou da fusão entre as empresas, A e B, estão satifeitos com a fusão calcula-se o lucro conjunto das empresas, A e B, antes da fusão, e o lucro da Empresa D após a fusão. Considerando que a Empresa D obteve sinergias de 10% nos custos variáveis, é necessário calcular os custos variáveis das empresas, A e B, antes de se realizar a fusão, sendo conhecida apenas a função custos da Empresa D. Os custos variáveis da Empresa D são $CV_D(q_D) = 9q_D$, que consiste nos custos variáveis da empresa, A e B, reduzidos em 10%. Assim sendo, os custos variáveis de cada empresa antes seriam: $9 = x - x * 0.1 \Leftrightarrow 9 = x(1 - 0.1) \Leftrightarrow x = 10$.

Sabendo que apenas existiram sinergias nos custos variáveis, no processo de fusão admite-se que os custos fixos das empresas mantêm-se e portanto foram somados. Assim, a função custo de cada empresa, A e B, antes da fusão é: $CT_i(q_i) = 10q_i + 100$, com $i = A, B$.

Após determinadas as funções custo individuais, calcula-se agora o lucro de cada empresa antes da fusão. Como as funções custo são iguais, está-se perante um duopólio simétrico, logo $\pi_A = \pi_B = \pi_C$, ou seja:

$$\pi_i = \left(100 - \frac{1}{2}(q_A + q_B + q_C)\right)q_i - 10q_i - 100,$$

Com $i = A, B, C$. Assim, $q_A = q_B = q_C = 45$; $Q = 135$; $P = 32.5$ e, finalmente $\pi_A = \pi_B = \pi_C = 912.5$.

O lucro antes da fusão é a soma dos lucros individuais das empresas, A e B, ou seja, $\pi^{AF} = 912.5 * 2 = 1825$.

Posto isto, o passo seguinte é calcular o lucro pós-fusão, para determinar se esta operação foi vantajosa. Partindo das funções objetivo, e maximizando-as, obtêm-se as FMR, que resolvidas em sistema resulta:

$$\begin{cases} q_D = 91 - \frac{1}{2}q_C \\ q_C = 90 - \frac{1}{2}q_D \end{cases} \Leftrightarrow \cdots \Leftrightarrow \begin{cases} q_D = 61.33 \\ q_C = 59.33 \end{cases}.$$

O preço que daí decorre é dado por: $P = 100 - \frac{1}{2}(59.33 + 61.33) = 39.66$, e logo o lucro pós-fusão vem:

$$\pi_D = 39.66 * 61.33 - 9 * 61.33 - 200 = 1680.3778.$$

Comparando então o lucro antes da fusão ($\pi^{AF} = 1825$) com o lucro após a fusão ($\pi^{PF} = 1680.3778$), verifica-se que o lucro antes da fusão é superior ao lucro pós-fusão, ou seja, conclui-se que a fusão não é vantajosa e, como tal, os acionistas não devem estar satisfeitos com a fusão. Por outras palavras, a sinergia de 10% conseguida com a operação é insuficiente para que os acionistas retirem vantagem da fusão.

ii) Se o acordo de conluio entre as empresas se realizar, assume-se que elas participam em cartel, logo aplica-se a condição geral de maximização quando se trabalha com o mercado todo, como é o caso, $Rmg = c$. Dado que, $RT = P*Q = \left(100 - \frac{1}{2}Q\right)*Q$, então $Rmg = \frac{\partial RT}{\partial Q} = 100 - Q$. Considerando que se admite a produção em parte iguais nas duas empresas e custo fixo médio, então a função custo do cartel vem $CT(Q) = 9.5Q + 150$, então $c = 9.5$. Aplicando a condição $Rmg = c$, resulta $100 - Q = 9.5 \Leftrightarrow Q = 90.5$. Como $Q = q_C + q_D$, então $q_D = q_c = \frac{Q}{2} = 45.25$, dado que se considera produção em partes iguais em cada uma delas. Assim $P = 100 - \frac{1}{2}(90.5) = 54.75$ e, portanto, o lucro de cartel resulta $\pi_{cartel} = 54.75 * 90.5 - 9.5 * 90.5 - 150 = 3945.125$.

Admitindo que a distribuição dos lucros é feita de acordo com as quotas de mercado obtidas em concorrência, recorda-se as quantidades de equilíbrio já anteriormente calculadas: $q_D = 61.33$, e $q_C = 59.33$ $Q = 120.66$. As quotas de mercado são obtidas através de $s_i = \frac{q}{Q}$, logo as quotas das empresas, C e D, neste mercado são dadas por: $s_D = \frac{61.33}{120.66} = 0.508$; e $s_C = \frac{59.33}{120.66} = 0.492$.

Depois de calculadas as quotas de mercado de cada empresa, o lucro de cartel é então por elas ponderado como se segue:

$$\pi_D = 3945.125 * 0.508 = 2005.1756\,;$$

$$\pi_C = 3945.125 * 0.492 = 1939.8663\,.$$

Em suma, os lucros no cenário de cartel são os seguintes: 2005.1756 é o lucro da Empresa D, e 1939.9663 o da Empresa C.

iii) A Empresa C beneficia do efeito de redução de concorrência provocado pela fusão. Com a fusão a empresa obtém $\pi^{PF} = 1659.7278$. Quando operavam três empresas independentes, a empresa C obtinha $\pi^{AF} = 912.5$. A Empresa C beneficiava da subida do preço em consequência da redução do número de empresas no mercado e da quantidade produzida. Portanto, a Empresa C não deseja que a cisão da Empresa D se realize.

iv) Considere-se que a Empresa D realiza a cisão. Para determinar se para a Empresa C a fusão é vantajosa com a nova Empresa B, é necessário calcular o lucro caso a fusão se realize. Assim, a função lucro da fusão entre as empresas, C e B, nova Empresa E, considerando $CF = 120$, é dada por:

$$\pi_E^{PF} = \left[100 - \frac{1}{2}(q_E + q_A)\right]q_E - 10q_E - 120.$$

Utilizando a formulação do modelo de Cournot, e as suas propriedades de simetria, obtém-se as seguintes quantidades: $q_E = 60$ e $q_A = 60$. Daqui resulta $P = 40$ e então o lucro da Empresa E vem $\pi_E = 40*60 - 10*60 - 120 = 1680$.

Considerando então que a soma dos lucros de ambas as empresas antes da fusão é, $\pi^{AF} = \pi_B + \pi_C = 1825$, que é superior ao lucro após a fusão, $\pi_E = 1680$, conclui-se que para a Empresa C não é vantajosa a fusão com a Empresa B. Por outras palavras, a sinergia obtida no custo fixo com esta fusão não é suficiente para tornar a operação rentável para as empresas envolvidas. Não são poucos os exemplos de mercados reais de fusões mal sucedidas que, pese embora consigam alguma poupança de custos conjunta, essa poupança é insuficiente para que os acionistas melhorem a sua situação em comparação com o ponto de partida, onde as empresas operam separadamente.

7.3. Na indústria de produção de inversores fotovoltaicos o Índice de Herfindahl-Hirschmann é $HHI = 0.33(3)$. A tecnologia utilizada por cada uma das empresas é igual, permitindo um custo marginal constante de € 10 e um custo fixo de € 80, correspondente à renda do armazém. Os inversores são substitutos perfeitos e a procura estimada é de $Q(P) = \begin{cases} 200 - 2P & sse\ P < 100 \\ 0 & sse\ P \geq 100 \end{cases}$. Duas empresas estudam a possibilidade de realizar uma fusão (dando origem à Empresa M), prevendo que conseguem obter sinergias nos custos variáveis de 44%. A nova empresa irá utilizar os dois armazéns.

i) O que acontece aos lucros da(s) empresa(s) não envolvida(s) na fusão se essa operação for concretizada?

ii) As empresas fusionadas beneficiam com a realização dessa fusão?

iii) Mantendo a necessidade de uso dos dois armazéns, reescreva a nova função custo da empresa que resulta da fusão, na forma $CT_M(q_M) = \delta 10 q_M + F$, com $\delta \in [0,1]$, de modo que as empresas envolvidas na fusão sejam indiferentes entre realizar e não realizar essa fusão.

iv) Admita que a fusão é mesmo concretizada, mas a Empresa M apenas conseguiu sinergias nos custos variáveis de 8%. Por essa razão, os economistas da empresa sugerem agora executar uma estratégia de preços predatórios para expulsar a Empresa A do mercado. Admitindo apenas dois períodos, sem atualização, compare os lucros das estratégias: a) *Predação* – predação no primeiro período e monopolista no segundo; b) *Acomodação* – acomodação e repartição do mercado nos dois períodos. Qual destas estratégias deve ser a opção da Empresa M?

> Resolução

i) Antecipa-se que o lucro das empresas não envolvidas nas operações de fusão aumente. Como explicado previamente, esse facto enquadra-se no contexto do paradoxo das fusões horizontais. As empresas 'out' aproveitam a redução de concorrência no mercado pela redução do número de empresas.

ii) Para determinar se as empresas envolvidas na operação de fusão beneficiam com a mesma, calculam-se e comparam-se os lucros antes e após a fusão dessas empresas. Como a informação sobre o número de empresas que opera neste mercado não é disponibilizada, é necessário calcular quantas empresas operam. Deste modo o número de empresas, N, é calculado através do Índice de Herfindahl-Hirschmann, $HHI = 0.33(3)$. Relembrando que, $HHI = \sum S_i^2$, e que $S_i = \frac{q_i}{Q}$, sabendo que a função custos é igual para todas as empresas, então, dada a simetria, as quantidades produzidas são iguais para todas as empresas. Assim sendo, existe equidimensionalidade neste mercado, as empresas possuem a mesmas quotas de mercado. Nesse contexto, o N vem, $\frac{1}{N} = 0.33 \Leftrightarrow N = 3$.

Uma vez determinado o número de empresas no mercado, calculam-se então os lucros antes da fusão. É sabido que $\pi_A = \pi_B = \pi_C$, logo:

$$\pi_i = \left[100 - \frac{1}{2}(q_A + q_B + q_C)\right]q_i - 10q_i - 80 \,.$$

Com $i = A, B, C$. Quando as empresas competem entre si, como iguais, e considerando a simetria presente, no Equilíbrio de Nash-Cournot as empresas produzem $q_A = q_B = q_C = \frac{100-10}{\frac{1}{2}(3+1)} = 45$. Deste modo, $Q = 45*3 = 135$; $P = 100 - \frac{1}{2}*135 = 32.5$, resultando no lucro de $\pi_A = \pi_B = \pi_C = 32.5*45 - 10*45 - 80 = 932.5$.

Como ponto de referência, antes da fusão a soma dos lucros individuais das duas empresas envolvidas é:

$$\pi^{AF} = \pi_B + \pi_C = 932.5 * 2 = 1865 \,.$$

Posto isto, o passo seguinte é calcular o lucro após a fusão. É sabido as empresas envolvidas na operação de fusão obtêm sinergias nos custos variáveis de 44%. Logo, é necessário determinar os novos custos variáveis para a nova Empresa M. Antes da fusão os custos variáveis eram $CV = 10q$. Como se obtém sinergias de 44% na fusão, então os novos custos variáveis são, $CV = 10q - 10q*0.44 = 5.6q$. Relativamente aos custos fixos, o exercício informa que a empresa fusionada utilizará os dois espaços físicos onde elas operam atualmente, pelo que os custos fixos, pós-fusão, resultam da soma dos custos fixos individuais antes da fusão. Deste modo, a função custo total da Empresa M é $CT = 5.6q_M + 160$. A sua função lucro é dada por:

$$\pi_M = \left[100 - \frac{1}{2}(q_A + q_M)\right]q_M - 5.6q_M - 160 \,.$$

Da sua maximização, a FMR da empresa fusionada vem $q_M^* = 94.4 - \frac{1}{2}q_A$. O mesmo procedimento é seguido para a Empresa A.

$$\pi_A = \left(100 - \frac{1}{2}(q_A + q_M)\right)q_A - 10q_A - 80 \,.$$

Donde, $q_A^* = 90 - \frac{1}{2}q_M$. Por favor note que, após a fusão o oligopólio (na verdade duopólio) não é simétrico pelo que deverá sempre proceder ao cálculo das FMR de cada uma das empresas. Para a determinação das quantidades ótimas, resolve-se então o seguinte sistema:

ECONOMIA INDUSTRIAL

$$\begin{cases} q_M = 94.4 - \frac{1}{2}q_A \\ q_A = 90 - \frac{1}{2}q_M \end{cases} \Leftrightarrow \cdots \Leftrightarrow \begin{cases} q_M = 65.87 \\ q_A = 57.07 \end{cases}.$$

Logo, $P = 100 - \frac{1}{2}(65.87 + 57.07) = 38.53$, e $\pi_M = 38.53 * 65.87 - 5.6 * 65.87 - 160 = 2009.1$.

Em suma, comparando os lucros antes e depois da operação de fusão, percebe-se que sendo os lucros antes da fusão de 1865, e após a fusão de 2009.1, fica claro que as empresas fusionadas têm incentivo em proceder a essa fusão. Significa isto que a eficiência produtiva adicional que juntas conseguem obter, refletida nas sinergias de custos, é mais do que suficiente para tornar esta operação rentável.

iii) Para que seja indiferente para as empresas, B e C, realizarem a fusão, o lucro conjunto antes da fusão terá de ser igual ao lucro obtido pela Empresa M, empresa que resulta da fusão, logo $\pi^{AF} = \pi^{PF} \Leftrightarrow 1865 = \pi^{PF}$.

Assumindo $CT_D = \delta 10 q_M + 160$, uma vez que a necessidade dos dois armazéns se mantém, os custos fixos são a soma dos custos fixos das empresas individuais. Denotando o novo custo marginal por x, a função objetivo da empresa vem:

$$\pi_M^{PF} = \left[100 - \frac{1}{2}q_M - \frac{1}{2}q_A\right]q_M - xq_M - 160.$$

Maximizando, resulta $q_M^* = 100 - x - \frac{1}{2}q_A$. Recordando, da alínea ii), que $q_A^* = 90 - \frac{1}{2}q_D$, resolve-se o sistema, resultando nas seguintes quantidades de equilíbrio: $q_M = 73.33 - \frac{4}{3}x$ e $q_A = 53.33 + \frac{2}{3}x$. Recomenda-se, uma vez mais, uma 'inspeção visual' às expressões para se assegurar que maior custo marginal de M reduz, de facto, a produção da Empresa M, ao mesmo tempo que esse custo torna mais competitiva a empresa rival.

O preço associado, também em função de x é: $P = 100 - \frac{1}{2}\left(126.66 - \frac{2}{3}x\right) \Leftrightarrow P = 36.66 + \frac{1}{3}x$, conduzindo ao lucro da Empresa M como se segue,

$$\pi_M^{PF} = \left(36.66 + \frac{1}{3}x\right)\left(73.33 - \frac{4}{3}x\right) - x\left(73.33 - \frac{4}{3}x\right) - 160.$$

Simplificando, $\pi_M^{PF} = \left(36.66 - \frac{2}{3}x\right)\left(73.33 - \frac{4}{3}x\right) - 160 = \frac{1}{2}\left(73.33 - \frac{4}{3}x\right)^2 - 160$.

Para a tomada de decisão recorde-se que, para as empresas B e C serem indiferentes entre avançar com a fusão ou continuarem seguindo como concorrentes, considera-se que $\pi^{AF} = \pi^{PF}$, logo:

$$\frac{1}{2}\left(73.33 - \frac{4}{3}x\right)^2 - 160 = 1865 \Leftrightarrow x = 7.2678.$$

Dado que $x = 10\delta$, então $10\delta = 7.2678 \Leftrightarrow \delta = 0.72678$. Assim, a nova função custo, é $CT_D = 7.2678q_D + 160$. Em suma, esta é a função custo (nomeadamente nos custos variáveis) mínima que é necessário obter para que a empresa fusionada remunere os seus acionistas pelo menos de forma que as duas em separado o conseguiriam fazer. Naturalmente que se $x < 7.2678$ a empresa fusionada verificará uma melhoria de Pareto que, neste caso é mesmo efetiva pois a empresa 'out' também melhora a sua situação.

iv) Sabendo que a operação de fusão se realizou e que a Empresa M conseguiu sinergias nos custos variáveis de 8%, os custos variáveis da Empresa M são $CV = 10q - 10q * 0.08 = 9.2q$. Posto isto, a função custo da empresa fusionada é dada por $CT_M = 9.2q_M + 160$. Recorda-se que a função custos da Empresa A é $CT_A = 10q_A + 80$. Para determinar qual das estratégias a Empresa M deve adotar, é necessário calcular o lucro resultante da aplicação de cada uma. Considerando dois períodos e sem taxa de atualização, calculando os 2 cenários:

*Cenário **a)** – predação:* 1º período – predação, 2º período – monopólio

*Cenário **b)** – acomodação:* 1º período – acomodação, 2º período – acomodação

*Cenário **a)** – predação*

No primeiro cenário, para calcular a quantidade produzida na predação, o lucro da Empresa A torna-se nem sequer parcialmente compensador dos seus custos fixos, $\pi_A = -CF$, como se segue:

$$\pi_A = \left(100 - \frac{1}{2}q_M - \frac{1}{2}q_A\right)q_A - 10q_A - 80 = -80.$$

Simplificando, $\left(100 - \frac{1}{2}q_M - \frac{1}{2}q_A\right)q_A - 10q_A = 0$. Substituindo a quantidade da empresa A pela sua FMR, vem: $\pi_A = \left(100 - \frac{1}{2}q_M - 45 + \frac{1}{4}q_M - 10\right)\left(90 - \frac{1}{2}q_M\right) = 0$. Simplificando, e calculando q_M, $\frac{1}{2}\left(90 - \frac{1}{2}q_M\right)^2 = 0 \Leftrightarrow q_M = 180$.

O preço de predação correspondente vem então $P = 100 - \frac{1}{2} * 180 = 10$, e o lucro da Empresa M, quando executa a estratégia de predação é $\pi_M = 10 * 180 - 9.2 * 180 - 160 = -16$. Como pode ser observado, esta é uma estratégia violenta no que respeita à perda de lucro, também para a empresa predadora.

Após a estratégia de predação, a Empresa M fica monopolista no mercado, o que lhe confere um lucro dado por:

$$\pi_M = \left(100 - \frac{1}{2}Q\right)Q - 9.2Q - 160.$$

A quantidade que maximiza esse lucro é $Q = 90.8$, com $P = 54.6$. O lucro de monopólio vem então: $\pi_M = 54.6 * 90.8 - 9.2 * 90.8 - 160 = 3962.32$.

Resumindo, o cenário a) permite o seguinte lucro à Empresa M:

$$\pi_M = -16 + 3962.32 = 3946.32.$$

*Cenário **b**) – acomodação*

No cenário b), a empresa acomoda daí resultando um lucro de:

$$\pi_M^{PF} = \left(100 - \frac{1}{2}q_M - \frac{1}{2}q_A\right)q_M - 9.2q_M - 160.$$

Maximizando e resolvendo o sistema com as FMR resulta $q_M = 61.067$ e $q_A = 59.467$, vindo então o preço $P = 100 - \frac{1}{2}(61.067 + 59.467) = 39.733$. Finalmente o lucro de acomodar é $\pi_M^{PF} = 39.733 * 61.067 - 9.2 * 61.067 - 160 = 1704.559$.

Considerando então os dois períodos de acomodação, o lucro da estratégia do cenário b) vem:

$$\pi_M = 1704.559 * 2 = 3409.1174.$$

Em conclusão, pela comparação dos lucros associados a cada cenário, a Empresa M deve optar pelo primeiro cenário e adotar a estratégia de predação no primeiro período para que no segundo seja monopolista.

7.4. A Recato tem o monopólio da produção de bancos desportivos. Cada banco necessita exatamente de duas molas especiais como *inputs* e incorre em custos variáveis de € 20 por unidade. As molas são feitas pela Molamola que também é monopolista no seu mercado. Os custos variáveis de produzir molas são de € 10 por unidade. A função procura de bancos desportivos é $Q_b = 100 - 0.5P_b$, onde Q_b representa a quantidade de bancos produzidos pela Recato e P_b é o preço dos bancos em euros por unidade. Nestas condições:

i) Apresente a função objetivo para a Recato, assumindo que os dois monopolistas maximizam os seus lucros individualmente, com a Recato a fixar um preço P_b para os bancos e a Molamola a fixar o preço das molas P_m. Calcule as quantidades produzidas por cada uma das empresas e os lucros respetivos *(Nota: A Recato, por unidade, para além dos custos variáveis, paga $P_m(2Q_b)$, logo $2Q_b = Q_m$).*

ii) Considere agora que as duas empresas decidem integrar-se verticalmente.
   a) Quais as principais motivações que poderão estar na origem dessa decisão?
   b) Calcule os novos valores de equilíbrio após a fusão.

iii) Mostre que os consumidores beneficiam com essa integração vertical. Qual o principal motivo para que isso aconteça? Justifique.

Resolução

i) Sabendo que ambas as empresas se comportam como monopolistas, maximizando os seus lucros individuais, é necessário determinar o equilíbrio de monopólio para cada uma das empresas. A primeira função lucro a ser definida é a da empresa Recato (retalhista-jusante). Recorde-se que a função lucro da empresa Molamola (produtor-montante), nomeadamente a procura que esta enfrenta, é determinada pelo problema de otimização da empresa Recato.

Tal como informado, considerando que são necessárias duas molas para cada banco, $2Q_b = Q_m$, a função lucro da empresa Recato vem:

$$\pi_R = (200 - 2Q_b)Q_b - 20Q_b - 2P_m Q_b.$$

Maximizando essa função, $\max_{Q_b} \pi_R \Rightarrow \frac{\partial \pi_R}{\partial Q_b} = 0 \Leftrightarrow 200 - 20 - 2P_m - 4Q_b = 0$,

donde resulta, $Q_b = 45 - \frac{1}{2}P_m \Leftrightarrow P_m = 90 - 2Q_b$. Sabendo-se que $2Q_b = Q_m$, então $Q_b = \frac{Q_M}{2}$, logo $P_m = 90 - 2\left(\frac{Q_m}{2}\right) \Leftrightarrow P_m = 90 - Q_m$. Assim, a função procura dirigida à empresa a montante é então dada por $Q_m = 90 - P_m$.

Uma vez conhecida a função procura de molas, veja-se o problema da empresa a montante. A empresa Molamola procura maximizar a seguinte função:

$$\pi_M = (90 - Q_m)Q_m - 10Q_m.$$

Da maximização resulta $\max_{Q_m} \pi_M \Rightarrow \frac{\partial \pi_M}{\partial Q_m} = 0 \Leftrightarrow 90 - 10 - 2Q_m = 0 \Leftrightarrow Q_m = 40$. O preço associado é, $P_m = 90 - 40 = 50$, sendo o lucro da empresa Molamola dado por:

$$\pi_M = 50 * 40 - 10 * 40 = 1600$$

Regressando a jusante, sabendo já que $P_m = 50$, e substituindo, a quantidade produzida pela empresa Recato será então:

$$Q_b = 45 - \frac{1}{2}P_m \Leftrightarrow Q_b = 45 - \frac{1}{2} * 50 = 20.$$

O Preço associado é $P_b = 200 - 2 * 20 = 160$, e o lucro é de $\pi_R = 160 * 20 - 20 * 20 - 2 * 50 - 20 = 800$.

ii) a) As principais motivações para as fusões verticais foram definidas previamente. Para além das motivações que são transversais a todos os tipos de fusão, como o aumento de lucro, as fusões verticais estão muito focadas em procurar reduzir as falhas ou imperfeições de mercado, internalizando por isso as atividades em lugar de recorrer ao mercado.

b) Dado que a operação de integração vertical se realiza, é necessário calcular o novo equilíbrio de mercado. A função lucro após fusão incorpora os custos associados à produção de cada banco, € 20 por unidade de banco, e os custos associados à produção de molas, € 10 por cada unidade de mola. Portanto, a função lucro após fusão vem:

$$\pi^{PF} = (200 - 2Q_b)Q_b - 20Q_b - 2*10*Q_b.$$

Calculando a quantidade ótima,

$$\max_{Q_b} \pi \Rightarrow \frac{\partial \pi}{\partial Q_b} = 0 \Leftrightarrow 200 - 4Q_b - 20 - 20 = 0 \Leftrightarrow Q_b = 40.$$

Daqui resulta o preço associado de $P_b = 200 - 2*40 = 120$. O lucro respetivo da integração vertical é então,

$$\pi^{PF} = 120*40 - 20*40 - 2*10*40 = 3200.$$

iii) Veja-se uma representação gráfica simples dos excedentes.

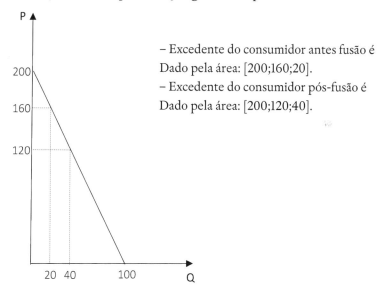

– Excedente do consumidor antes fusão é Dado pela área: [200;160;20].
– Excedente do consumidor pós-fusão é Dado pela área: [200;120;40].

Com a operação de integração vertical, ocorreu uma redução de custos, nomeadamente no *input* de molas para a produção de bancos, de € 50 para € 10 por cada unidade. Como a integração vertical permitiu uma redução nos custos de produção dos bancos, permitiu um

ECONOMIA INDUSTRIAL

aumento de produção dos mesmos, de 20 para 40. Consequentemente, o preço reduziu de 160 para 120, possibilitando uma transferência de excedente do produtor para o consumidor. Além dessa transferência, a descida de preço permitiu que novos consumidores tivessem acesso a estes bancos, eliminando-se, portanto, o triângulo que é usualmente conhecido como 'peso morto'. No global, fica verificado o efeito positivo no bem-estar social, resultante desta fusão vertical.

7.5. A empresa Cande & Eiros é monopolista na produção de candeeiros para estiradores de arquitetura. Na produção de cada candeeiro a empresa incorre em custos variáveis de € 40. Para além desse custo, cada candeeiro necessita de meio metro de fio de cobre de 2 mm, que compra à empresa Fio @ Metro, que é monopolista na produção desse tipo de fio. Os custos variáveis de produzir um metro de fio são de € 10. A função procura dos candeeiros é $Q_C = 160 - 0.5P_C$, sendo Q_C a quantidade de candeeiros produzidos e P_C o preço de cada candeeiro, em euros. Nestas condições:

   i) Calcule as quantidades produzidas por cada uma das empresas monopolistas individualmente. Calcule também os lucros respetivos.

   ii) Se as empresas procederem à integração vertical, qual o novo preço a que os consumidores adquirem os candeeiros?

   iii) O poder de mercado da empresa Cande & Eiros é maior após a fusão? Calcule e interprete.

   iv) O excedente do consumidor diminui com a fusão? Calcule e interprete a variação.

Resolução

   i) Como ambas as empresas se comportam como monopolistas, é necessário determinar o equilíbrio para cada uma das empresas. A primeira função a ser definida é a da empresa Cande & Eiros. Pois, a função lucro da empresa Fio @ Metro, nomeadamente a procura, depende da quantidade produzida de candeeiros.

   Dado que é necessário meio metro de fio para produzir cada candeeiro, isto é $\frac{1}{2}Q_c = Q_f$, a função lucro da empresa Cande & Eiros vem:

$$\pi_C = (320 - 2Q_C)Q_C - 40Q_C - \frac{1}{2}P_f Q_C.$$

Maximizando essa função, resulta a quantidade ótima de candeeiros que é função do preço do fio como segue:

$$\max_{Q_c} \pi_C \Rightarrow \frac{\partial \pi_C}{\partial Q_C} = 0 \Leftrightarrow 320 - 4Q_C - 40 - \frac{1}{2}P_f = 0 \Leftrightarrow Q_c = 70 - \frac{1}{8}P_f.$$

Dessa expressão determina-se a função procura da empresa Fio @ Metro, que é dada por:

$$Q_c = 70 - \frac{1}{8}P_f \Leftrightarrow P_f = 560 - 8Q_C.$$

Como $\frac{1}{2}Q_c = Q_f$, então a função procura dirigida à empresa a montante vem:

$$P_f = 560 - 16Q_f.$$

A função lucro da empresa Fio @ Metro vem então:

$$\pi_F = \left(560 - 16Q_f\right)Q_f - 10Q_f,$$

Donde, após maximização, $Q_f = 17.1875$. O preço associado é $P_f = 560 - 16 * 17.19 = 285$, e o lucro é dado por $\pi_F = 285 * 17.1875 - 10 * 17.1875 = 4726.5625$.

Considerando que $P_f = 285$, a quantidade produzida pela empresa Cande & Eiros é $Q_c = 70 - \frac{1}{8} * 285 = 34.375$, a que corresponde um preço de $P_c = 320 - 2 * 34.375 = 251.25$. Finalmente, o lucro da empresa a jusante, produtora de candeeiros, é $\pi_c = 251.25 * 34.375 - 40 * 34.375 - \frac{1}{2} * 285 * 17.1875 = 4812.5$.

ii) Dado que a operação de integração vertical é realizada, é necessário calcular o novo equilíbrio de mercado com a empresa fusionada. A função lucro após a fusão incorpora os custos associados à produção de cada candeeiro, € 40 por unidade, e os custos associados à produção do fio de cobre, € 10*0.5 por cada candeeiro. Logo, a função lucro após a fusão é:

$$\pi^{PF} = (320 - 2Q_C)Q_C - 40Q_C - 10 * \frac{1}{2}Q_C,$$

Que uma vez feita a maximização resulta em $Q_c = 68.75$. O preço consequente é $P = 182.5$. Finalmente o lucro da integração vertical é:

$$\pi = 182.5 * 68.75 - 40 * 68.75 - 10 * \frac{1}{2} * 68.75 = 9453.125.$$

iii) Para calcular a variação do poder de mercado, é necessário determinar o poder de mercado, através do Índice de Lerner, antes da fusão e após a fusão da empresa Cande & Eiros. Assim, antes da fusão:

$$\mathcal{L}^{AF} = \frac{1}{-\left(-\frac{1}{2}\right)\left(\frac{251.25}{34.375}\right)} = 0.2736.$$

Após a fusão o Índice de Lerner é:

$$\mathcal{L}^{PF} = \frac{1}{-\left(-\frac{1}{2}\right)\left(\frac{182.5}{68.75}\right)} = 0.7534.$$

Como seria de esperar a variação do poder de mercado é positiva, e, portanto, o poder de mercado aumenta após a fusão. Este *outcome* deve-se em boa parte à redução dos custos por parte da empresa fusionada, quando integrou verticalmente a fabricação do fio para produzir candeeiros.

iv) O excedente do consumidor aumenta com a operação de fusão. A variação do mesmo é calculada da seguinte forma:

$$\Delta^+ EC = \left(P^{AF} - P^{PF}\right) * Q^{AF} + \frac{(Q^{PF} - Q^{AF}) * (P^{AF} - P^{PF})}{2}$$
$$= (251.25 - 182.5) * 34.38$$
$$+ \frac{(251.25 - 182.5) * (68.75 - 34.38)}{2}$$
$$= 2363.625 + 1181.4688 = 3545.0938.$$

Esta variação é positiva. Com a fusão vertical ocorreu uma redução de custos, que permitiu um aumento da quantidade produzida e redução do preço do bem. Sendo assim, registou-se uma transferência de excedente do produtor para o consumidor, bem como, o acesso a este bem por parte de novos consumidores que passaram a ter disponibilidade a pagar capaz de acomodar o preço mais baixo dos candeeiros.

Aplicações

No final do ano de 2012, duas empresas do mercado das comunicações eletrónicas em Portugal, Zon e Optimus, anunciaram que pretendiam concretizar uma operação de fusão horizontal. Até à data, estas empresas atuavam individualmente no mesmo mercado, nomeadamente nos segmentos comunicações fixas e móveis, internet banda larga fixa e móvel, televisão e ofertas *multiplay* (pacotes que oferecem vários serviços). Contudo, apesar de concorrentes, cada uma das empresas estava especialmente focada em segmentos de mercado diferentes. A Zon era líder nos serviços de televisão paga, único segmento de mercado do qual a Portugal Telecom não detinha liderança, enquanto que a Optimus era o terceiro maior operador de comunicações móveis e fixas.

Segundo a Lei da Concorrência Portuguesa (*Lei nº 19/2012 de 8 de maio*), as operações de fusão necessitam de aprovação da Autoridade da Concorrência (AdC), para que, da operação não resultem entraves significativos à concorrência. Para a formulação final da decisão da AdC é crucial o parecer da Autoridade Nacional das Comunicações (ANACOM), uma vez que é o regulador do mercado das comunicações eletrónicas. Nesse parecer, a ANACOM não se opôs a operação de fusão. Contudo, teceu algumas considerações para evitar efeitos prejudiciais na concorrência, que foram consideradas pela AdC na tomada da sua decisão final. No comunicado nº 18/2013, a AdC anunciou não se opor à fusão horizontal, uma vez que a empresa fusionada se comprometeu a cumprir algumas condições, nomeadamente nos mercados onde a Optimus detinha infraestruturas de fibra ótica. Essas condições pretendiam assegurar que as outras operadoras, nomeadamente a Vodafone continuaria a ter acesso à fibra ótica, para assim garantir que a operação de concentração não resultaria em bloqueios à concorrência.

A operação de fusão previa um aumento da capacidade económica da empresa fusionada e sinergias de custos. Na verdade, cada uma destas empresas detinha infraestruturas próprias em segmentos de mercado diferentes (comunicações fixas e móveis). Tanto quanto foi tornado público, no projeto de concentração as empresas anunciaram sinergias resultantes da fusão estimadas entre € 350M e € 400M (Jornal Público, de 22 de janeiro de 2013). Por um lado, a empresa fusionada inicialmente denominada Zon Optimus, posteriormente designada de NOS, passou a usufruir de uma redução da dependência das infraestruturas concorrentes, e consequentemente redução dos custos associados. Por outro lado, também obteve uma diminuição de custos de investimento em infraestruturas, uma vez que as infraestruturas de ambas se complementavam. Em virtude de à data, já se verificarem apostas em ofertas *multiplay*, a fusão entre a Zon e a Optimus poderia conferir (e permitiu de facto) sinergias relevantes, principalmente para esse tipo de ofertas. Naturalmente, a empresa fusionada estava habilitada a aumentar a qualidade dos seus produtos e inovar nas suas ofertas, a um preço inferior, estimulando a concorrência e beneficiando o consumidor final. Neste sentido, as previsões de sinergias inicialmente anunciadas, foram reanalisadas em alta, tal como noticiado pelo Jornal de Negócios a 28 de fevereiro de 2014. O presidente da empresa fusionada reviu essas previsões assegurando que poderiam alcançar os 800M€ de sinergias, prevendo-se que a maioria seria obtida nas infraestruturas de rede e nos sistemas de informação.

Assim, a NOS, ao longo dos anos, foi adquirindo quota do mercado nas comunicações eletrónicas, obtendo uma posição relevante. Esse aumento estimulou a concorrência. Segundo a ANACOM (2017) no terceiro trimestre de 2017, de entre as ofertas *multiplay*, a Meo detinha a maior quota de mercado de 39,9%, contudo com uma pequena diferença para o segundo maior fornecedor desses pacotes, a NOS com 38,5%.

Exercícios Propostos

7.6. Considere um mercado com três empresas, que revelam um custo marginal de produção constante igual a 10u.m.. Elas enfrentam uma procura dada por $P = 110 - Q$. Duas dessas empresas planeiam encetar uma fusão.

i) Calcule o montante de sinergias que é necessário obter (novo custo marginal pós-fusão) para que:
   a. Os consumidores beneficiem de um preço de mercado mais baixo. Interprete economicamente.
   b. As empresas envolvidas sejam indiferentes à realização da operação.

ii) Em que consiste o paradoxo das fusões? Explique devidamente.

7.7. Considere um triopólio de Cournot com procura $P = 500 - Q$ e custos marginais constantes, dados por $C_1 = 100$; $C_2 = C_3 = 200$.

i) Determine as quotas de mercado de cada empresa;

ii) Suponha que se verifica uma fusão entre:
   a) Empresa 1 e Empresa 2;
   b) Empresa 2 e Empresa 3;

Calcule as quotas de mercado da nova situação de equilíbrio em cada um dos casos.

iii) Compare o HHI calculado com base nas quotas de mercado da alínea anterior com o valor obtido, supondo que as quotas de mercado iniciais se mantêm constantes. Comente.

7.8. A procura de automóveis elétricos é dada por $Q = 110 - P$. Nesse mercado operam três empresas, A, B e C, cada uma delas com Custos Médios $CMe_i = 10$, com $i = A, B, C$. As empresas, A e C, pretendem realizar uma fusão, dando origem à Empresa D. Nestas condições:

i) Qual a poupança de custos variáveis para a Empresa B, que torne rentável para essa empresa a fusão das empresas A e C?

ii) Sabendo que as empresas, A e C, estão interessadas em fusionar-se, apenas se o lucro da nova empresa for 10% superior ao conjunto dos lucros individuais antes da fusão, qual terá de ser o montante de sinergias a obter nos custos variáveis para que as empresas concretizem a fusão?

iii) Admita agora que é possível recompor ativos, mas apenas de modo a baixar o custo marginal da empresa fusionada para $c = 8$. Mesmo assim, um consultor sugere que a fusão seja feita. Para isso, a empresa resultante da fusão deve fazer uso da sua dimensão, comportando-se como líder. Estará certo este consultor? Qual o aumento do lucro após a fusão?

7.9. As empresas TripleA, DoubleB e SingleC formam um triopólio num mercado de produto homogéneo, com procura $Q(P) = 120 - \frac{P}{2}$. Cada uma dessas empresas vende o seu produto para 6 países diferentes. A função custo total de cada uma das empresas é $CT_A(q_A) = 6q_A^2$, $CT_B(q_B) = q_B^2 + 8q_B + 100$ e $CT_C(q_C) = 0.5q_C^2 + 100$.

i) Admita que as três empresas decidem estabelecer um acordo de Cartel. Calcule o lucro de cartel destinado a cada empresa.

ii) Conhecendo as linhas de atuação da autoridade da concorrência, os *CEO* das empresas TripleA e SingleC ponderam realizar uma fusão em alternativa ao cartel, criando a Empresa D. Um estudo prévio indica que da fusão pode resultar uma empresa com a função custo $CT_D(q_D) = 2q_D^2 + 120$. Deverão as empresas, TripleA e SingleC, realizar a fusão? Interprete.

iii) A operação de fusão em causa na aliena ii) é uma fusão horizontal, vertical ou em conglomerado? Distinga cada uma delas.

7.10. As empresas TripleA, DoubleB e SingleC formam um triopólio no mercado de um produto homogéneo, com procura $Q(P) = 600 - P$. As empresas têm custos totais dados por $CT_A(q_A) = 100q_A$ e $CT_i(q_i) = 200q_i$, com $i = B, C$. Avalie cada um dos seguintes cenários:

i) Como consequência de conflitos internos, a empresa DoubleB entra num processo de cisão, dando origem a duas empresas independentes, DoubleB_1 e DoubleB_2. Admitindo que o custo marginal de cada uma delas é igual a 200, sem realizar qualquer cálculo diga como variará o bem-estar social.

ii) As empresas TripleA e DoubleB fusionam-se, passando as quantidades de equilíbrio nesse mercado a ser $q_{A,B} = 182.666(6)$ e $q_C = 108.666(6)$.

    a. Qual o custo marginal da nova empresa que resulta da fusão?

    b. As sinergias de custo obtidas com essa fusão tornam essa operação rentável? Justifique devidamente.

7.11. Suponha o mercado de produção de pão na área metropolitana da Covilhã que é atualmente constituído por 20 empresas. A procura de pão é representada por $P = 130 - Q$. O custo de produção de cada pão é constante e igual a 30u.m. As panificadoras concorrem pelas quantidades. *(Nota: Recorde que, em oligopólio simétrico, a quantidade total da indústria é calculada por $Q = \frac{N}{N+1}\frac{a-c}{b}$).*

i) Qual o lucro de equilíbrio para cada empresa no Equilíbrio de Nash-Cournot?

ii) Considere agora que dez dessas panificadoras decidem fusionar-se. Mostre que o lucro obtido pela empresa resultante da fusão é insuficiente para compensar todos os proprietários das dez empresas envolvidas na fusão.

iii) Quais poderão ser as principais motivações para esta fusão? Explique.

7.12. O mercado da Distribuição, num dado país, constituído por três empresas que se comportam *à la Cournot* sofre um profundo movimento de reestruturação. A tecnologia utilizada por cada uma delas é igual, possibilitando um custo marginal constante de 5 u.m. Duas das três empresas equacionam a hipótese de se fusionarem.

i) Admitindo procura de mercado linear, justifique cuidadosamente a afirmação: *"nestas condições de mercado, mantendo-se os custos marginais pós fusão, esta operação não é rentável para os agentes empresas."*

ii) Sabendo que a procura nesse mercado é dada por $P = 105 - Q$, qual a poupança de custos que se deverá verificar na fusão, de forma a tornar rentável para as empresas a operação?

7.13. Duas das três empresas no mercado de telecomunicações do país Longínquo pretendem fundir-se. Querem saber se devem ou não proceder à operação e para isso recorrem à empresa de consultores AEI-UBI. No relatório que entregam à consultora consta que: – a procura de mercado é $Q(P) = 200 - 2P$; – antes da fusão os custos de cada uma das 3 empresas é $CT_i(q_i) = 2q_i + 800$. Aos consultores cabe mostrar às empresas quais as poupanças de custos variáveis e fixos que tornem rentável a fusão. Ajude, pois, a AEI_UBI:
   i) Calculando as sinergias de custos fixos que tornam rentável a fusão. *Sugestão: considere o custo variável pós-fusão das empresas envolvidas $CV_i(q_i) = 2q_i$.*
   ii) Calculando as sinergias de custos variáveis. *Sugestão: considere que o custo fixo pós-fusão é o somatório dos custos fixos individuais.*
   iii) Sugerindo às empresas fusionadas a melhor estratégia.

7.14. No mercado do aço do país Longínquo o Índice de Herfindahl--Hirschmann é HHI=0.33(3). A tecnologia utilizada por cada uma das empresas é igual, permitindo um custo marginal constante de € 10 e um custo fixo de € 1000. Esse mercado encontra-se em profunda reestruturação, antecipando-se uma fusão entre duas empresas.
   i) Admitindo procura de mercado do aço linear, justifique devidamente a afirmação: *"nestas condições de mercado, mantendo-se os custos marginais pós-fusão, esta operação não é rentável para as empresas envolvidas".*
   ii) Sabendo que a procura do aço é representada por $Q = 150 - \frac{P}{2}$, calcule a poupança de custos variáveis necessária para tornar rentável a operação para as empresas envolvidas. *Sugestão: considere que o custo fixo pós--fusão é o somatório dos custos fixos individuais.*

7.15. Admita um mercado onde existiam três empresas, com custos marginais constantes $c_1 = 100$ e $c_2 = c_3 = 200$. As empresas, 1 e 3, fusionaram-se, passando as quantidades de equilíbrio deste mercado para $q_{13} = 15.333$ e $q_2 = 73.333$. A procura mantém-se, sendo representada por $P = 500 - Q$.
   Qual o custo marginal para a nova empresa, resultante da fusão?

7.16. A empresa BBB produz um produto B utilizando apenas um *input* A que compra à empresa AAA. O produto B é adquirido para consumo final no mercado com procura estimada por $Q = 100 - P_B$, sendo P_B o preço de venda do produto B. Para além do custo do *input* A a empresa BBB tem ainda um custo de produção de € 12 por unidade. A empresa AAA tem uma função custo total dada por $CT(Q) = Q^2 + 4Q + F$. Ambas as empresas são monopolistas. Nestas condições:
   i)   Qual é a procura dirigida à empresa AAA?
   ii) Qual o lucro de cada uma das empresas?
   iii) Admitindo que as empresas decidem integrar-se verticalmente, caracterize o novo equilíbrio de mercado.
   iv) Compare e comente os resultados obtidos nas alíneas ii) e iii). Qual a variação do excedente do consumidor?

7.17. A empresa Bomtubo produz um tubo de alta resistência utilizando apenas um *input*, o plástico, que é produzido pela empresa Gotoplast. O tubo é adquirido para consumo final no mercado com procura estimada por $Q = 120 - P_T$, sendo P_T o preço de venda do tubo. Para além do custo do plástico a empresa Bomtubo tem ainda um custo de produção de € 6 por tubo. A empresa Gotoplast tem uma função custo total dada por $CT(Q) = \frac{Q^2}{2} + F$. Ambas as empresas são monopolistas. Nestas condições:
   i)   Qual é a procura dirigida à empresa Gotoplast?
   ii) Qual o lucro de cada uma das empresas?
   iii) Admitindo que as empresas decidem integrar-se verticalmente, caracterize o novo equilíbrio de mercado.

7.18. A empresa Selantes, que produz silicones para a construção pretende adquirir o seu fornecedor de Silício, a empresa Polímeros. Ambas as empresas são monopolistas nos mercados onde operam. Para a produção de silicones a Selantes utiliza apenas o *input* Silício. A procura de silicone para consumo final na construção é dada por $Q = 120 - P$, sendo P, sendo o preço de venda do silicone. Para além do custo do silício, a empresa Selantes tem ainda um custo de produção de € 8 por unidade e um custo fixo de S. Por sua vez a empresa

Polímeros tem uma função custo total dada por $CT(Q) = Q^2 + 2Q + F$. Nestas condições:
 i) Qual é a procura dirigida à empresa Polímeros?
 ii) Qual o lucro de cada uma das empresas?
 iii) Admita que as empresas decidem integrar-se verticalmente. Quando comparado com os lucros antes da integração, como varia o lucro da nova empresa integrada verticalmente? Quantifique.
 iv) Justifique economicamente o observado na alínea anterior.

7.19. A empresa monopolista SITWell, produz cadeiras de requinte para mobilar casas de autor. Para produzir cada cadeira incorre num custo de € 14. Além disso, compra painéis fenólicos (laminados de alta pressão) à empresa LAMINADOS que também é monopolista na produção desses painéis. A quantidade produzida pela LAMINADOS (Q_L) é medida em m². Com um painel de m² são produzidas 4 cadeiras. Os custos variáveis de produzir cada painel fenólico são de € 8 e o custo fixo da LAMINADOS é de 100, que resulta do encargo com o arrendamento do espaço onde produz. A função procura de cadeiras é $Q_S = 100 - 0.5 P_S$, onde Q_S representa a quantidade de cadeiras produzidas pela SITWell e P_S é o preço de cada cadeira.
 i) Admita que as duas empresas maximizam os lucros individualmente. Calcule as quantidades produzidas por cada uma delas e os lucros respetivos.
 ii) Considere agora que as duas empresas decidem integrar-se verticalmente. Admita que a produção dos painéis fenólicos passa a ser feita nas instalações da SITWell. Além disso, a maior dimensão da nova empresa integrada verticalmente permite negociar com o fornecedor das resinas usadas na produção dos painéis fenólicos, baixando o custo variável de cada painel para € 6. Qual o preço de cada cadeira? O excedente do consumidor aumenta com a fusão? Interprete o impacto.

7.6. i) a) Segundo o Paradoxo das fusões, nas operações de fusão horizontal o preço aumenta após a realização da fusão, devido à redução do número de empresas no mercado, e consequentemente diminui a quantidade produzida. As empresas beneficiadas com a fusão são as que não estão envolvidas (ver exposição teórica no início do capítulo).
b) Sinergias de 30.33%.

ii) Com a operação da fusão horizontal é esperado que as empresas envolvidas obtenham benefícios, o que não se verifica. Ademais, após a operação de fusão horizontal, as empresas envolvidas reduzem o seu lucro conjunto, a menos que a fusão a torne monopolista. Quem beneficia das fusões horizontais são as empresas que não estão envolvidas na mesma, que beneficiam do aumento do preço. Considerando que, o número de empresas no mercado diminui, se as empresas fusionadas mantiverem os custos variáveis, o lucro reduz-se.

7.7. i) $s_1 = \frac{3}{5}, s_2 = s_3 = \frac{1}{5}$.

ii) a) $s_{1+2} = 0.615$ e $s_3 = 0.385$.
b) $s_1 = 0.714$ e $s_{2+3} = 0.286$.

iii) $HHI_{a)} = 0.5265$, $HHI_{b)} = 0.5916$ e $HHI_{AF} = 0.44$. Os mercados pós-fusão são mais concentrados do que o mercado antes fusão, pois o número de empresas reduz-se.

7.8. i) Para as empresas não envolvidas na operação de fusão é sempre rentável a operação, segundo o paradoxo das fusões horizontais não sendo necessário para essas obter sinergias ou poupança de custos.

7 · FUSÕES & AQUISIÇÕES

ii) Sinergias de 56.215%.

iii) $\pi^{AF} < \pi^{PF}$, $\Delta\pi = 102$.

7.9. i) $\pi_A = 538.52$, $\pi_B = 2461.66$ e $\pi_A = 6363.72$.

ii) Comparativamente ao lucro de cartel, o lucro pós-fusão é inferior. Logo, é mais vantajoso para as empresas A e C atuarem em cartel. Em cartel é produzida uma menor quantidade, mas é vendida a um preço mais elevado. Além disso, as 3 empresas em cartel possuem um poder de mercado superior ao da empresa fusionada.

iii) Uma fusão vertical, implica que as empresas tenham uma relação ou potencial relação de vendedor e/ou comprador. Um conglomerado implica que as empresas não estejam no mesmo mercado, nem tenham uma potencial relação vendedor-comprador. Logo, está-se perante uma fusão horizontal, pois as empresas são concorrentes no mesmo mercado.

7.10. i) O bem-estar social aumenta.

ii) a) $c = 126$.
b) A operação não é rentável, $\pi^{AF} > \pi^{PF}$. As sinergias não compensam a operação. Isto porque antes da operação de fusão a empresa TripleA tinha um custo marginal inferior ao custo marginal da empresa após fusão. E pode verificar-se que o lucro conjunto antes da fusão é superior ao lucro após a fusão.

7.11. i) $\pi = 226.762$.

ii) $\pi^{AF} = 226.762$ e $\pi^{PF} = 69.417$.

iii) As principais motivações para esta fusão, são as sinergias de custos fixos pela redução do número de fábricas e o aumento do poder de mercado.

7.12. i) Não havendo sinergias, verifica-se o paradoxo das fusões horizontais. As empresas envolvidas vêm o seu lucro pós-fusão diminuir, comparativamente ao lucro antes da fusão. Isto porque, não havendo sinergias nos custos, existe menos uma empresa a operar no mercado e a nova empresa tem os mesmos custos marginais que as restantes. Logo, a quantidade produzida diminui, o preço aumenta, e consequentemente, o lucro da empresa fusionada é inferior ao lucro conjunto das empresas envolvidas antes da fusão.

ii) Sinergias $\geq 61\%$.

7.13. i) Sinergia $\geq 16.68\%$.

ii) Não existe sinergia de custos variáveis que torne a operação rentável.

iii) Proceder à operação de fusão se, e só se obtiver sinergias nos custos fixos superiores a 16.68%.

7.14. i) Não havendo sinergias verifica-se o paradoxo das fusões horizontais. As empresas envolvidas diminuem o seu lucro após a fusão comparativamente com o lucro antes da fusão.

ii) Sinergia $\geq 87.9\%$.

7.15. $c = 120$.

7 · FUSÕES & AQUISIÇÕES

7.16. i) $Q_A = 44 - \frac{1}{2}P_A$.

ii) $\pi_A = 588 - F$ e $\pi_B = 196$.

iii) $Q = 21$, $P = 79$ e $\pi = 882 - F$.

iv) $\pi^{PF} > \pi^{AF}$. $\Delta EC = 122.5$.

7.17. i) $Q_G = 57 - \frac{1}{2}P_G$.

ii) $\pi_G = 1299.6 - F$ e $\pi_B = 519.84$.

iii) $Q = 38$, $P = 82$ e $\pi = 2166 - F$.

7.18. i) $Q_P = 56 - \frac{1}{2}P_P$.

ii) $\pi_P = 1008.21$ e $\pi_S = 336.08$.

iii) $\pi^{PF} > \pi^{AF}$. $\Delta \pi = 168.21$.

iv) Após a operação de integração vertical, existe poupança de custos, a empresa Selantes deixa de suportar o custo da compra do silício, ou seja, é eliminada a dupla marginalização, e passa-se a ter apenas um *markup*.

7.19. i) $Q_C = 23$, $Q_P = 5.75$, $\pi_C = 1058$, e $\pi_P = 2016$.

ii) $P_P = 107.75$. EC aumenta, devido à redução de custos, a quantidade produzida aumenta e consequentemente o preço diminui. Logo existe transferência do excedente do produtor para o excedente do consumidor e aumento do bem-estar.

8.
Políticas de concorrência e regulação

Este é o capítulo mais diminuto no que respeita aos conteúdos que o compõem. É dedicado exclusivamente a analisar, ainda que sucintamente, as questões de concorrência e de regulação económica. Pretende-se com ele, dar sentido e consolidar sucintamente os conteúdos até aqui abordados, nomeadamente pela compreensão do papel do Estado e das agências reguladoras na solução de falhas de mercado. Falhas essas que os modelos de concorrência não solucionam. Aborda-se a intervenção pública direta, bem como, a intervenção feita através das políticas de concorrência e de regulação.

8.1 | FALHAS DE MERCADO E FALHAS DE ESTADO

Num mercado em livre concorrência, a competitividade entre as empresas provoca uma afetação eficiente dos recursos e, consequentemente aumenta o bem-estar social. Uma afetação de recursos eficiente ocorre quando um mercado é capaz de maximizar a produção de determinando bem ou serviço, minimizando os recursos produtivos utilizados. Em mercados reais nem sempre essa afetação de recursos é eficiente. Além disso, verificam-se frequentemente **falhas de mercado**, quer quando o mercado, *per si*, não consegue uma afetação de recursos eficiente, quer quando o livre funcionamento de mercado deixa de fora uma parte dos consumidores. Em concreto, verifica-se um *trade-off* entre o interesse individual e o bem-estar coletivo, que nem sempre é resolvido.

É já clássico o exemplo do (potencial) consumidor de energia elétrica que gostaria de ser de facto consumidor, mas não o é porque o mercado não lhe permite, pois reside num local remoto. Aí o custo de instalar a estrutura física de fornecimento, é superior aos fluxos de caixa (*cash-flows*) esperados desse cliente para a empresa. A empresa decide assim, unicamente pelo seu interesse individual, não instalar essa capacidade, ou seja, a ligação à rede. Exemplos mais recentes podem ser encontrados no caso da ausência de fibra ótica em agregados populacionais de menor dimensão. Existem diversas causas para a existência de falhas de mercado, tais como externalidades, bens públicos, assimetria de informação entre os agentes e barreiras à entrada, à mobilidade e à saída, dimensão exígua de mercado, entre outras. Essas falhas de mercado suportam a necessidade de intervenção pública numa economia de mercado, sendo ela feita pela política de concorrência e pela política de regulação.

Foi sobejamente demonstrado em capítulos anteriores que as decisões de um agente económico afetam os (*payoffs*) dos restantes agentes que com ele interagem. Contudo, quando essas decisões não são totalmente refletidas nos sistemas de preços, então verifica-se uma **externalidade**. Em concreto trata-se de um efeito, provocado ou sentido por um jogador, efeito esse, que não pagou previamente ou, que dele não foi compensado. Assim, as externalidades podem ser **positivas**, no caso de terem efeitos positivos sobre terceiros, ou podem ser **negativas**, caso a ação de um agente prejudique ou subtraia bem-estar a outro. Ambas podem ocorrer na produção e no consumo. Um exemplo clássico de uma externalidade negativa na produção, é a poluição causada por uma empresa que se instala ao lado de um condomínio residencial. No momento da aquisição, os moradores não pagaram um custo menor pelas suas casas devido à empresa poluidora porque, nesse momento de aquisição, não existia essa fábrica, nem sequer a expectativa de vir a existir. Os benefícios privados da fábrica são, pois, superiores aos benefícios sociais.

Se, pelo contrário, ao lado desse condomínio, em lugar da fábrica poluente, é construído um jardim, muito arborizado, então isso cria uma externalidade positiva aos moradores. No momento da compra, no mecanismo de preço, essa externalidade também não foi internalizada dado que não existia, nem expetativa de existir, esse jardim. Trata-se então, de uma externalidade no consumo de ar não poluído. O consumo de frutas e vegetais é outro exemplo de uma externalidade positiva no consumo. Mais ainda se forem biológicas, dado que as frutas e vegetais são benéficas para a saúde e previnem algumas doenças. Assim, o Sistema Nacional de Saúde, no longo prazo, beneficiará de uma redução de custos. Neste contexto entende-se, no caso Português, a intervenção pública na tentativa de internalizar custos provocados pelo excesso de açúcar nos refrigerantes, que causam externalidade negativa nos serviços de saúde.

Os **bens públicos**, e o seu fornecimento é sempre alvo de intenso debate. Todos entendem ter direito a desfrutar de belos jardins, educação, infraestruturas de saúde, bibliotecas e iluminação pública. Os bens públicos possuem as propriedades de **não rivalidade** e de **não exclusão.** A propriedade da não rivalidade advém do facto de o consumo destes bens não impossibilitar que outros consumidores também o consumam. Por exemplo, se um indivíduo utilizar um jardim público, não reduz a possibilidade de outros indivíduos o utilizarem. A propriedade da não exclusão, indica que não é possível restringir consumidores de consumirem o bem público, através de mecanismos de mercado, nomeadamente sistemas de preços. No exemplo anterior, a propriedade da não exclusão indica que não é possível, através de mecanismos de mercado, evitar que qualquer indivíduo frequente o jardim público.

Esta propriedade da não exclusão é suportada porque o consumo deste tipo de bens tem um comportamento *free rider.* Quer isto dizer que os consumidores beneficiam do consumo de um dado bem mas, no entanto, não pagam diretamente por o estar a consumir. O indivíduo pode frequentar um jardim público, contudo não paga por isso e quando questionado acerca de quanto estaria disposto a pagar por esse bem, de acordo com esse comportamento de *free riding*, prefere não pagar nada porque outros o farão por si. Pelo facto de não ser atribuído um valor monetário aos bens públicos, não é de conhecimento geral qual a utilidade que cada indivíduo atribuí a um dado bem, uma vez que não é conhecida a disponibilidade a pagar de cada indivíduo. Como tal, existe uma ineficiência que advém do facto de o sistema de preços não repercutir as escolhas do consumidor e a racionalização da oferta escassa. Neste campo, que ultrapassa o âmbito deste livro, os leilões de Vickrey aqui analisados podem ser um instrumento precioso, dado que eles encontram o equilíbrio na revelação verdadeira de valorizações individuais.

A existência de **barreiras à entrada**, à **mobilidade** e à **saída,** é considerada também uma falha de mercado, uma vez que impedem o livre mercado concorrencial. Daí que um maior nível de contestabilidade nos mercados seja desejável, pois aumenta a concorrência e a competitividade entre as empresas. Ao contrário, quando existem barreiras, os mercados não são contestáveis, e a concorrência no mercado pode ser comprometida levando a uma afetação de recursos ineficiente. Além disso, a afetação de recursos é também ineficiente no caso de os agentes económicos não disporem da mesma informação, a isso denomina-se por **assimetria de informação**. Por exemplo, o vendedor detém mais informação do produto que está a vender do que o comprador. Essa assimetria pode verificar-se, não apenas no custo efetivo de produção *vs* preço pago pelo consumidor, mas também ao nível das próprias características físicas do produto, como por exemplo a sua qualidade. A este propósito, a Teoria dos Jogos dispõe de ferramentas que permitem lidar com essa assimetria, como por exemplo, através dos jogos de sinalização, assunto que não cabe nos objetivos enunciados para este livro.

Assim, quando estas ou outras falhas de mercado são detetadas, deverá verificar-se intervenção pública para as corrigir ou internalizar. Por exemplo, a construção de uma escola próxima de uma zona habitacional, cria uma externalidade positiva para os habitantes. Na verdade, o valor dos imóveis localizados naquela zona aumenta, em resultado de existirem mais infraestruturas de apoio. Para corrigir esta externalidade, a intervenção pública aumenta o valor a pagar de Imposto Municipal sobre Imóveis, pela valorização do coeficiente de localização dessa zona residencial. Ao longo deste capítulo serão apresentadas outras formas de intervenção, para além das intervenções diretas por aplicação de impostos ou subsídios. Destaca-se a intervenção do Estado para limitar o exercício do poder de mercado das empresas, através de política de concorrência e de regulação.

Mas não se trata apenas de falhas de mercado. O Estado e as suas agências regulatórias também falham, denominando-se, portanto, de **falhas de Estado.** Um exemplo de falha de Estado (*lato sensu*) ocorre quando existe assimetria de informação entre o Estado e os agentes privados. De facto, a assimetria de informação ocorre quando os agentes económicos detêm níveis de informação diferentes. Quando focados nas empresas, essa assimetria de informação entre regulador e as empresas reguladas pode conduzir, por vezes, a um fenómeno conhecido por **"captura do regulador"**, que será debatido mais à frente. Basicamente, interessa à empresa, que o Estado ou as agências regulatórias pensem da forma que mais interessa ao regulado. Dessa forma, o regulador é levado a atender aos interesses da empresa regulada em detrimento do bem--estar social, porque possui informação assimétrica. Além disso, a existência de **grupos de interesse** também se constituiu como uma falha de Estado. Nesses casos, os decisores políticos e os empresários possuem interesses em comum, que não irão beneficiar o bem-estar social. Assim, o *rent-seeking* ocorre quando os grupos de interesse agem em função dos interesses privados em detrimento dos interesses do mercado ou do interesse da sociedade. Não obstante, também ocorre uma falha de Estado quando, a intervenção num mercado gera uma afetação de recursos menos eficiente do que a verificada no mercado em livre concorrência.

8.2 | CONCENTRAÇÃO E ABUSO DE POSIÇÃO DOMINANTE

Previamente, neste manual, foram abordados cenários em que as empresas ganham quota de mercado, podendo, consequentemente, obter poder de mercado, assim como cenários de taxas de *markup* superiores e criação de posição dominante no mercado onde operam. Tratou-se inclusive, com detalhe, o modelo da empresa dominante. A existência de uma posição dominante, *per si*, pode não ser prejudicial nem para o funcionamento do mercado, nem em concreto para a concorrência. No entanto, o abuso dessa posição dominante pode ser lesivo para a concorrência efetiva e para o bem-estar social. Por outras palavras, a existência de uma empresa num mercado, com uma quota dominante, sobre as restantes, por si só, não cria entraves à concorrência.

Globalmente define-se **abuso de posição dominante** o comportamento de uma empresa que, fazendo uso do seu poder de mercado, procura restringir a concorrência e condicionar as opções de todos os agentes económicos. Para isso, poderão verificar-se **abusos por exploração**, ou **abusos por exclusão**. No primeiro tipo de abuso, a empresa dominante pode, por exemplo, praticar preços excessivos ou aplicar condições díspares para fornecimento do mesmo produto ou serviço. Os abusos de exclusão referem-se à pressão que a empresa dominante poderá exercer sobre as suas concorrentes, de forma a excluí-las do mercado, seguindo por exemplo, uma estratégia de preços predatórios.

Os abusos de posição dominante são, em geral, proibidos em todos os ordenamentos jurídicos de economias de mercado desenvolvidas. É o caso naturalmente das economias Europeias. Em Portugal, a *Lei nº 19/2012 de 8 de maio* constitui-se como a Lei da Concorrência, que define as normas da concorrência a verificar no país. Neste sentido, são proibidas quaisquer práticas e acordos que visem prejudicar a concorrência e o consumidor, como por exemplo, práticas de cartel. Segundo essa lei, o abuso de posição dominante ocorre quando existe uma: (i) "imposição de preços de compra ou venda"; (ii) "limitação de produção"; (iii) "distribuição e desenvolvimento em detrimento dos consumidores"; e (iv) "aplicação de condições desiguais com a concorrência". É importante realçar que, a Lei da Concorrência não pretende proteger as empresas que atuam como concorrentes, mas sim o funcionamento do mercado concorrencial, que consequentemente irá beneficiar os consumidores.

Ainda no caso português, a Autoridade da Concorrência (AdC) é uma entidade independente, responsável por condenar em primeira instância, a desobediência à Lei da Concorrência. Na mais recente atualização da Lei da Concorrência, o "poder de inquirição, de busca e de apreensão" detido pela AdC foi aprofundado, nomeadamente através da autorização de buscas domiciliárias em caso de suspeitas. Esta atualização pretende aumentar o poder da AdC, de forma a melhorar a eficácia na investigação e na condenação de práticas anti concorrenciais. Neste sentido, a Lei da Concorrência proíbe acordos e práticas concertadas entre empresas, sempre que estes visem prejudicar a concorrência, e consequentemente o bem-estar social. Perante suspeitas de existência de cartéis ou acordos entre empresas, a AdC tem o dever de investigar, e condenar as empresas arguidas, caso seja produzida prova de suporte suficiente. Não obstante, a legislação nacional indica que os acordos ou práticas concertadas entre empresas podem ser justificadas caso, associadamente: os consumidores sejam beneficiados nessas práticas; não imponham restrições às empresas exceto as necessárias para alcançar os objetivos; e dessas práticas não resultarem em criação de barreiras à concorrência.

Encontra-se aqui o suporte legal para o que, ao longo dos últimos capítulos se foi referindo, nomeadamente a partilha de benefício económico com o consumidor. As entidades reguladoras e de supervisão dos mercados, deverão ter sempre bem presente que alguns comportamentos ou operações poderão conduzir ao aumento da escala de operação das empresas, eventualmente reduzindo o seu número no mercado. Desse aumento de escala e redução do número de empresas não pode, no entanto, resultar prejuízo para o consumidor. Significa, portanto, que os benefícios decorrentes dessas práticas, nomeadamente da concentração, tais como a diminuição dos custos médios, têm de, em parte, ser reservados para partilha com o consumidor. Isto mesmo está vertido, no caso português, no nº 1 do artigo 10º da Lei da Concorrência. Essa partilha pode, e é usualmente feita, sob a forma de preços mais baixos no consumo. Também pode pensar-se que essa partilha pode ser feita, por exemplo, sob a forma de uma política mais generosa de atribuição de dividendos aos seus acionistas. No entanto, apesar de ser uma partilha de benefícios, na verdade não o é com todos os consumidores, mantendo-se o benefício na empresa, internamente ou sob a forma de distribuição de dividendos. Esta promessa de aumento de rendimento por dividendo é usada frequentemente como estratégia de convencimento dos acionistas para aprovarem uma fusão, tal como o anúncio de descida de preço no mercado que é um argumento usado para convencer os reguladores que a operação não deve ter a sua oposição.

As **Fusões** & **Aquisições** (analisadas no capítulo 7), são exemplos dessas operações de concentração. Note que, estas operações resultam de mudanças do controlo sobre a totalidade ou parte das empresas. Portanto, este conceito não deve ser confundido com as medidas de concentração que visam apenas avaliar o ponto da situação concorrencial, em determinado momento no mercado, tal como analisado no capítulo 1. As operações de concentração, como as F&A, são formas de comportamento estratégico, ou seja, operações passíveis de procurar e criar posição dominante. Nestes casos, cabe também à AdC investigar os efeitos concorrenciais destas operações.

Segundo a legislação Portuguesa, são consideradas operações de concentração quando se verifique uma mudança do controlo de uma ou mais empresas, resultantes de fusões ou aquisições. Assim, a *Lei nº 19/2012 de 8 de maio*, define que as operações de concentração devem ser notificadas previamente à AdC, sempre que: (i) "a concentração resulte numa quota de mercado superior ou igual a 50%", (ii) "a concentração resulte numa quota de mercado entre 30% e 50% e as empresas detenham um volume de negócios do ano anterior de € 5M, líquidos de impostos", (iii) "o aglomerado das empresas tenha processado, no período anterior, um volume de negócios de € 100M líquidos de impostos". Após as empresas comunicarem que pretendem realizar uma operação de concentração, a AdC deve averiguar as consequências concorrenciais que resultam da operação em apreciação. No domínio das suas competências, a AdC pode decidir que a "operação de concentração não se encontra abrangida pelo procedimento de controlo". Pode também "não se opor, caso considere que a operação de concentração não irá criar entraves significativos à concorrência", e pode "iniciar uma investigação profunda caso considere que a operação poderá criar entraves à concorrência".

8.3 | REGULAÇÃO E PARTILHA DE INFRAESTRUTURAS

Perante falhas de mercado, a intervenção pública pode ser feita diretamente mediante aplicação de subsídios ou impostos, ou pode ocorrer através da definição de regras do funcionamentos dos mercados, nomeadamente pela verificação de práticas anti concorrenciais, fazendo cumprir a Lei da Concorrência. Ora, outra forma de atuação da intervenção pública é a que reporta à regulação, que é objeto de síntese nesta secção.

O monopólio, mais especificamente o **monopólio natural,** deverá merecer particular atenção por parte da regulação. De facto, por um lado essa estrutura é a que reúne o maior poder de mercado, privando o consumidor de excedente. Por outro lado, essa é a estrutura com maior potencial de aproveitamento de economias de escala e de descida de custos médios de produção. Como tal, são também as estruturas com maior potencial para partilhar com o consumidor os benefícios associados à grande dimensão. De facto, sem regulação a empresa monopolista irá exercer o seu poder de mercado, fixando preços elevados, prejudicando naturalmente o bem-estar dos consumidores.

Existe um relativo consenso acerca das indústrias onde se aceitam a operação de monopólios. Em concreto, na exploração de alguns recursos naturais ou em indústrias de rede de transporte é comumente aceite a operação em monopólio natural. Em Portugal, pode considerar-se como exemplo de monopólio natural a Rede Elétrica Nacional (REN), que opera na Rede de Transporte Nacional (RNT) de eletricidade e de gás natural entre os centros de produção e os consumidores. A Entidade Reguladora dos Serviços Energéticos (ERSE), é a entidade responsável por regular este monopólio, para que não existam abusos de poder de mercado. Note-se que, para além deste monopólio, esta entidade, regula todas as empresas que atuam na indústria da energia em Portugal, desde que com dimensão enquadrável.

Podem ser utilizados vários mecanismos regulatórios, dos quais se destacam a regulação pelo custo do serviço (em particular pela taxa de rentabilidade associada), a regulação por *price-cap*, *yardstick competition* e a regulação por incentivos. Não existem mecanismos incontestáveis. Na verdade, todos eles manifestam pontos fortes e, ao mesmo tempo, exibem diversas desvantagens. Veja-se sucintamente em que consiste cada um desses mecanismos.

Na regulação pelo **custo do serviço** (*cost-of-service*), o regulador compensa a empresa regulada pelos custos suportados para fornecer o bem, com particular ênfase, os respeitantes aos custos afundados. Ora, sendo que esses custos são considerados no processo regulatório, então neste tipo de sistema de regulação, as empresas têm um incentivo limitado para minimizar os custos de produção, e podem ser incentivadas a efetivar grandes investimentos, mesmo que não sejam estritamente necessários. Importa clarificar que, a consequência prática dessa regulação é a acomodação desses custos em sede de preço pago pelos consumidores (por exemplo de tarifas de eletricidade), e portanto, as empresas são assim compensadas por neles incorrer. A regulação pelas **taxas de rentabilidade** (*rate-of-return*) consiste genericamente num limite máximo de rentabilidade dos ativos das empresas reguladas, resultante desses investimentos realizados para garantirem o fornecimento do serviço. Este sistema atribui incentivos ao sobreinvestimento, protegendo as empresas, mas incentiva também a não racionalização de custos, como seria desejável.

De acordo com o mecanismo de regulação por ***price-cap***, o regulador define a regra de fixação do preço máximo que a empresa regulada poderá praticar. Essa regra certifica que as empresas são compensadas pelo aumento do nível geral de preços (inflação), bem como, são levadas a partilhar com o consumidor uma parte das melhorias de eficiência conseguidas. Contudo, este mecanismo apresenta dois problemas associados, que são essencialmente causados pela assimetria de informação entre o regulador e a empresa regulada. Essa assimetria diz respeito essencialmente à estrutura de custos das empresas, que são, de forma imperfeita, conhecidas pelo regulador. Se o preço fixado resultante for próximo do custo de produção, isso poderá conduzir à escassez do produto ou a uma redução da sua qualidade. Registe-se também que, se a partilha dos ganhos de eficiência com o consumidor for elevada ou mesmo total, então a empresa regulada sentir-se-á tentada a descurar esse esforço de racionalização de custos, dado que tem de partilhar os benefícios, quase na sua totalidade com os consumidores.

Para além destes sistemas regulatórios, a regulação por *yardstick competition*, e regulação por incentivo pretendem contribuir para que as empresas reúnam maior propensão à racionalização de custos. O mecanismo de regulação ***yardstick competition***, prevê que o preço máximo fixado pelo regulador, tenha em consideração os custos médios das empresas que operam no sector. Empresas menos eficientes serão assim penalizadas. Já na **regulação por incentivos**, que deve constituir-se como um princípio basilar em qualquer processo regulatório, o regulador fornece incentivos à empresa regulada para que esta desenvolva processos mais eficientes e decisões com maior racionalidade económica, reduzindo assim os custos ao mesmo tempo que procura melhorar a qualidade. Uma vez atingidos esses objetivos, a empresa regulada deverá ser premiada pelas boas práticas.

Importa ainda tecer duas notas finais, uma sobre o problema da captura do regulador e a outra sobre a partilha de infraestruturas. O fenómeno da captura do regulador é uma falha nos mercados regulados, que compromete a eficiência do processo de regulação. Ocorre quando as empresas reguladas conseguem levar o regulador a agir em função dos seus interesses. Existem algumas causas apontadas para esta falha, das quais se destacam duas. Em primeiro lugar, a existência de assimetria de informação entre a empresa regulada e o regulador, que permite que a empresa convença o regulador de uma realidade inexistente, levando-o a agir em função da realidade que conhece e não em função da verdadeira realidade. Por exemplo, a empresa regulada poderá convencer o regulador de que possui custos mais elevados do que os reais, e como tal, o regulador fixa um preço demasiado elevado face aos custos suportados.

Outro exemplo de convencimento prende-se com o mercado em que a empresa se movimenta. A empresa regulada poderá influenciar o regulador no sentido de o convencer que o mercado de atuação é mais abrangente do que é de facto (por exemplo geograficamente), e portanto, acomoda mais empresas concorrentes, de forma a fazer vingar a ideia que a concentração que uma operação fusão acarreta não é tão prejudicial para a competitividade no mercado. Em segundo lugar, outra causa possível é a existência de *rent-seeking*. Na verdade, as empresas recorrem frequentemente ao uso do seu poder político, de influência e de *lobby*, para manter ou aumentar o seu poder de mercado, em detrimento do bem-estar social. Assim sendo, a atividade de *lobbying* é também uma das causas mais frequentes do fenómeno de captura do regulador.

A última nota, reporta à partilha de infraestruturas. Esta orientação na política de regulação cada vez mais seguida nas economias desenvolvidas resulta da já abordada Nova Economia Industrial. Em boa parte, resulta mesmo do novo quadro teórico de referência trazido pela teoria dos mercados contestáveis. As infraestruturas representam, *per si*, uma grande fonte de barreiras à entrada de novas empresas no mercado. A sua construção, implica a mobilização de recursos consideráveis. Quando se verifica a construção de infraestruturas paralelas, redundantes, na prática afetam-se recursos desnecessários ao fornecimento de um serviço, sendo que o custo de oportunidade desses recursos não serem colocados na prestação de outro serviço ou produção de outro bem é, de facto muito elevado. Quando se pensa que esses investimentos são financiados nos mercados financeiros internacionais, aumenta o fardo para uma economia nacional.

Assim, a instalação de uma infraestrutura única, que é operada por uma única empresa que tem de ser regulada, permite fazer do aluguer o seu modelo de negócio. Isto torna possível pois que um conjunto, maior ou menor de empresas, que operam a jusante, possam usar o serviço dessa infraestrutura (como por exemplo rede elétrica), evitando a necessidade delas próprias a construírem. Esta forma inovadora de garantir o fornecimento de bens ou serviços onde a escala de produção é a única recompensadora dos custos de investimento, permite, pois, consolidar as estruturas indústrias sustentáveis, legado deixado pela Teoria da Contestabilidade.

Aplicações

1. A Carrefour é uma cadeia de hipermercados francesa com atividade em vários países. Em Portugal, a Carrefour não possuía uma posição relevante em termos de quota de mercado e, consequentemente, optou por encerrar a sua posição no mercado. Após observar a decisão da Carrefour, em 2007, a Sonae Distribuição comunicou que pretendia adquirir esta cadeia de supermercados, para expandir o grupo.

   Segundo a Lei da Concorrência em vigor à data da aquisição, (*Lei nº 18/2003, de 11 de junho*), a realização desta operação carecia de uma autorização prévia da Autoridade da Concorrência (AdC). A AdC teria de investigar se esta operação de aquisição poderia conferir à Sonae Distribuição uma posição dominante, capaz de criar entraves e barreiras à concorrência. A operação de concentração em apreciação consistia na aquisição de doze hipermercados da Carrefour em funcionamento, treze projetos de hipermercados já licenciados e oito postos de combustível, por parte da Sonae Distribuição.

   Durante a investigação da AdC, foram analisados dezasseis mercados de retalho alimentar locais, e o mercado de venda retalhista de combustíveis. De acordo com o Comunicado 22/2007, a AdC considerou que, esta operação de concentração, no mercado de retalho alimentar, era "suscetível de levar à criação ou reforço de posição dominante da qual poderiam resultar entraves significativos à concorrência em alguns dos mercados relevantes identificados", nomeadamente Viana do Castelo, Paços Ferreira/Penafiel, Vila Nova Gaia/Porto/Maia//Valongo, Coimbra, Barreiro/Montijo/Seixal e Portimão. Relativamente ao mercado retalhista de venda de combustível, a AdC não encontrou fundamento para que esta operação implicasse a criação ou reforço de posição dominante.

   Após a análise da operação, a AdC decidiu não se opor à aquisição da Carrefour pela Sonae Distribuição. No entanto, a Sonae Distribuição teve de garantir o cumprimento de determinadas condições, com vista à proteção da concorrência, limitando a possível existência ou criação de posição dominante em certos mercados locais (Comunicado 22/2007 da AdC). A Sonae Distribuição teve de garantir que não apresentaria pedidos de novas licenças para retalho alimentar, durante um período de doze meses, em todas as áreas identificadas, exceto no Grande Porto. Esta obrigação visava impedir que, a Sonae Distribuição, depois da fusão, conseguisse adquirir uma posição dominante neste mercado, através da abertura de mais espaços de venda retalhista alimentar. O período de doze meses, permitiria às empresas concorrentes adotar estratégias concorrenciais, para evitar a existência de uma posição dominante.

Além disso, a Sonae Distribuição foi também impelida a abdicar de áreas das suas lojas para fins de venda de retalho alimentar. As áreas limite foram estipuladas pela AdC, principalmente nos mercados de Paços Ferreira/Penafiel e do Grande Porto. Nestes mercados, a AdC acreditou que a existência de grandes superfícies poderia conferir à empresa uma posição dominante. Por sua vez, a AdC verificou que a aquisição resultaria numa posição dominante nos mercados locais de Viana do Castelo, Coimbra e Portimão, e ordenou a alienação de algumas das suas superfícies comerciais já instaladas, ou projetos de lojas que já estavam aprovados e licenciados.

2. A Autoridade da Concorrência (AdC), no cumprimento das suas funções de promoção dos mercados concorrenciais, condenou em 2017 as empresas EDP – Energias de Portugal, EDP Comercial – Comercialização de Energia, Sonae Investimentos, Sonae MC – Modelo Continente. e Modelo Continente Hipermercados, pela realização de acordos não concorrenciais na campanha "Plano EDP Continente", realizada em 2012. Esta campanha, oferecia um desconto de 10% na fatura de eletricidade, que era acumulado em cartão continente.

A investigação da AdC adveio de uma denuncia dos consumidores. No Comunicado 5/2017 da AdC, procedeu-se à condenação das empresas mediante pagamento de uma coima conjunta de trinta e oito milhões de euros. A AdC comunicou que estas empresas "comprometeram-se a não entrar nos respetivos mercados, nomeadamente vinculando a Sonae a não concorrer na comercialização de eletricidade por um período de dois anos".

A condenação não se fundamenta na estratégia publicitária seguida, mas sim nos termos associados a essa estratégia, nomeadamente na cláusula que garantia que a EDP não entraria no mercado dos bens alimentares nem a Sonae entraria no mercado de comercialização de eletricidade e gás. Segundo a *Lei nº 19/2012 de 8 de maio*, são proibidos quaisquer acordos e práticas que visem limitar a atividade concorrencial, uma vez que reduzem a competitividade entre as empresas e o bem-estar dos consumidores. No contexto vivido à data da liberalização dos sectores de eletricidade e gás, a AdC considerou que este acordo limitou a concorrência.

Exercícios Resolvidos

8.1. Ao abrigo da Lei da Concorrência, a decisão da Autoridade da Concorrência (AdC) de não se opor à concentração de empresas pode ser acompanhada da imposição de condições ou obrigações. Este tipo de compromissos assumidos pela notificante visam assegurar a manutenção da concorrência efetiva. Apresente possíveis condições ou obrigações, concretas, que a Autoridade da Concorrência poderá aplicar. *(Nota: poderá reportá-las a uma operação de concentração em concreto).*

Resolução

A AdC pode impor condições ou obrigações, vulgarmente também designadas de remédios, para que o processo não mereça a sua oposição e, fundamentalmente, para que a operação de concentração não resulte em entraves à concorrência. O caso prático deste capítulo discutiu já algumas possíveis imposições concretas que ocorreram na operação de aquisição da Carrefour pela Sonae. Registe-se que a empresa ou empresas notificantes poderão, por exemplo, comprometer-se a alienar ativos, permitir que as empresas concorrentes tenham acesso às suas infraestruturas e reduzir a sua posição em alguns mercados locais. Um outro exemplo é a tentativa de fusão, em 2000, entre o Banco Espírito Santo (BES) e o Banco Português de Investimento (BPI). Em concreto, uma vez verificado que essa fusão levaria a uma posição dominante do banco que daí resultaria no mercado específico do crédito a Pequenas e Médias Empresas (PMEs), uma das obrigações impostas para a não oposição foi a da alienação em mercado de cerca de cerca de € 500M desse crédito.

8.2. A empresa Wind produz torres eólicas e no ano de 2016 teve um volume de negócios (líquido de impostos) de € 55M. Por sua vez, a empresa Vento, também produtora de torres eólicas teve, no mesmo ano, um volume de negócios (líquido de impostos) de € 60M. Estas empresas pretendem realizar uma operação de concentração através de fusão. Necessitam elas de proceder à notificação prévia para realizar esta operação?

Resolução

A apreciação, da obrigatoriedade de notificação e da operação, está naturalmente dependente do quadro legal dos países onde essas empresas estejam a operar. Se se pensar no caso português, segundo a Lei da Concorrência (*Lei nº 19/2012 de 8 de maio*), as operações de concentração carecem de notificação prévia à AdC, quando o volume de negócios (líquidos de impostos), referente ao período anterior do conjunto das empresas que participam na concentração ultrapasse € 100M. Neste caso, uma vez que as empresas detêm um volume de negócios de € 115M, a operação de fusão necessita de autorização prévia da AdC, pelo que, as empresas devem comunicar antecipadamente à AdC a vontade de se fusionarem.

8.3. Admita que o mercado das tintas é constituído por cinco empresas, que possuem a seguinte distribuição de quotas: empresa A – 40%, empresa B – 25%; empresa C – 15%, empresa D – 13% e empresa E – 7%. Com o aparecimento de novos materiais isolantes e de impermeabilização de fachadas na construção, as tintas passam a ser uma indústria em restruturação, com necessidade de se verificarem operações de consolidação horizontal. Considere os vários cenários alternativos para a realização de fusões: **a)** fusão entre A e C; **b)** fusão entre B e E; e **c)** fusão entre D e E. Elabore sobre quais seguintes operações de concentração deveriam ser notificadas previamente à AdC.

Avalie-se então cada um dos cenários:

Cenário a) fusão entre as empresas A e C:

Se as empresas, A e C, decidirem realizar um processo de fusão, a soma, *a priori*, das quotas de mercado individuais é de 55%. Uma vez que esta quota é superior a 50%, então esta operação de fusão terá de ser comunicada previamente à AdC, havendo portanto lugar ao procedimento de notificação prévia.

Cenário b) fusão entre as empresas B e E:

Se as empresas, B e E, se fusionarem, a soma das quotas de mercado individuais é 32%. Considerando que não é revelada informação acerca do volume de negócios realizado pelas empresas, em Portugal, no último exercício económico, não é possível afirmar se esta operação fica sujeita ou não, à obrigatoriedade de notificação prévia à AdC (cf. alínea b) do Artigo 27º). Em concreto, quando o resultado da soma das quotas individuais se situar entre 30% e 50%, então as empresas envolvidas necessitam de comunicar previamente à AdC, se o volume de negócios, referente ao período anterior, de pelo menos duas empresas intervenientes for superior a € 5M, líquidos de impostos.

Cenário c) fusão entre as empresas D e E:

A fusão das empresas, D e E, resulta numa quota de mercado conjunta de 20%. Uma vez que essa quota de mercado não revela a existência de posição dominante, nem capacidade de criar barreiras à concorrência, esta operação não necessita de ser comunicada previamente à AdC, desde que o seu volume de negócios não tenha excedido em Portugal, no último exercício económico, os € 100M.

Importa aqui tecer um comentário global sobre as quotas de mercado. A Lei da Concorrência refere-se a "adquira, crie ou reforce uma quota" de mercado. Tal como ficou claro no capítulo que analisa as fusões, a quota de mercado da empresa que resulta da fusão poderá divergir significativamente da soma das quotas individuais antes da fusão. Significa isto que é difícil a tarefa de avaliar o grau de desvio entre as quotas de mercado previstas e efetivamente verificadas com a operação de concentração, sendo esta uma fonte adicional de incerteza na apreciação que a AdC tem de fazer à operação.

8.4. Num concurso público para fornecimento de material de escritório a todos os ministérios, as empresas A e B, acordaram previamente quais preços nas propostas a apresentar, de modo a que o fornecimento fosse adjudicado à empresa B. Comente este procedimento ao abrigo da Lei da Concorrência.

Resolução

Este procedimento é expressamente proibido pela Lei da Concorrência Portuguesa, uma vez que esta prática inibe a atividade concorrencial. De facto, (de acordo com o estipulado no nº 1 do Artigo 9º) são proibidos acordos entre empresas que pretendam impor os preços de compra e venda. Como tal, uma vez identifica esta prática de conluio, nem sempre de fácil deteção, a AdC deveria investigar, e condenar, as empresas pela prática, caso conseguisse comprovar a existência deste tipo de acordos.

8.5. Considere o seguinte excerto do Comunicado 14/2017 da AdC: "A AdC condenou a Associação Portuguesa de Escolas de Condução (APEC) e respetivo presidente, ao pagamento de coimas no montante de € 413776.71, pela adoção de uma decisão de associação de empresas com o objeto de impedir, falsear ou restringir, de forma sensível, a concorrência no mercado da prestação de serviços de ensino de condução de veículos na área da Grande Lisboa e de Setúbal, ao fixar preços mínimos para a obtenção da carta de condução." Comente esta decisão da AdC.

Resolução

Este comunicado resulta do exercício das competências da AdC, ao abrigo da Lei da Concorrência. Essa lei explícita que a imposição de preços é uma prática que prejudica a concorrência, bem como os consumidores. Uma vez que é uma prática anti concorrencial é passível de condenação. Neste contexto, se eventualmente for provado que as empresas integram o conluio, deveriam de facto ser condenadas pelo acordo. A informação relativa ao papel do Presidente da APEC não é conclusiva, no sentido em que da transcrição não é clara a sua participação neste acordo. Presume-se, pois, que a decisão da AdC atribui à APEC papel relevante nessa coordenação.

8.6. Em entrevista ao Diário Económico de 15 de dezembro de 2015, o presidente da ERSE esclarecia que "o sobreinvestimento nas redes tem sido uma preocupação central da ERSE ao longo dos últimos anos, cuja actuação integrada, através da diminuição das taxas de remuneração em cerca de 30% e de vários pareceres negativos aos planos de investimento propostos, se tem traduzido numa quebra significativa, nalguns casos de quase 50%, dos investimentos em redes, sem prejuízo do nível de qualidade de serviço". O regulador esclarece e adianta ainda que "como resultado desta actuação da ERSE, os custos das redes a pagar pelos consumidores nas tarifas de 2015 vão diminuir cerca de 10% face a 2014 e o peso dos custos das redes nos custos totais a recuperar nas tarifas passou de quase 30% do total dos custos em 2010 para cerca de 21% previstos para 2015".

Qual o sistema regulatório implícito neste comunicado? Caracterize sucintamente esse sistema.

Resolução

O sistema regulatório implícito é a regulação por custo do serviço. Neste sistema o regulador reúne o custo, anunciado pela empresa regulada, relativamente ao investimento para o fornecimento de determinado bem ou serviço, e avalia a estrita necessidade desse investimento ser ou ter sido realizado. No caso de reconhecer a estrita necessidade do investimento, o regulador transfere para as tarifas de eletricidade, leia-se para o consumidor, esse custo. No caso da REN, até porque se trata de investimentos em capacidade de rede, de montantes elevados, a prática tem sido progressivamente melhorada, sendo agora necessária um escrutínio prévio acerca da natureza do investimento. Se se pensar por exemplo na ligação a parques eólicos, que representam custos elevados, a tendência tem sido permitir expandir a capacidade nesses parques, em vez de autorizar a construção de outros de forma a que a cablagem de rede já instalada seja aproveitada, evitando assim novos investimentos. A caracterização sucinta do sistema foi feita previamente, da qual se destaca o elevado nível de qualidade de serviço prestado, a ligação dos preços aos custos e a cobertura de risco nos investimentos. Em contraponto a estas vantagens, este sistema prevê um processo caro e complexo dado que prevê a participação púbica. Além disso, atribui incentivos muito limitados à redução de custos por parte das empresas reguladas.

BIBLIOGRAFIA

Geral:

Bain, J.S. (1956). *Barriers to New Competition: Their Character and Consequences in Manufacturing Industries*, Harvard University Press.

Barros, P. P. (1999). *Exercícios de Economia Industrial*. McGraw-Hill.

Baumol, W., Panzar, J. e Willig, R. D. (1982). *Contestable Markets and Theory of Industry structure*, Harcourt Brace Jovanovich.

Bhattacharyya, S.C. (2011). *Energy Economics*, Concepts, Issues, Markets and Governance, Springer.

Bierman, H. S. e Fernadez L. (1998). *Game theory with economic applications*, (second edition), Addison Wesley.

Cabral, L. (2000). *Introduction to industrial organization*, Cambridge, Mass.: MIT Press.

Carlton, D. W., Perloff, J. M. (2000). *Modern Industrial Organization*. 3rd edition, Addison-Wesley.

Church, J. e Ware, R. (2000). *Industrial Organization: A Strategic Approach*, Mc Graw Hill International Editions.

Gibbons, R. (1992). *A primer in game theory*, Princeton University Press.

Martin, S. (1994). *Industrial Economics: Economic Analysis and Public Policy* (second edition), Prentice hall.

Martin, S. (2002). *Advanced Industrial Economics*, 2nd Edition, Oxford: Blackwell.

Pepall, L., Richards, D., Norman, G. (2011). *Contemporary Industrial Organization, A Quantitative Approach*, John Wiley & Sons Inc.

Pepall, L., Richards, D. e Norman, G. (2008). *Industrial Organization: Contemporary Theory and Empirical Applications* (fourth edition), Blackwell Publishing.

Scherer, F.M. e Ross, D. (1990). *Industrial Market Structure and Economic Performance*, Boston: Houghton Mifflin Company.

Sylos Labini, P. (1962). *Oligopoly and technical progress*, Harvard University Press.

Tirole, J. (1988). *The Theory of Industrial Organization*, Cambridge, Mass.: MIT Press.
Varian, H. R. (2010). *Intermediate Microeconomics: A Modern Approach* (8th edition), W. W. Norton & Company, New York.
Viscusi, W.K.; Harrington J.E. e Veron, J. M. (2015). *Economics of regulation and antitrust* (fourth edition), the MIT press.

Publicações periódicas:
Dixit A. and Norman V. (1978), *Advertising and Welfare*, The Bell Journal of Economics, 9(1):1-17.
Marques, A., Brandão, A. (2010). *Is exit a firm failure? Facts and theory*, Acta Oeconomica 60(4), 405-426.
Panzar, J. C. (1989). *Technological determinants of firm and industry structure*, Handbook of Industrial Organization, Chapter 1:3-59.
Panzar, J. C. e Willig, R. D. (1977). *Economies of Scale in Multi-Output Production*, The Quarterly Journal of Economics, 91(3) pp. 481-493.
Schmalensee, R. (1978). *Entry Deterrence in the Ready-to-eat Breakfast Cereal Industry*, The Bell Journal of Economics, 9(2):431-451.
Shleifer, A. (1985). *A Theory of Yardstick Competition*, The RAND Journal of Economics, 16(3), pp. 319-327.
Willig, R. D. (1979). *Multiproduct Technology and Market Structure*, The American Economic Review, 69(2): 346-351.

Comunicados, leis e outros:
ANACOM (2015). *2.1 Caracterização do mercado móvel*, disponível em: https://www.anacom.pt/render.jsp?categoryId=381784.
ANACOM (2017). *Serviço móvel – 3º trimestre de 2017*, disponível em: https://www.anacom.pt/render.jsp?contentId=1423864.
Autoridade da Concorrência (2007). *Comunicado 22/2007 – AdC Autoriza, com considerações, a operação de fusão Sonae Distribuição/Carrefur*, disponível em: http://www.concorrencia.pt/vPT/Noticias_Eventos/Comunicados/Paginas/Comunicado_AdC_200722.aspx.
Autoridade da Concorrência (2016). *Comunicado 24/2016 – Autoridade da Concorrência desmantela cartel dos envelopes*, disponível em: http://www.concorrencia.pt/vPT/Noticias_Eventos/Comunicados/Paginas/Comunicado_AdC_201624.aspx.
Autoridade da Concorrência (2017). *Comunicado 14/2017 – AdC condena Associação Portuguesa de Escolas de Condução (APEC) por práticas anticoncorrenciais*, disponível em: http://concorrencia.pt/vPT/Noticias_Eventos/Comunicados/Paginas/Comunicado_AdC_201714.aspx.

BIBLIOGRAFIA

Autoridade da Concorrência (2017). *Comunicado 5/2017 – AdC condena empresas dos grupos EDP e Sonae por pacto de não-concorrência*, disponível em: http://www.concorrencia.pt/vPT/Noticias_Eventos/Comunicados/Paginas/Comunicado_AdC_201705.aspx.

Diário Económico (15 de dezembro de 2014), *ERSE reduz em 10% custos das redes de transporte e distribuição.*

ERSE (2016). *Resumo informativo mercado liberalizado: fevereiro 2016*, disponível em: http://www.erse.pt/pt/electricidade/liberalizacaodosector/informacaosobreomercadoliberalizado/2016/Comunicados/201602_ML_elec_ResInf.pdf.

ERSE (2017). *Resumo informativo mercado liberalizado: fevereiro de 2017*, disponível em: http://www.erse.pt/pt/electricidade/liberalizacaodosector/informacaosobreomercadoliberalizado/2017/Comunicados/201702_ML_elec_ResInf.pdf.

Expresso (15 de novembro de 2017), *Concorrentes da EDP começaram a colapsar*, disponível em: http://expresso.sapo.pt/economia/2017-11-15-Concorrentes-da-EDP-comecaram-a-colapsar#gs.UwGu9UI.

Fleet Magazine (10 de janeiro de 2018), *2017, Alemanha: carros novos a gasolina valem 57,7% do mercado*, disponível em: http://fleetmagazine.pt/2018/01/10/alemanha-2017-gasolina/.

Jornal de Negócios (28 de fevereiro de 2014), *Zon Optimus revê em alta sinergias da fusão para 800 milhões (act.)*, disponível em: http://www.jornaldenegocios.pt/empresas/tecnologias/detalhe/zon-optimus-reve-em-alta-sinergias-da-fusao-para-800-milhoes.

Lei nº 18/2003 de 11 de junho da Assembleia da República, Diário da República nº 134/2003, Série I-A.

Lei nº 19/2012 de 8 de maio da Assembleia da República, Diário da República, 1ª série nº89.

Metro do Porto (18 de outubro de 2017), *Melhor proposta garante operação e manutenção 2018-25 por 204 milhões*, disponível em: https://www.metrodoporto.pt/frontoffice/pages/513?news_id=277.

Público (22 de janeiro de 2013), *Fusão entre ZON e Optimus liberta sinergias de 400 milhões que vão suportar expansão internacional*, disponível em: https://www.publico.pt/2013/01/22/jornal/fusao-entre-zon-e-optimus-liberta-sinergias-de-400-milhoes-que-vao-suportar-expansao-internacional-25934081.

União Europeia (2012). *Versão consolidada do Tratado que institui a Comunidade Europeia da Energia Atómica*, Jornal Oficial da União Europeia.